IMIGRAÇÃO E CRIMINALIDADE

CALEIDOSCÓPIO DE IMIGRANTES RECLUSOS

INCUBAÇÃO CRIMINALIDADE

MARIA JOÃO GUIA

IMIGRAÇÃO E CRIMINALIDADE
CALEIDOSCÓPIO DE IMIGRANTES RECLUSOS

IMIGRAÇÃO E CRIMINALIDADE
CALEIDOSCÓPIO DE IMIGRANTES RECLUSOS

AUTORA
MARIA JOÃO GUIA
imigracao.criminalidade@hotmail.com

EDITOR
EDIÇÕES ALMEDINA. SA
Av. Fernão Magalhães, n.º 584, 5.º Andar
3000-174 Coimbra
Tel.: 239851904
Fax: 239851901
www.almedina.net
editora@almedina.net

PRÉ-IMPRESSÃO I IMPRESSÃO I ACABAMENTO
G.C. GRÁFICA DE COIMBRA, LDA.
Palheira – Assafarge
3001-453 Coimbra
producao@graficadecoimbra.pt

Novembro, 2008

DEPÓSITO LEGAL
285325/08

Os dados e as opiniões inseridos na presente publicação
são da exclusiva responsabilidade do(s) seu(s) autor(es).

Toda a reprodução desta obra, por fotocópia ou outro qualquer
processo, sem prévia autorização escrita do Editor, é ilícita
e passível de procedimento judicial contra o infractor.

Biblioteca Nacional de Portugal – Catalogação na Publicação

GUIA, Maria João

Imigração e criminalidade : caleidoscópio de
imigrantes reclusos
ISBN 978-972-40-3714-1

CDU 343
     314
     316

A Maria Ioannis Baganha

Vivat Academia,
vivant professores.
Vivat membrum quodlibet,
vivant membra quaelibet
semper sint in flore.

Gaudeamus Igitur

AGRADECIMENTOS

Gostaria de agradecer em primeiro lugar à minha orientadora de mestrado, Professora Doutora Maria Ioannis Baganha pelo empenho, exigência, vasto conhecimento, amizade e estímulo com que sempre brindou as minhas solicitações.

Também uma palavra especial aos Professores do mestrado, pelo entusiasmo e dinamismo que imprimiram às actividades e seminários e pela forma inteligente como proporcionaram a cada aluno o percurso do seu próprio rumo. Aos colegas do mestrado pelas conversas animadas, a troca de experiências, o convívio saudável e a amizade que se criou entre nós. Ao Leonel Amado, pelo desafio que me lançou em fazermos este mestrado, pela amizade e pelas longas discussões e trabalhos que desenvolvemos.

Ao arguente da defesa, Professor Doutor João Peixoto, pela cordial discussão, pela incisão das críticas, pelo interesse e sugestões de aperfeiçoamento do trabalho.

Um agradecimento muito especial ao Professor Doutor Alexandre Silva, que me acolheu num momento crucial do desenvolvimento da tese e que se manteve sempre disponível para resolver as minhas dúvidas estatísticas, orientando, fazendo e refazendo as vezes necessárias as inúmeras alterações que se iam impondo, para além das palavras de incentivo e amizade. Ao Professor Doutor Miguel Castelo-Branco, pela inicial orientação estatística e pelos sábios conselhos que me permitiram traçar uma linha orientadora do tratamento estatístico a dar ao meu trabalho.

Ao Professor Doutor Figueiredo Dias pelas imprescindíveis orientações.

Ao Juiz Desembargador, ex-Director-Geral do SEF, Dr. Gabriel Catarino que acolheu o meu projecto inicial com grande entusiasmo, sempre se disponibilizando para permitir o estabelecimento dos contactos necessários com a Direcção-Geral dos Serviços Prisionais e fornecendo-me bibliografia indispensável para a elaboração do meu plano.

Ao ex-Director dos Serviços Prisionais, Dr. Miranda Pereira, à Drª Fernanda Infante, Directora dos Serviços de Planeamento, Documentação, Estudos e Relações Internacionais da Direcção-Geral dos Serviços Prisionais, pela permissão de acesso aos dados necessários ao tratamento estatístico do meu trabalho. Ao Dr. Semedo Moreira, pelo pronto envio dos dados e pelo esclarecimento de dúvidas que foram surgindo na sequência da elaboração do trabalho.

A todos os que me concederam as entrevistas que muito contribuíram para a orientação de determinados pontos de desenvolvimento do trabalho.

Ao Director Nacional do SEF, Dr. Manuel Jarmela Palos, Drª Gabriela Tiago, Dr. Francisco Marques Alves, Dr. Carlos Moreira, Drª Cristina Gatões, Dr. José Ferreira e Francisco Lourenço, pela disponibilidade que me permitiu enfrentar todo o processo de frequência do mestrado e elaboração da tese. À Drª Isabel Burke, Dr. Joaquim Pedro Oliveira, Dr. José van der Kellen e Dr. Luís Frias, com quem tive o prazer de trabalhar directamente e a quem muito agradeço tudo o que aprendi, bem como a oportunidade de aprofundar a minha apetência e conhecimento na área da investigação criminal.

Aos meus colegas de trabalho que, de forma directa ou indirecta, contribuíram para que me fosse permitido o acesso à informação e que sempre me incentivaram a levar este projecto em frente. À Drª Paula Kollok, ao António Cotocuanda, ao Fernando Marques, à Paula Pimenta, ao António Sobral, ao Eduardo Sá, ao Mário Lousada e, em especial, ao José Cruz, pela pronta resolução de problemas de informática, de procura de documentação e de dados estatísticos.

Ao João Duarte, pelo profissionalismo, dedicação e empenho da questão gráfica.

Ao meu pai, Eduardo Guia, que me acompanhou ao longo de todo o processo de elaboração, redacção e desenvolvimento da tese, quer com as doutas correcções da língua portuguesa, quer com as opiniões incisivas de uma mente crítica apurada.

Ao meu marido Pedro Faria, pelas sábias opiniões, pelos contactos que me permitiu estabelecer em momentos-chave e pelas palavras de incentivo; aos meus filhos João Pedro e Daniel Filipe, pelos momentos de alegria e descontracção com que sempre me acompanham. À minha família, em especial às minhas mães Lucinda Ferreira e Isabel Faria, ao meu avô Armando Ferreira, pela pronta disponibilidade em me ajudarem a resolver todas as dificuldades que vou enfrentando, pela recolha de informação e por contribuírem para a realização de mais um projecto meu que se torna nosso.

À Elsa Marceneiro, que esteve na retaguarda da minha vida pessoal, colmatando as falhas que as ausências necessárias à elaboração desta obra provocaram.

NOTA PRÉVIA

Antes de mais, gostaria de salientar que este foi um trabalho que me deu muito prazer realizar, quer pelo desafio que representou, quer pela sua temática absorvente e multifacetada. Este livro resulta da frequência do mestrado "As Sociedades Nacionais Perante os Processos de Globalização", que finalizei na Faculdade de Economia da Universidade de Coimbra, com a defesa da dissertação no dia 10 de Outubro de 2008.

Penso que há ainda imenso trabalho a realizar nesta área e constatei, com alguma surpresa, que existem muitas instâncias estatais com ausência de tratamento estatístico de dados, com falta dos dados propriamente ditos, com algumas incorrecções e com critérios díspares entre si. Com alguma tristeza verifiquei que há dificuldades insanáveis que se vão encontrando pelo caminho de uma investigação académica que outra solução não nos deixa senão reorientar os objectivos e metodologias, por forma a tentar conhecer melhor a realidade que nos rodeia. Ainda assim, sempre se vai encontrando alguém prestável e conhecedor que fornece com seriedade e rigor as informações possíveis, nem que estas sejam redutoras dos planos inicialmente formulados.

Com esta investigação, espero poder contribuir para um melhor conhecimento da realidade da imigração e de algumas problemáticas relacionadas com os reclusos estrangeiros em Portugal.

Congratulo-me com os objectivos plasmados no Plano Nacional para a Integração dos Imigrantes, aprovado pela Resolução do Conselho de Ministros n.º 63-A/2007, de 8 de Março de 2007, uma vez que à data da realização de algumas entrevistas (em 2005 e 2006), não existia qualquer abordagem ao assunto; verifico presentemente, com satisfação, que alguns dos pontos focados nas mesmas se encontram agora concretamente descritos, prontos a seguir o seu rumo.

Felicito ainda a Direcção do Serviço de Estrangeiros e Fronteiras e a Direcção-Geral dos Serviços Prisionais pelo protocolo que será celebrado a curto prazo que visa reforçar a cooperação entre ambas instituições, permitindo assim uma maior comunicação, troca de saberes e experiências dos funcionários e proporcionar aos cidadãos estrangeiros uma melhor qualidade de vida em Portugal, inclusivamente nas dificuldades.

Espero que Portugal saiba enfrentar os desafios que se lhe levantam e que consiga dignificar o contributo que os imigrantes têm vindo a dar ao nosso país, protegendo-os nas mais variadas vertentes.

Coimbra, Outubro de 2008

RESUMO

Os processos de globalização estão a fomentar grandes movimentos migratórios. Porém, muitos países de acolhimento não se encontram preparados para receber um número elevado de imigrantes e enfrentam problemas sociais graves, nomeadamente o aparecimento de novos tipos de crime.

Aparentemente, crimes como o auxílio à imigração ilegal, o tráfico de seres humanos, a angariação de mão-de-obra ilegal, o lenocínio, a extorsão e a falsificação de documentos estão a aumentar, proporcionando elevados lucros e sendo frequentemente atribuídos aos imigrantes. No entanto, são os imigrantes que constituem a maioria das vítimas dos mesmos. Este problema preocupa todos os países europeus, sobretudo os pertencentes ao espaço Schengen, onde a circulação se processa livremente.

Neste trabalho, apresentamos dados da criminalidade atribuída a imigrantes e estrangeiros, diferenciando estes conceitos e apresentando dados sobre as condenações de cada grupo. Analisamos os tipos de crime cometidos pelos reclusos das principais nacionalidades de origem, enfatizando crimes relacionados com a imigração, bem como apresentando outros dados tais como idade, sexo e anos de condenação, entre outros. Na nossa investigação, comparamos dados de 2002 e de 2005, de forma a avaliar a evolução dos reclusos estrangeiros/imigrantes nas prisões portuguesas. Comparamos os nossos dados com outros estudos internacionais na mesma área.

Tentamos, ainda, identificar correlações crime-nacionalidade, avançando explicações para tal fenómeno.

ABSTRACT

Globalization has stimulated large migratory movements. Most receiving countries, however, are not yet prepared to receive such large inflows of immigrants and are currently facing serious social problems such as new types of crime.

Crimes such as smuggling, human trafficking, aiding & abetting illegal immigration, illegal work, sex industry and human exploitation, extortion and document counterfeiting seem to be increasing among migrants and they are related to high profits. Although, many of these crimes are attributed to immigrants, immigrants tend to be the major victims of such crimes. This is a problem which concerns every European country, especially within the Schengen space, where circulation is free.

In our work we show different features of criminal activity attributed to immigrants and to foreigners, analysing the types of crime committed by members of the main inmate nationalities, with a special emphasis on immigration-related crimes as well as other data such as sex, age, years of sentence among others. In our investigation, we compare data of 2002 and 2005 to evaluate the evolution of the foreigners/immigrants in Portuguese prisons. We also compare our data with other international research in the same area.

We attempt to find links between crime and nationality, and suggest some explanations for this phenomenon.

PREFÁCIO

O trabalho de Maria João Guia, Inspectora-adjunta do Serviço de Estrangeiros e Fronteiras, que tenho o privilégio de dirigir, revela a contemporaneidade do fenómeno das migrações. Ao ser convidado para escrever este prefácio, tive oportunidade de comprovar, uma vez mais, que a elaboração de teorizações desta natureza ajuda a consolidar novas abordagens relativas àquele fenómeno, enquanto processo de particular singularidade. Encontra-se deste modo facilitada a forma de desvendar renovados ângulos de pesquisa, que permitem encontrar respostas às actuais preocupações sobre a mobilidade global, num contexto de elevada visibilidade social e política.

O livro agora publicado, e no que ao método respeita, explana claramente o objecto de estudo – Imigração e Criminalidade – com recurso a uma formulação teórica assumidamente multidisciplinar e assegurando a complementar experimentação empírica, que permitem alimentar um debate coerente e consolidado sobre a questão das migrações.

É assim dedicada especial atenção a indicadores provenientes de instituições que asseguram uma abordagem integrada e moderna face à elevada dinâmica do fenómeno, bem como ao nível do trabalho de campo ao entrevistar responsáveis pela implementação da política de imigração em Portugal.

Relativamente aos objectivos propostos, o trabalho realizado integra claramente diversas fases. A autora começa por enquadrar o caso português no contexto europeu, tendo procedido em seguida à análise aprofundada da matriz relativa à população de reclusos estrangeiros em Portugal. Quem conhece o seu percurso profissional no Serviço de Estrangeiros e Fronteiras, sabe que a *veia pesquisadora* é um dos predicados de Maria João Guia, e isso nota-se bem na forma cuidada como apresenta os resultados que procurou afincadamente.

Quanto às conclusões, começo por referir três aspectos que reputo como centrais: a originalidade do tema; a questão dos dados oficiais tratados transmitirem uma mensagem clara e objectiva da realidade do fenómeno em Portugal; e por fim o facto de não existirem indicadores objectivos que permitam concluir que os estrangeiros são cada vez mais responsáveis pelo aumento da criminalidade em Portugal, numa relação directa entre a população imigrante e o acréscimo da criminalidade.

Urge, de facto, tentar compreender aquilo com que nos deparamos num Mundo onde o risco se torna cada vez mais presente mas ao mesmo tempo mais opaco e, por conseguinte, menos previsível. Em sociedades cada vez mais desiguais e interdependentes, as experiências com fenómenos criminosos são seguramente inevitáveis.

O estudo sobre fenómenos de natureza criminal obviamente implica decisões que não se tomam de ânimo leve. O desencadear de análises teoricamente abertas sobre a criminalidade parece-me constituir um passo imprescindível para o desenvolvimento de futuros trabalhos e pesquisas, necessários para melhor a sabermos combater.

Quanto à escolha do objecto deste prefácio, a razão de ser para as minhas preferências equaciona-se e enuncia-se com facilidade. O livro agora publicado ajuda-nos – assim o espero – a um encaminhamento mais firme do olhar numa direcção que hoje se coloca à nossa frente como um percurso incontornável.

Aproveito a oportunidade para, em meu nome pessoal e em nome do Serviço de Estrangeiros e Fronteiras, expressar o meu agradecimento pelo convite endereçado pela autora, Maria João Guia.

Manuel Jarmela Palos
Director Nacional do Serviço de Estrangeiros e Fronteiras

ÍNDICE

Índice 17

Índice de gráficos 19

Índice de tabelas 23

Introdução 25

1. A Imigração em Portugal 31
   1.1. Introdução 31
   1.2. Breve abordagem das migrações 32
   1.3. A realidade socioeconómica portuguesa nos últimos 30 anos 33
   1.4. A imigração em Portugal: alterações significativas ao longo dos tempos 38
   1.5. A imigração e o mercado de trabalho 49
   1.6. O impacto económico da imigração em Portugal 52
   1.7. Síntese 58

2. Os principais crimes ligados à imigração 61
   2.1. Introdução 61
   2.2. Estudos internacionais e nacionais sobre imigração e criminalidade 63
   2.3. A utilização subversiva dos meios de comunicação 88
      2.3.1. A Internet 93
   2.4. Auxílio à imigração ilegal 96
   2.5. Tráfico de pessoas e lenocínio 101
   2.6. Angariação de mão-de-obra ilegal 109
   2.7. Falsificação de documentos 112
   2.8. Organizações criminosas 116
   2.9. Outras actividades ilícitas: casamentos de conveniência 120
   2.10. As redes de imigração ilegal – formas de actuação 125
   2.11. As máfias e o poder económico 130
   2.12. Análise dos perfis de actuação das redes criminosas por nacionalidade 132
   2.13. Um caso concreto – o desmantelamento da rede Bovan 140
   2.14. Síntese 144

3. Os reclusos estrangeiros em Portugal 151
   3.1. Introdução 160
   3.2. O panorama criminal em Portugal 161
   3.3. A Imigração e o crime 180
   3.4. Os reclusos estrangeiros em Portugal 181
      3.4.1. O conceito de estrangeiro e de imigrante 181

18 *Imigração e Criminalidade – Caleidoscópio de Imigrantes Reclusos*

3.4.2. Panorâmica geral dos reclusos entre 1994 e 2005 183
3.4.3. Análise comparativa dos reclusos estrangeiros em 2002 e 2005 189
3.4.4. Caracterização e comparação dos reclusos imigrantes em Portugal
     em 2002 e 2005 – principais nacionalidades 209
     3.4.4.1. Análise geral. 211
     3.4.4.2. Tipos de crime por nacionalidades. 215
          3.4.4.2.1. Os reclusos cabo-verdianos 215
          3.4.4.2.2. Os reclusos angolanos 218
          3.4.4.2.3. Os reclusos brasileiros 221
          3.4.4.2.4. Os reclusos espanhóis. 224
          3.4.4.2.5. Os reclusos ucranianos 227
          3.4.4.2.6. Os reclusos guineenses..................... 230
          3.4.4.2.7. Os reclusos são-tomenses 232
          3.4.4.2.8. Os reclusos moldavos...................... 235
          3.4.4.2.9. Os reclusos romenos....................... 238
          3.4.4.2.10. Os reclusos russos. 240
3.4.5. Síntese... 243
3.4.6. O crime de auxílio à imigração ilegal e associação de auxílio
     à imigração ilegal – análise estatística......................... 247
3.5. O papel das ONG's, Instituições Estatais e Associações de Imigrantes
na defesa dos direitos dos reclusos estrangeiros em Portugal.. 257
     3.5.1. Contactos com ONG's, Instituições Estatais e Associações
     de Imigrantes. Resultados 261
3.6. Síntese 266

Conclusões... 271
Bibliografia 279
Anexos 291

ÍNDICE DE GRÁFICOS

Gráfico 1.1. População residente em Portugal 38

Gráfico 1.2. Estrangeiros a residir em Portugal, entre 1981 e 2005 41

Gráfico 1.3. Imigrantes regularizados em 1992/93 42

Gráfico 1.4. Imigrantes regularizados em 1996 44

Gráfico 1.5. Imigrantes regularizados em 2001-2004 46

Gráfico 1.6. Autorizações de Permanência concedidas até 2004 (os 10 +) 47

Gráfico 1.7. Nacionalidades de imigrantes mais representativas em Portugal 48

Gráfico 1.8. Nacionais dos países estrangeiros com AR's e AP's em 2004 49

Gráfico 1.9. Continentes de origem de estrangeiros em Portugal com AR's e AP's, 2004   50

Gráfico 1.10. Continentes de origem de estrangeiros em Portugal com AR's, AP's e VLD, em 2005 50

Gráfico 1.11. Taxa de actividade dos imigrantes, por continente em 2001 53

Gráfico 1.12. População imigrante activa e não activa por país de origem, em 2001 54

Gráfico 1. 13. Transferências internacionais em 2001, em milhões de euros 57

Gráfico 2.1. População reclusa em diversos países europeus em 1983, 1995, 2000 e 2004   67

Gráfico 3.1. Crimes registados pelas autoridades policiais em 2004, por grandes categorias   164

Gráfico 3.2. Crimes registados pelas autoridades policiais, 2000-2004 165

Gráfico 3.3. Crimes contra o património registados em Portugal 1993-2004 166

Gráfico 3.4. Crimes contra o património registados em 2004 167

Gráfico 3.5. Crimes contra a propriedade com mais registos em Portugal 1993-2005 . . . 168

Gráfico 3.6. Crimes contra a propriedade registados em 2004 169

Gráfico 3.7. Crimes contra as pessoas registados em 2004 170

Gráfico 3.8. Crimes contra a vida em sociedade registados em 2004 171

Gráfico 3.9. Crimes previstos no Código Penal e Legislação avulsa, registados em 2001 e 2004 172

Gráfico 3.10. Os 10 crimes mais registados em Portugal, em 2004 e 2005 173

20   *Imigração e Criminalidade – Caleidoscópio de Imigrantes Reclusos*

Gráfico 3.11. Ratio crimes/1000 habitantes em 2005 176

Gráfico 3.12. Crimes registados e condenados em Portugal em 2004 177

Gráfico 3.13. Reclusos condenados por tipos de crime – 2002 e 2005 178

Gráfico 3.14. Reclusos portugueses e estrangeiros – 1994-2005 184

Gráfico 3.15. Reclusos estrangeiros em Portugal, 1997-2005, por local de origem 186

Gráfico 3.16. Reclusos dos PALOP em Portugal 187

Gráfico 3.17. Reclusos estrangeiros, por sexos, em 2002 e 2005 191

Gráfico 3.18. Reclusos portugueses e estrangeiros em 2005, por escalões de idade 193

Gráfico 3.19. Reclusos estrangeiros, por escalões de idade, em 2002 e 2005 193

Gráfico 3.20. Reclusos estrangeiros, por anos de escolaridade, em 2002 e 2005 194

Gráfico 3.21. Reclusos estrangeiros, por escalões de ensino, em 2002 e 2005 195

Gráfico 3.22. Reclusos estrangeiros residentes e não residentes, em 2002 e 2005 196

Gráfico 3.23. Reclusos estrangeiros residentes, por distrito de residência, em 2002 e 2005   198

Gráfico 3.24. Reclusos estrangeiros condenados e não condenados, em 2002 e 2005 199

Gráfico 3.25. Pena em meses dos reclusos estrangeiros condenados, em 2002 e 2005 ... 200

Gráfico 3.26. Reclusos estrangeiros condenados, por tipos de crime, em 2002 e 2005 201

Gráfico 3.27. Número de crimes praticados pelos reclusos estrangeiros condenados, em
2002 e 2005 204

Gráfico 3.28. Nacionalidades de reclusos estrangeiros totais (círculo externo) e reclusos
residentes estudados (círculo interno), por nacionalidade, em 2005 210

Gráfico 3.29. Reclusos cabo-verdianos por tipo de crime, em 2002 e 2005 216

Gráfico 3.30. Reclusos residentes cabo-verdianos condenados por tipo de crime, em 2002
e 2005 217

Gráfico 3.31. Reclusos angolanos por tipo de crime, em 2002 e 2005 219

Gráfico 3.32. Reclusos residentes angolanos condenados por tipo de crime, em 2002 e 2005   220

Gráfico 3.33. Reclusos brasileiros por tipo de crime, em 2002 e 2005 222

Gráfico 3.34. Reclusos residentes brasileiros condenados por tipo de crime, em 2002 e 2005   223

Gráfico 3.35. Reclusos espanhóis por tipo de crime, em 2002 e 2005 225

Gráfico 3.36. Reclusos espanhóis residentes condenados por tipo de crime, em 2002 e 2005   226

Gráfico 3.37. Reclusos ucranianos por tipo de crime, em 2002 e 2005 228

Gráfico 3.38. Reclusos ucranianos residentes condenados por tipo de crime, em 2002 e 2005   229

Gráfico 3.39. Reclusos guineenses por tipo de crime, em 2002 e 2005 230

Maria João Guia 21

Gráfico 3.40. Reclusos guineenses residentes condenados por tipo de crime, em 2002 e 2005   231

Gráfico 3.41. Reclusos são-tomenses por tipo de crime, em 2002 e 2005   233

Gráfico 3.42. Reclusos são-tomenses residentes condenados por tipo de crime, em 2002 e 2005   234

Gráfico 3.43. Reclusos moldavos por tipo de crime, em 2002 e 2005   236

Gráfico 3.44. Reclusos moldavos residentes condenados por tipo de crime, em 2002 e 2005   237

Gráfico 3.45. Reclusos romenos por tipo de crime, em 2002 e 2005   239

Gráfico 3.46. Reclusos romenos residentes condenados por tipo de crime em 2002 e 2005   240

Gráfico 3.47. Reclusos russos por tipo de crime, em 2002 e 2005   241

Gráfico 3.48. Reclusos russos residentes condenados por tipo de crime, em 2002 e 2005   242

Gráfico 3.49. Reclusos residentes (imigrantes) condenados por tipos de crime e nacionalidades, em 2005   244

Gráfico 3.50. Reclusos estrangeiros condenados em 2005, por tipos de crime.   246

Gráfico 3.51. Número de crimes associados ao de auxílio à imigração ilegal, por estrangeiros e imigrantes, em 2002   251

Gráfico 3.52. Número de crimes associados ao de auxílio à imigração ilegal, por estrangeiros e imigrantes, em 2005   251

Gráfico 3.53. Número de reclusos condenados e não condenados por crimes de auxílio à imigração ilegal, em 2002 e 2005   252

Gráfico 3.54. Reclusos estrangeiros e imigrantes, condenados e não condenados, em 2002 e 2005   253

Gráfico 3.55. Distritos de origem dos reclusos imigrantes acusados de crime de auxílio à imigração ilegal, em 2002 e 2005   254

Gráficos 3.56. Idades dos reclusos nos EP por crime de auxílio à imigração ilegal, em 2002 e 2005   255

Gráficos 3.57. Anos de escolaridade dos imigrantes condenados por crime de auxílio à imigração ilegal, em 2002 e 2005, por escalões de ensino   256

ÍNDICE DE TABELAS

Tabela 1.1. População total em Portugal, nacionais e estrangeiros, legalmente
autorizados, entre 1960 e 2005 39

Tabela 1.2. Estrangeiros residentes e autorizados a residir em Portugal 40

Tabela 2.1. Cidadãos estrangeiros em reclusão em alguns países
da União Europeia, em 1997 e 2004 67

Tabela 2.2. Número de casamentos entre cidadãos/ãs portugueses/as
com estrangeiros/as em 1998, 2002 e 2004 123

Tabela 2.3. Agrupamento de declarações recolhidas, consoante o local
de origem das vítimas 133

Tabela 3.1. Habilitações literárias dos reclusos (critérios escolhidos)............... 159

Tabela 3.2. Número de crimes registados, reclusos condenados portugueses
e estrangeiros e reclusos condenados estrangeiros em 2004 178

Tabela 3.3. Número total de reclusos, número de reclusos estrangeiros
e percentagem relativas ao total de reclusos 1994-2005 185

Tabela 3.4. As 5 nacionalidades mais representadas no total
de reclusos – 1994-2005 188

Tabela 3.5. Principais 6 nacionalidades mais representadas do total de reclusos
estrangeiros, 1999-2005 com percentagem de estrangeiros e do total de reclusos 189

Tabela 3.6. Número de reclusos estrangeiros em estudo, em 2002 e 2005 190

Tabela 3.7. Reclusos estrangeiros por local de origem, em 2002 e 2005 190

Tabela 3.8. Reclusos existentes em 31 de Dezembro por escalões etários, entre 1996 e 2005   192

Tabela 3.9. Reclusos estrangeiros do sexo masculino, em 2002 e 2005 195

Tabela 3.10. Reclusos estrangeiros do sexo feminino, em 2002 e 2005 195

Tabela 3.11. N.º de reclusos portugueses, estrangeiros e imigrantes,
condenados e não condenados, em 2002 e 2005 197

Tabela 3.12. Percentagem dos crimes com condenações a reclusão, por género 203

Tabela 3.13. Número total de reclusos em 2002 e 2005, por nacionalidades
mais representadas 205

24 *Imigração e Criminalidade – Caleidoscópio de Imigrantes Reclusos*

Tabela 3.14. N.º de reclusos condenados (residentes e não residentes) em 2002
e 2005, por nacionalidades mais representadas 206

Tabela 3.15. Número de reclusos não condenados em 2002 e 2005,
por nacionalidades mais representadas 207

Tabela 3.16. Lista de nacionalidades mais representadas no total de reclusos
condenados e não condenados em 2002 e 2005, por ordem decrescente 207

Tabela 3.17. Número de reclusos imigrantes condenados em 2002 e 2005,
por nacionalidades mais representadas 208

Tabela 3.18. Distribuição dos reclusos por género e por nacionalidade,
em 2002 e 2005 211

Tabela 3.19. Percentagem de condenações dos reclusos (totais) por
nacionalidade, em 2002 e 2005 212

Tabela 3.20. Reclusos estrangeiros e imigrantes, condenados
e não condenados, por nacionalidades, em 2002 e 2005 213

Tabela 3.21. Média de idades dos reclusos estrangeiros e imigrantes
condenados, em 2002 e 2005 214

Tabela 3.22. Média de anos de escolaridade dos reclusos estrangeiros
e imigrantes condenados, em 2002 e 2005 215

Tabela 3.23. Número de reclusos nos EP indiciados por crime de auxílio
à imigração ilegal, por países, em 2002 e 2005. 247

Tabela 3.24. Reclusos estrangeiros e imigrantes condenados por crimes
de auxílio e associação de auxílio à imigração ilegal, em 2002 e 2005. 248

Tabela 3.25. Número de crimes associados ao crime de auxílio à imigração
ilegal, em 2002 e 2005 249

Tabela 3.26. Reclusos estrangeiros e imigrantes condenados por crimes
de auxílio e associação de auxílio à imigração ilegal, em 2002 e 2005. 255

Tabela 3.27. Contactos efectuados com Instituições Estatais, Associações
de Imigrantes e ONG's. 261

INTRODUÇÃO

*"As realidades sociais são sempre enigmáticas e, sob
a sua aparente evidência, são difíceis de decifrar..."*

PIERRE BOURDIEU

Com este livro, tentámos abordar duas realidades em permanente
conexão – imigração e crime – abarcando os diversos aspectos com elas
relacionados, como que olhando através de um caleidoscópio que, ao ser
rodado, nos vai proporcionando diferentes perspectivas do assunto. E com
a expressão "imigrantes reclusos" pretendemos diferenciar a vertente dos
estrangeiros residentes (imigrantes) da dos estrangeiros não residentes,
aprofundando a análise no que respeita a nacionalidades e tipos de crime
cometidos. Através do subtítulo, pretendemos manter presente a consciência de que o tema nunca poderá ser abordado de forma definitiva, mas
sim encarado em diferentes perspectivas, visto integrar-se numa realidade
social em constante mutação.

Tentámos efectuar uma abordagem séria das duas realidades acima
referidas, através da revisão da bibliografia internacional e nacional. Tentámos depois aprofundar cada um dos temas, de forma a que ficassem bem
enquadrados: a imigração em Portugal nos últimos anos / os crimes mais
relacionados com a imigração. Através de um profundo tratamento estatístico de dados, analisámos os tipos de crime das dez nacionalidades de
imigrantes reclusos mais representativas em Portugal, o que nos permitiu
estabelecer quatro grupos de nacionalidades. Por fim, procedemos à análise e à caracterização detalhada da situação dos reclusos estrangeiros e
imigrantes em Portugal, ilustrando muitas das realidades numéricas com
um caso paradigmático de entre os casos julgados em Portugal.

A criminalidade relacionada com o fenómeno da imigração em Portugal é um tema que, embora actual e pertinente, tem sido pouco estudado
e necessita de dados mais concretos de forma a desdramatizar eventuais

culpabilizações e de forma a conhecer-se melhor a realidade, visando a adopção de medidas de prevenção do crime.

Esta investigação poderá vir a sensibilizar as entidades competentes para promoverem formação específica aos agentes envolvidos na problemática da imigração; por outro lado, visa chamar a atenção para as dificuldades sentidas pelos reclusos estrangeiros em Portugal.

No que respeita aos **objectivos do estudo**, esta investigação integra aspectos diversificados, como a análise da questão migratória no contexto português, nomeadamente o aumento dos fluxos migratórios em Portugal, as alterações sociológicas no campo da criminalidade associada aos imigrantes e a questão dos reclusos estrangeiros em Portugal.

Assim, este trabalho centrou-se nos seguintes objectivos gerais:

1) analisar a panorâmica da imigração em Portugal associada ao crime;
2) identificar eventuais associações entre determinados crimes e determinadas nacionalidades.

Estes objectivos gerais concretizam-se em alguns objectivos específicos, nomeadamente:

a) identificar as razões da diversificação das nacionalidades de imigrantes entrados em Portugal nos últimos anos;
b) caracterizar o panorama criminal português, nomeadamente no que diz respeito a determinados tipos de crime que foram tipificados na sequência do aumento do número de imigrantes e, consequentemente, da alteração da realidade criminal;
c) conhecer o *modus operandi* das redes criminosas, exemplificando com um caso de processo julgado que envolveu associações / redes criminosas de estrangeiros;
d) analisar a realidade dos reclusos estrangeiros em Portugal, estabelecendo uma comparação entre a realidade criminal dos imigrantes nos anos de 2002 e 2005, através da análise estatística do número de reclusos, tipos de crime e outras variáveis;
e) verificar se existe uma associação entre determinados tipos de crime e determinadas nacionalidades, tentando encontrar razões para tal facto.

Decorrentes dos objectivos acima enunciados, propusemos as seguintes **questões de investigação**:

- Estarão a aumentar os crimes praticados por imigrantes em Portugal?
- Se sim, será que este aumento se deve ao crescente número de imigrantes no nosso país?
- Qual a razão para o facto de determinadas nacionalidades de imigrantes serem mais vezes condenadas por crimes específicos?
- Existe alguma relação tipo de crime-nacionalidade?

O problema

Existem cada vez mais reclusos estrangeiros nos estabelecimentos prisionais portugueses. Se, de alguma forma, este fenómeno está relacionado com o aumento de imigrantes em Portugal, poder-se-á dever também a outros factores, nomeadamente a escassez de meios económicos, a exclusão social, fenómenos de pobreza e o oportunismo por parte de redes mafiosas que se estabeleceram no nosso país.

Nesta investigação, tentámos verificar a possibilidade de associar determinados tipos de crime a determinadas nacionalidades, de forma a aprofundar conhecimentos nesta área e a possibilitar o encetar de medidas preventivas com o intuito de evitar a proliferação desta nova realidade. Para tal, foi necessário conhecer em detalhe a realidade criminal dos reclusos estrangeiros em, pelo menos, duas datas diferentes, com um espaçamento temporal aceitável, de forma a poderem retirar-se conclusões. Deparámo-nos, no entanto, com dificuldades insanáveis que nos obrigaram a delimitar a nossa análise aos anos de 2002 e 2005. Comparámos e analisámos as diferenças, quer a nível do aumento de determinados tipos de crime, quer da alteração ou não das nacionalidades de reclusos estrangeiros. Fizemos a abordagem e a análise do caso concreto do desmantelamento de uma rede criminosa julgada em Portugal, envolvendo vários crimes relacionados com imigrantes, com bastante impacto na sociedade portuguesa: o caso Bovan.

Levámos a cabo entrevistas a entidades ligadas ao combate à imigração ilegal e crimes conexos, nomeadamente do Serviço de Estrangeiros e Fronteiras, de forma a ter uma percepção do que tem sido a realidade criminal nos últimos anos no que respeita aos estrangeiros e aos crimes por eles praticados. Foram ainda realizadas entrevistas junto do Alto-Comissariado para a Imigração e Minorias Étnicas, junto da Amnistia Internacional e da Associação Contra a Exclusão pelo Desenvolvimento (ACED).

28 *Imigração e Criminalidade – Caleidoscópio de Imigrantes Reclusos*

Tentámos recolher informação junto das associações de imigrantes e ONG's, com o objectivo de conhecer as acções que têm vindo a ser tomadas no que respeita à defesa dos direitos dos reclusos estrangeiros em Portugal; contudo, esbarrámos com inúmeras dificuldades, devido à fraca adesão que encontrámos.

METODOLOGIA

Descrição do estudo

Pretendemos, com este estudo, analisar a incidência da criminalidade entre os estrangeiros em Portugal, mais concretamente entre os imigrantes, conhecer a problemática das redes criminosas a operar em Portugal (com exemplos concretos), referir algumas medidas concretas aplicadas no combate à imigração ilegal e crimes conexos e abordar igualmente alguns dos problemas sentidos pelos reclusos estrangeiros em Portugal.

Uma contextualização pormenorizada do fenómeno da vinda de imigrantes para Portugal, abordando as várias nacionalidades, permitiu aferir do aparecimento de determinados tipos de crime até então inexistentes. Posteriormente, foi feita a análise comparativa de dois anos de reclusos estrangeiros em Portugal com um lapso temporal de 3 anos (2002-2005), dados estes que serviram para retirar conclusões relativamente à alteração do panorama da criminalidade praticada por estrangeiros/imigrantes em Portugal, quer no aumento/decréscimo dos crimes, quer no que respeita às nacionalidades e tipos de crime.

Procurando a uniformização de critérios e um maior rigor de análise, foi na área da comunidade prisional que se procurou estudar em profundidade este tema, uma vez que a criminalidade participada se revela pouco conclusiva (grande parte dos processos registados nunca chegam sequer a ser julgados, por exemplo). Contudo, é necessário manter sempre certas reservas quanto às estatísticas prisionais e às conclusões precipitadas que estas poderiam permitir.

Finalmente, com o tratamento de dados, com ilustrações de um caso real já julgado em Portugal e com algumas entrevistas a entidades ligadas ao combate à criminalidade envolvendo estrangeiros e a associações de imigrantes e ONG's, foi possível abordar melhor a realidade criminal dos imigrantes em Portugal.

Passamos, de seguida, a resumir os capítulos apresentados.

Introdução

Este capítulo da dissertação visa a apresentação do projecto, da metodologia, dos objectivos e do resumo dos capítulos apresentados. Teve como objectivo resumir em breves páginas todo o projecto para que o leitor possa ter uma perspectiva geral de toda a dissertação.

1 – A Imigração em Portugal

Neste capítulo abordámos as alterações socioeconómicas mais relevantes em Portugal nos últimos trinta anos, nomeadamente as decorrentes da entrada de um grande número de imigrantes. Referimo-nos às alterações das nacionalidades de imigrantes mais representativas. O papel dos imigrantes no mercado de trabalho nacional e o impacto económico da imigração na sociedade portuguesa, foram outros aspectos explorados neste capítulo.

2 – Os principais crimes ligados à imigração

Este capítulo teve como objectivo rever os crimes relacionados com a imigração, nomeadamente os crimes de auxílio à imigração ilegal, a angariação de mão-de-obra ilegal, o lenocínio, a falsificação de documentos, o tráfico de pessoas e outras actividades ilícitas como a angariação de pessoas para casamentos de conveniência, com vista à obtenção fraudulenta de documentos de residência.

Foi ainda apresentada uma reflexão teórica com base em trabalhos publicados, trabalhos de investigação, estudos, dados estatísticos e projectos desenvolvidos. A preocupação principal foi fundamentar esta investigação com conhecimentos pertinentes, nomeadamente sobre o fenómeno migratório, a utilização subversiva dos meios de telecomunicação, algumas políticas de combate à imigração ilegal, os principais crimes ligados à imigração, a eventual associação de determinados tipos de crime a determinadas nacionalidades de imigrantes e os reclusos estrangeiros em Portugal e noutros países.

Abordámos a problemática da utilização subversiva dos meios de comunicação e novas tecnologias ao serviço do crime organizado, analisando em detalhe os crimes e actividades ilícitas normalmente associados à imigração.

Apresentámos aqui um caso real, o caso Bovan[1], que ilustra toda a informação teórica anteriormente exposta, o que de certa forma nos permite "entrar" no mundo obscuro das redes criminosas.

3 – Os reclusos estrangeiros em Portugal

Tentámos neste capítulo fazer um tratamento profundo e comparativo dos dados dos reclusos estrangeiros em Portugal, no ano de 2002 e 2005. Posteriormente procurámos saber se existia uma correlação entre as nacionalidades e tipos de crime, analisando as alterações verificadas entre os dois períodos de tempo.

Isolámos ainda os crimes de auxílio à imigração ilegal e associação de auxílio à imigração ilegal, tratando estatisticamente os dados disponíveis.

Conclusões

Depois de nos termos debruçado sobre toda esta temática, apresentámos uma síntese de tudo o que foi explorado, procurando explicações para os factos constatados. Procurámos da forma mais rigorosa possível responder às questões por nós levantadas inicialmente, sendo certo que nos mantemos conscientes da versatilidade do tema e da efemeridade temporal de tais explicações.

Constatámos existir alguma associação entre determinadas nacionalidades e determinados tipos de crime, o que nos permitiu estabelecer quatro grupos de imigrantes reclusos com grandes semelhanças a nível do tipo de crime e do local de origem, entre outras variáveis.

Com a presente investigação, não se pretendeu demonstrar a taxa de criminalidade de determinados sectores populacionais, mas tão só contribuir para aprofundar o conhecimento nesta área, através dos dados disponibilizados. Haverá sempre uma margem de "cifras negras" por descortinar, quer pela ausência de conhecimento de determinados crimes por parte das autoridades, quer por falta de provas. Tentámos assim contribuir para a especificação das coordenadas "crime-imigração" e para a eventual desmontagem de estereótipos criados contra os imigrantes a viver em Portugal.

---

[1] Nome fictício.

1. A IMIGRAÇÃO EM PORTUGAL

1.1. Introdução

A imigração é um fenómeno recente em Portugal, merecendo uma especial atenção e o aprofundamento de vários estudos em diversas vertentes, uma vez que se tornou numa questão de interesse para a população em geral. É uma temática tratada sistematicamente nos meios de comunicação social e por todos os estratos sociais. Em suma: tornou-se uma realidade com que Portugal está a aprender a viver.

Se o convívio entre diferentes culturas é motivo de enriquecimento para todos os de que dele partilham, problemas vários poderão originar-se no seio de uma comunidade multifacetada. Deixando para trás condições de vida adversas e perseguindo a promessa de uma vida melhor, os imigrantes sujeitam-se frequentemente a situações inimagináveis de forma a conseguirem, de alguma maneira, um documento que os habilite a permanecerem num local onde consigam melhores oportunidades de trabalho e de vida, em geral.

A comunidade de imigrantes a residir em Portugal assume já, hoje em dia, algum relevo na sociedade portuguesa, não só pelo número de indivíduos, que tem vindo a aumentar de forma considerável, como também pelas consequências positivas e negativas que a sua vinda implica.

Alguns cidadãos portugueses e estrangeiros vislumbram nos imigrantes (compatriotas ou de outras nacionalidades) presas fáceis de actividades criminosas, dada a sua situação de fragilidade, quer em termos de desconhecimento da língua, quer por se encontrarem, muitas vezes, em situação ilegal e colocados nas actividades mais escravizantes e degradadas.

Alinhado com os restantes países da União Europeia que se encontram unidos num objectivo comum de progresso e orientados por uma política comum de estreitamento de relações económicas, Portugal viu o seu estatuto de país de emigração passar também a ser um dos países alvo de imigração e uma porta de entrada para o espaço Schengen. Assim, o nosso país, entre outros países mediterrânicos tradicionalmente conotados com

32 Imigração e Criminalidade – Caleidoscópio de Imigrantes Reclusos

a "emigração maciça", passou a constar entre os mais procurados pelos designados "novos imigrantes" oriundos dos Países da Europa Central e Oriental (PECO) (Rita, 2003). De facto, a partir dos anos 80 e em comparação com outros países europeus, tradicionalmente receptores de mão-de--obra estrangeira, os países da Europa do Sul assistiram a um crescimento da taxa anual média de população estrangeira em 10% (entre 1981 e 1991), ao passo que a média dos países europeus se ficou por um crescimento de 2% (Baganha e Góis, 1999:254).

Desta forma, interessa analisar o panorama da imigração em Portugal, o número de entradas, os anos em que estas aconteceram e as nacionalidades preponderantes, aprofundando-se a análise neste campo para, posteriormente, ao comparar com os dados dos reclusos estrangeiros em Portugal se poder eventualmente retirar alguma conclusão válida.

1.2. Breve abordagem das migrações

Apesar de o volume de migrantes mundiais ter vindo a aumentar ao longo das últimas décadas, a sua percentagem no ano de 2000 não ultrapassou 2,8% do total de população mundial estimada (Martin e Widgren, 2002). Este facto permite concluir que as migrações se afirmam como uma excepção à regra da população sedentária. Entre outros motivos, poder-se-á afirmar que existem duas grandes explicações para este facto: uma prende-se com a dificuldade que a decisão de migrar implica, uma vez que obriga a um corte radical com as raízes de origem; outra porque os governos implementam cada vez mais medidas para controlar as movimentações de pessoas nas fronteiras. Por último, convém referir que apenas as populações com algum poder financeiro, por pequeno que seja, podem escolher migrar, abandonando os seus países e procurando outros que lhes ofereçam melhores condições de vida.

As diferenças essenciais entre os países de origem e os de destino revelam-se um atractivo muito forte e impulsionador de fluxos migratórios, provocando alterações demográficas e, consequentemente, socioeconómicas em todo o mundo. Por outro lado, a globalização, o turismo, as novas tecnologias da informação e comunicação e o próprio relato de experiências vividas por outros migrantes, proporcionam uma maior divulgação das condições de vida, das oportunidades existentes em outros países e de aspectos atractivos de outras culturas. Importa, no entanto, distinguir os factores principais que estão na base da motivação para as migrações:

Razões económicas (oferta de empregos mais bem remunerados, recursos económicos e sociais, melhores condições de vida);

Razões não económicas (reagrupamento familiar, segurança e defesa dos direitos humanos, fuga a perseguições políticas, religiosas, raciais, etc.)

No entanto, "não há uma teoria geral das migrações internacionais capaz de simultaneamente responder às várias perplexidades que a observação empírica deste processo social nos levanta" (Baganha, 2001:136). Assim, será de todo conveniente proceder inicialmente a um estudo que permita analisar as alterações que a sociedade portuguesa foi sofrendo, nomeadamente no que respeita à imigração.

1.3. A realidade socioeconómica portuguesa

Desde os primórdios da sua existência que o Homem procura afincadamente sobreviver às condições adversas da natureza, vendo-se frequentemente obrigado a migrar. E hoje, apesar de cerca de 80% da população mundial, composta por mais de 6 mil milhões de pessoas, viver em países subdesenvolvidos ou em vias de desenvolvimento, a grande maioria nunca se aventurou para lá das fronteiras do seu país natal, ou então apenas terá percorrido pequenas distâncias (Martin e Widgren, 2002).

Nas últimas décadas, centenas de milhões de pessoas têm sido empurradas das suas terras natais, impelidas a migrar por efeito de guerras, repressão e pobreza. Estima-se que cerca de 160 milhões de pessoas residiam fora do seu país natal, no ano 2000. Se os imigrantes de todo o mundo se juntassem num só local, tornar-se-iam no sexto país mais povoado, a seguir à China, Índia, Estados Unidos, Indonésia e Brasil (Martin e Widgren, 2002).

Grande parte dos migrantes abandona as suas casas levando apenas a esperança de uma vida melhor. Por sua vez, os refugiados fazem-no sob o espectro do medo e das perseguições. Uns e outros se deixam guiar pelo instinto de sobrevivência, procurando países que lhes permitam ter uma vida melhor. Cerca de 40% dos migrantes de todo o mundo encontram-se em países industrializados.

No final da Segunda Guerra Mundial, Portugal era um dos países mais atrasados da Europa, em quase todos os níveis, permanecendo estagnado e isolado da convivência das nações, enquanto os restantes países encetavam

34 *Imigração e Criminalidade – Caleidoscópio de Imigrantes Reclusos*

uma recuperação económica acelerada. O país perdeu grande quantidade de investimento estrangeiro, ao ficar de fora do plano Marshall[2]. Portugal importava grandes quantidades de produtos alimentares porque, apesar de a população activa pertencer ao sector primário da produção, a agricultura tradicional das pequenas propriedades não favorecia a introdução de novas técnicas e de novas culturas.

Nos anos 50, começam a surgir algumas iniciativas industriais: o Estado projecta um plano hidroeléctrico nacional, procura aderir à EFTA e abre-se aos investimentos estrangeiros e ao turismo.

No início da segunda metade do século XX, já a Europa tinha recuperado da guerra, apresentando um avanço significativo na produção industrial, no crescimento demográfico e no acolhimento de imigrantes dos países pobres, que constituíam uma mão-de-obra barata e disponível. Portugal contribuiu com cerca de um milhão e meio de emigrantes que se fixaram em França, na Alemanha, na Bélgica, no Luxemburgo e na Suíça (migração intra-europeia), preterindo outros destinos tradicionais de emigração como o Brasil, o Canadá ou os Estados Unidos da América (migração transoceânica). Esta busca de trabalho mais bem remunerado e de melhores condições de vida, traduz-se numa movimentação crescente: se em 1960 eram cerca de 32000 os emigrantes portugueses, entre legais e clandestinos, passados 10 anos já o montante se elevava a 173000 (Silva e Rodrigues, 1997).

Ao mesmo tempo, Portugal passa a ser o destino favorito de milhares de turistas europeus que elegem o Algarve e outras zonas costeiras como destino de férias e de residência para os últimos anos da velhice. As actividades ligadas ao turismo, como a hotelaria, a restauração, o comércio e a construção civil ganham um novo alento.

No início da década de 60, eclodem as guerras coloniais em Angola; mais tarde, seguir-se-ão os conflitos na Guiné-Bissau e Moçambique, o que implica a deslocação de cerca de 200000 soldados portugueses por ano, durante cerca de 13 anos (Barreto, 2000). Na Índia, os territórios do Estado português, Goa, Damão e Diu, são invadidos e tomados pelas forças armadas locais.

Após o 25 de Abril de 1974, a descolonização fez com que viessem para Portugal cerca de 650000 pessoas oriundas das diversas ex-colónias

---

[2] Plano de recuperação económica da Europa, financiado pelos EUA

portuguesas, sobretudo de Angola e Moçambique, provocando reacções sociais e debilitando os laços que uniam Portugal a estes países africanos (Barreto, 2000). Por outro lado, iniciou-se nesta altura, e com a segunda vaga de democratizações, um fluxo inverso do sentido migratório, visto que se estabeleceram corredores atlânticos que permitiram uma primeira vaga de migrações com destino a Portugal (Kellen, 2005).

As vastas mudanças económicas e políticas que o país sofreu durante estes anos levaram a que Portugal sentisse a necessidade de acompanhar os esforços de alguns países no sentido de construir uma União Europeia. Por essa razão candidata-se à entrada na Comunidade Económica Europeia (CEE), actual União Europeia (UE), formalizando o seu desígnio em 1986.

Até 1990, a convivência política das nações, que se repartia principalmente por duas orientações de base (o capitalismo, liderado pelos Estados Unidos com forte implantação no Ocidente e o socialismo, bloco comunista de Leste, dirigido pela União Soviética), sofreu alterações.

Os anos 80, e especialmente 90, surgem marcados pela queda do muro de Berlim, vendo renascer alguns problemas étnicos, religiosos e políticos até então abafados pela hegemonia dos blocos liderados pelas duas superpotências mundiais; recorde-se, por exemplo, o caso do fundamentalismo islâmico, que afectou profundamente países como a Argélia, a Tunísia, o Egipto e a Turquia; o conflito Irão-Iraque, com Khomeini a incitar os xiitas à guerra santa; o conflito dos Balcãs, protagonizado pela Eslovénia e pela Croácia, ao proclamarem a independência do domínio sérvio, que sempre procurou executar um modelo de "limpeza étnica".

Nas décadas de 80 e 90, Portugal entrou num período de desenvolvimento económico, associado à liberalização da economia e devido à injecção de capitais por parte da CEE/UE. Com o desenvolvimento do país e com a criação de importantes infra-estruturas, as oportunidades de trabalho aumentaram e o país apresentava, durante a década de 90, uma das taxas mais baixas de desemprego da UE. Observando alguns dados fornecidos pelo Instituto Nacional de Estatística resultantes dos Censos 2001[3], verificamos que Portugal tem acompanhado o sentido geral das mudanças experimentadas um pouco por toda a Europa, nomeadamente no que respeita ao aumento do número de divórcios (e consequentemente, de famílias mono-

---

[3] Censos 2001, INE online

36 *Imigração e Criminalidade – Caleidoscópio de Imigrantes Reclusos*

parentais); ao aumento da esperança média de vida, como resultado da melhoria das condições de vida e dos cuidados de saúde; à quebra da taxa de natalidade; à crescente participação das mulheres na vida activa fora do lar e à sua entrada em profissões e cargos tradicionalmente masculinos.

Nesta última década, verificou-se também um grande incremento no número de jovens com formação académica superior que procuram cada vez mais empregos qualificados, preterindo outros menos exigentes. Por outro lado, têm-se realizado importantes obras públicas, como a Ponte Vasco da Gama, o desenvolvimento da rede rodoviária, o parque Expo 98 e os estádios de futebol para o Euro 2004. Consequentemente, assistiu-se nestes últimos anos a uma grande procura de mão-de-obra, maioritariamente pouco qualificada. São os imigrantes que se vão sujeitar a estas ocupações socialmente pouco valorizadas, integrando sobretudo o mercado da construção civil, bem como aceitando trabalhos de condução de máquinas e transportes e algumas áreas da indústria transformadora (Baganha, 1996, 1998).

Durante todos estes anos, verificam-se inúmeras alterações sociais, semelhantes às que os outros países europeus atravessaram, das quais a mais problemática se concretiza no envelhecimento da população portuguesa, com as consequentes modificações no mercado de trabalho. Segundo o Relatório da Divisão da População da ONU, para manter o normal funcionamento da economia, o equilíbrio da população, os serviços sociais e outros, a União Europeia necessitaria de 159 milhões de imigrantes até ao ano 2025. Para que o declínio populacional fosse evitado, seria necessário que a União Europeia recebesse cerca de 45 milhões de imigrantes nos próximos 50 anos. E se a atenção se centrasse no equilíbrio entre activos e idosos, a União Europeia necessitaria, durante a próxima metade do século XXI, de cerca de 650 milhões de imigrantes.

A acompanhar esta tendência, a população portuguesa, durante este período de tempo, sofreria uma descida para cerca de 8 milhões de habitantes, se não fosse renovada pelos imigrantes. Para além disso, segundo o relatório da ONU e as estimativas realizadas através da análise de dados compilados pelo INE no Censos 2001, estimou-se que a descida do número de jovens até aos 14 anos e o aumento da população com mais de 65 anos de idade criaria um fosso que levaria a uma descida de 1/3 da população activa. Ou seja: a população em idade activa (entre os 15 e os 64 anos) desceria dos actuais 6,7 milhões para 4,5 milhões, e a população com mais de 65 anos aumentaria dos actuais 1,6 milhões para 2,5 milhões.

Para além do problema demográfico, Portugal encara um novo desafio que se prende com a fraca produtividade da sua economia, resultante, de alguma forma, da igualmente fraca produtividade do factor trabalho, que se revela o mais baixo da União Europeia, inferior mesmo à dos países que se candidataram ao alargamento e que integraram, desde 2004 e 2007, a União Europeia, com os quais compete pelo investimento directo estrangeiro (Rita, 2003).

Todos estes factores contribuíram para que Portugal tenha vindo a sentir uma enorme necessidade de "renovação" da população e da aceitação de trabalhadores que preencham postos de trabalho pouco qualificados para os quais os portugueses, em geral, não se sentem muito atraídos. Segundo Rui Pena Pires, sociólogo das migrações, "a imigração (...) é uma solução para um problema que é nosso, o da falta de mão-de-obra" (Pires, 2002). Por outro lado, a oferta de trabalho em Portugal, acentuada pelo seu passado colonial e pela sua condição actual de membro da UE, vem, de alguma forma, atrair fluxos migratórios oriundos de países assolados por "convulsões políticas, instabilidade, graves conflitos étnicos", ocorridos nos países de Leste e "sangrentos conflitos religiosos, pobreza e guerra" ocorridos em África. De um modo geral, estes fluxos migratórios, impulsionados por motivos económicos ou persecutórios (invocando o estatuto de refugiados), têm procurado os países da Europa do Sul, que se tornaram assim num pólo de atracção (Baganha, 2001:137-138). Além disso, o facto de a população portuguesa ter vindo a envelhecer nos últimos anos, criando uma diminuição acentuada de população activa, incapaz de responder a um mercado de trabalho cada vez mais necessitado de trabalhadores no campo da construção civil, permitiu uma maior abertura ao acolhimento de imigrantes. Segundo alguns investigadores, "a imigração é o único modo de suster a implosão demográfica europeia e de, pelo menos, abrandar o irreversível processo de envelhecimento" (Peixoto, 2002). Acompanhando o exemplo recente da Espanha e Itália, Portugal tornou-se num país atractivo e de destino de imigração, sobretudo a partir da década de 80, altura em que "esta região se tornou, pela primeira vez no seu passado recente, pólo de atracção para um número crescente de imigrantes" (Baganha 2001:137), o que fez surgir um manancial de culturas, línguas e religiões diferentes, bem como formas díspares de rituais, costumes e hábitos, começando a alterar, ainda que de forma incipiente, o panorama social português.

1.4. A imigração em Portugal: alterações significativas ao longo dos tempos

A imigração é um fenómeno muito recente em Portugal. Até meados da década de 70, os imigrantes eram numericamente pouco significativos, registando o Censo de 1960 a presença de 29000 estrangeiros a residir no país (Baganha e Marques, 2001b).

A população estrangeira que reside em Portugal tem vindo a aumentar nas últimas décadas, chegando a duplicar em 10 anos (entre 1981 e 1992), como se pode observar no gráfico 1.1. e tabela 1.1. Também as nacionalidades de origem e os perfis sociodemográficos se alteraram substancialmente ao longo destes anos, o que indicia uma "complexificação progressiva da composição da população estrangeira em Portugal" (Baganha, 2001:143). Refira-se ainda o rápido aumento da percentagem de população estrangeira em Portugal, comparativamente ao lento aumento dos nacionais.

GRÁFICO 1.1. **População residente em Portugal**

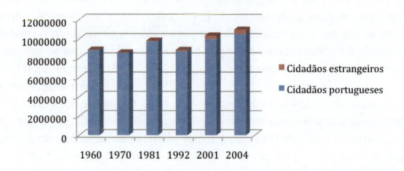

Fonte: Dados estatísticos SEF, "População portuguesa residente em 31/12/2004" (estimativas provisórias intercensitárias), INE e Costa, J.B. (1999).

É necessário olhar para estes dados com precaução, uma vez que se podem extrair falácias insanáveis. A soma do número de estrangeiros em Portugal foi feita com os dados que foi possível apurar. Mas se estes forem desdobrados, verifica-se a possibilidade de haver duplicação de dados ou omissão de outros. Então, é possível, pelo menos, observá-los individualmente, de forma a perceber-se melhor este fenómeno. Esta dificuldade surge com o aparecimento da figura das Autorizações de Permanência

(AP's), que mais não foram do que a concessão de um documento que permitia ao grande número de imigrantes recém-chegados a Portugal, sensivelmente a partir do ano 2000, regularizar a sua situação documental no país, acedendo a um título que lhes permitia trabalhar e residir legalmente durante o período de um ano. Este documento era renovável todos os anos, durante cinco anos, findos os quais os cidadãos estrangeiros poderiam aceder a um documento com maior validade, as autorizações de residência (AR's), já concedidas até ao aparecimento das AP's.

TABELA 1.1. **População total em Portugal, nacionais e estrangeiros, legalmente autorizados, entre 1960 e 2005**

Ano	População Total	Residentes estrangeiros e autorizados a residir em Portugal	% estrangeiros
1960	8 889 392	29 579	0,3%
1970	8 611 110	31 505	0,4%
1981	9 833 014	54 414	0,6%
1992	9 867 000	123 612	1,3%
2001	10 356 117	350 898	3,4%
2002	10 407 465	413 487*	4,0%
2003	10 474 685	433 650*	4,1%
2004	10 529 255	447 186*	4,2%
2005	10 569 592***	414 717**	3,9%

Estes dados foram obtidos através da soma das autorizações de residência e das autorizações de permanência concedidas
*** Este número foi conseguido através da soma das autorizações de residência em 2005, das autorizações de permanência concedidas / prorrogadas em 2005 e da prorrogação de vistos de longa duração que incluem vistos de trabalho, vistos de estada temporária e vistos de estudo, em 2005 (dados provisórios do SEF)*
**** Fonte: Estimativas da população residente em Portugal, INE 2005*
Fonte: INE 2005, Dados estatísticos SEF 2005 (dados provisórios), cálculos da autora

O número de AP's prorrogadas durante este período surge sempre associado ao número de AP's concedidas. Se se observar atentamente na tabela 1.2. o número de AP's concedidas/prorrogadas surge sempre associado, pois espelha valores acumulados de AP's concedidas e prorrogadas de 2002 a 2004, fazendo crer que em todos os anos teria havido 100% de prorrogações.

40   Imigração e Criminalidade – Caleidoscópio de Imigrantes Reclusos

Em 2005, começaram também a ser contabilizadas as prorrogações de Vistos de Longa Duração (VLD), que não eram igualmente contabilizados até então. É possível observar na tabela 1.2. a forma como estes números foram obtidos:

TABELA 1.2. **Estrangeiros residentes e autorizados a residir em Portugal**

Ano	Residentes com A.R.'s	Estrangeiros com A.P.'s	Concessões /Prorrogações de A.P.'s	Prorrogações de V.L.D.	Total obtido
2001	223 997	126 901	---	?	350 898
2002	238 929	47 657	126 901**	?	413 487
2003	249 995	9 097	174 558**	?	433 650
2004	263 353*	178	183 655**	?	447 186
2005	274 689*	---	93 391***	46 637	414 717

Fonte: SEF, em 21/03/2007, corrigido em 20/10/2007
* Dados provisórios
** Estes números foram obtidos através de cálculos efectuados entre as tabelas "Autorizações de Permanência Concedidas (2001-2004)" e "Evolução da População Estrangeira em Território Nacional 1980-2006", disponíveis na página web do SEF
*** Desconhece-se se neste número estarão ainda incluídas algumas concessões de Autorizações de Permanência.

Sabe-se que no ano de 1975 residiam em Portugal cerca de 32000 imigrantes (Rocha, 2001:23), número que duplica na década seguinte. Se se proceder a uma análise do aumento da população estrangeira nos últimos 20 anos (entre 1981 e 2001), poderá verificar-se que há anos em que a taxa de crescimento da população estrangeira é mais alta do que noutros.

De uma forma geral, poder-se-á constatar que até 2000, "a presença de imigrantes em Portugal era (...) relativamente fraca" (Baganha, Marques e Góis, 2004).

A população estrangeira em 1981 era de 54414 pessoas, passando uma década depois a ser constituída por 113978 cidadãos, e consequentemente, a partir desta altura, Portugal tornou-se num país "populacionalmente mais diversificado" (Rocha, 2001:24). Cinco anos depois, a população estrangeira aumentou 48%, passando a ser constituída por 168316 pessoas, o que revela que algo se passou para o aumento ser tão grande. Refira-se ainda que a taxa de crescimento da população de estrangeiros a residir em Portugal no ano de 1993, relativamente a 1992, foi de 10,77%

e em 1994, relativamente ao ano de 1993, sofreu um aumento de 14,70%. Estabilizou nos anos seguintes, voltando a aumentar novamente em 1999 (com um crescimento de 7,30% relativamente ao ano anterior), no ano 2000 (com um crescimento de 8,89%) e em 2001 (com um crescimento de 7,70%). Relativamente ao ano de 2001 e 2002, temos que considerar não só esta taxa, mas também um crescimento paralelo que se afirmou com a nova medida criada para a regularização de estrangeiros: as autorizações de permanência. Segundo dados do Serviço de Estrangeiros e Fronteiras, beneficiaram desta medida 183833 imigrantes, desde que ela foi criada até 2004, totalizando a população estrangeira 414717 em 2005, tendo duplicado relativamente ao ano de 2000.

GRÁFICO 1.2. **Estrangeiros a residir em Portugal, entre 1981 e 2005**

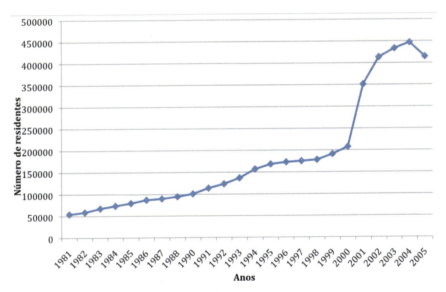

Fonte: Serviço de Estrangeiros e Fronteiras
(Dados de 2003 e 2004 provisórios e evolução global de 1981 a 2005, acedidos em 21/03/2007)

De forma a compreender o crescimento mais marcado em determinados anos, é necessário conhecer as diversas etapas de regularização de estrangeiros que decorreram em Portugal, sendo certo que algumas destas medidas incrementam a vinda de estrangeiros ilegais que assim tentam regularizar a sua situação num estado-membro da UE.

Durante a primeira grande regularização extraordinária de imigrantes em Portugal, que decorreu no ano de 1992/93, foram legalizados cerca de 39000[4] cidadãos estrangeiros. Em 30 de Dezembro de 1992, residiam já em Portugal 123612 cidadãos estrangeiros (SEF, 2007). Este processo de regularização representou um acréscimo de 32 % da população estrangeira a residir em Portugal, apesar de prolongada no tempo, uma vez que se procedeu à legalização de estrangeiros com efeitos retroactivos de entrada em território nacional.

GRÁFICO 1.3. **Imigrantes regularizados em 1992/93**

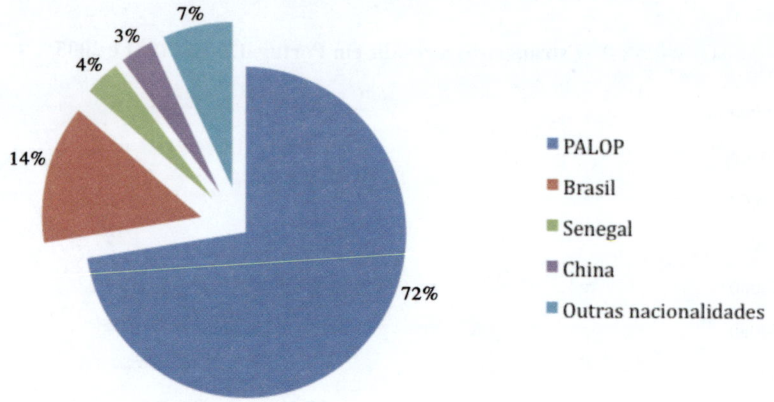

Fonte: SOS Racismo, 2002

Destes dados obtidos e relativamente às nacionalidades mais abrangidas por este processo de regularização, salienta-se a grande preponderância dos imigrantes oriundos dos Países Africanos de Língua Oficial Portuguesa (PALOP). Segundo o Ministro da Administração Interna, "86% das pessoas que a ele [processo de regularização] concorreram eram lusó-

---

[4] Estes dados foram obtidos na tabela intitulada "Regularização extraordinária – número de pedidos concedidos", apresentada no livro publicado em 2002 pelo SOS Racismo e cuja fonte de informação não figura na mesma. A informação disponível nas páginas web do SEF não é suficiente para confirmar estes dados.

fonos". 72,4% da totalidade de imigrantes que obtiveram a concessão de Autorização de Residência eram oriundos dos PALOP, seguindo a linha tradicional de imigração em Portugal, indissociável das décadas de convivência, fruto de factos históricos já referidos. Quanto às outras nacionalidades, a mais representativa foi a brasileira, com 13,6% das concessões, o que, uma vez mais, vem corroborar os fluxos migratórios pré-estabelecidos em Portugal e que advêm das relações estreitas que Portugal mantinha com aquele país.

Os países dos PALOP cujas nacionalidades se evidenciaram como mais representativas foram Angola, com 32% da totalidade, seguindo-se-lhe a Guiné-Bissau com 17,6% e logo de seguida Cabo Verde, com 17,3%. Com menos imigrantes e em quarto lugar ficou S. Tomé e Príncipe, com 3,6% e Moçambique, com 1,9% das concessões.

Concluindo: o panorama dos fluxos migratórios principais foi mantido, sem grandes oscilações, com a tradicional imigração oriunda dos PALOP, seguida de imediato pelo Brasil. Estes resultados vêm confirmar os laços históricos que unem Portugal a esses países, não tendo havido nenhuma alteração significativa a mencionar.

Durante a segunda regularização extraordinária, que decorreu nos períodos compreendidos entre 11 de Junho e 31 de Dezembro de 1996, foram legalizados 31117 imigrantes[5] (o que representa um decréscimo de cerca de 20,2% relativamente à primeira regularização de estrangeiros encetada em 1992/1993). Novamente se verifica que os PALOP, liderados por Angola, foram os que mais pedidos apresentaram, como se pode ver no gráfico 1.4.

---

[5] Este número foi obtido através da consulta das estatísticas do SEF, "Regularização Extraordinária de imigrantes clandestinos, Lei 17/96, de 24 de Maio, G.R.E.I, constante do relatório "Balanço sobre o processo de regularização extraordinária de imigrantes, ocorrido em Portugal de 11 de Junho a 11 de Dezembro de 1996. Contudo, nestes dados consta o número total de processos admitidos registados (31117), apesar de constar na mesma tabela que os títulos emitidos foram 18361 e por emitir 12756, estando estes últimos incluídos no total de processos admitidos por processar. Presume-se que todos tenham sido processados, uma vez que existe um outro parâmetro no qual está incluído o total de processos não admitidos (3965).

GRÁFICO 1.4. **Imigrantes regularizados em 1996**

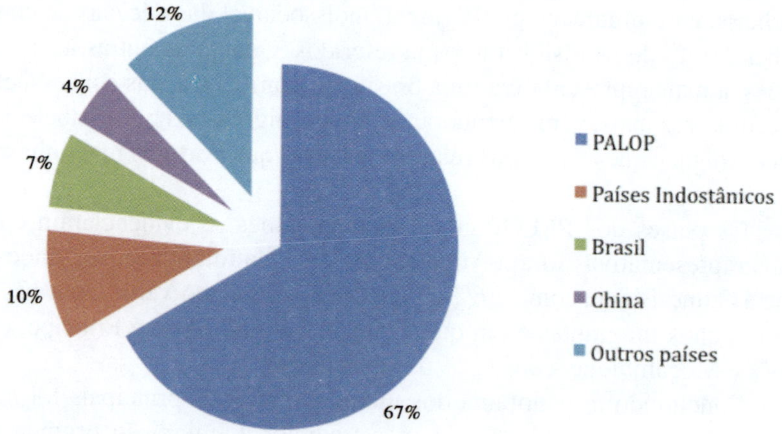

- PALOP
- Países Indostânicos
- Brasil
- China
- Outros países

12%
4%
7%
10%
67%

Fonte: SOS Racismo, 2002 (dados do SEF)

Angola lidera os PALOP com cerca de 9000 concessões, seguida de Cabo Verde, que inverte a sua posição com a Guiné-Bissau, passando nesta regularização para a segunda nacionalidade com mais concessões (cerca de 6500) e a Guiné-Bissau com cerca de 5000. Seguem-se-lhe o Brasil (cerca de 2000 concessões) e a China (com cerca de 1000 concessões). De realçar duas situações: a primeira prende-se com a recusa liminar da maioria dos pedidos efectuados pelos imigrantes oriundos dos países Indostânicos (Paquistão, Índia e Bangladesh): apenas 24% dos pedidos foram concedidos (833), apesar de ascenderem a 3421, o que representa 10% dos pedidos efectuados nesta segunda regularização. Ou seja, o fluxo migratório proveniente da península Indostânica começa a tentar afirmar-se nesta altura. O segundo ponto a destacar é o facto de, nesta fase, terem já sido efectuados 595 pedidos de cidadãos oriundos de países do Leste da Europa (Croácia, Hungria, Jugoslávia, Polónia, Roménia, Rússia e Ucrânia), dos quais apenas 43 (de cidadãos romenos) foram recusados liminarmente. Ou seja, o fluxo migratório oriundo do Leste Europeu começa, nesta fase, a afirmar-se, ainda que de forma muito incipiente. A vaga crescente de imigrantes com uma fraca (ou nenhuma) tradição histórica ou de relações económicas com Portugal, vem acentuar a complexificação da comunidade imigrante em Portugal, inicialmente e de forma embrionária sentida aquando da primeira regularização extraordinária de 1992 e mais marcada neste segundo processo de regularização de 1996 (Baganha, 2001:143), apesar de a comunidade de Leste apenas se ter afirmado a partir de 2001.

De referir ainda que, durante esta segunda regularização de imigrantes ilegais, foram introduzidos dispositivos legais que favoreciam os imigrantes oriundos das Comunidades de Países de Língua Portuguesa (CPLP's), o que de alguma forma veio servir os interesses "geo-estratégicos e as necessidades conjunturais da (...) economia [portuguesa]" (Baganha e Góis, 1999, Baganha et al. 2000).

Em 1998, foi publicado o regime jurídico de entrada, permanência, saída e afastamento de cidadãos estrangeiros de Portugal, o Decreto-Lei 244/98 de 8 de Agosto. No ano de 2001, foi-lhe dada uma nova redacção, com a introdução do Decreto-Lei n.º 4/2001, de 10 de Janeiro, que previa um sistema de obrigatoriedade de fixação anual de números de entrada de estrangeiros em Portugal. Para tal, seria necessário apurar os sectores de actividade mais carenciados e o número de imigrantes necessário para os preencher, pelo que foi criada a Comissão Interministerial de Acompanhamento da Política de Imigração.

Segundo o artigo 55.º do Decreto-Lei 4/2001, de 10 de Janeiro, foi autorizada a permanência de imigrantes em Portugal, desde que estes reunissem as condições estipuladas e fizessem prova de ter entrado em território nacional até 30 de Novembro de 2001. Surgiram então as Autorizações de Permanência, que de certa forma, fomentaram um novo processo de legalização extraordinária de estrangeiros.

Previa-se, com esta nova fase, a legalização de várias centenas de imigrantes. Acontece que foi apenas com a publicação de uma Resolução do Conselho de Ministros que cessou o período de concessão de Autorizações de Permanência (AP's)[6], impossibilitando a legalização de imigrantes que durante aquele período o não tivessem feito.

---

[6] As AP's foram criadas com o Dec.-Lei 4/2001, de 10 de Janeiro, autorizando os estrangeiros que se encontravam em Portugal não titulares de visto e que reunissem uma série de condições, a permanecer legalmente em Portugal. Esta concessão foi revogada em 2003, pelo Dec-Lei 34/2003.

Foram concedidas 183833 Autorizações de Permanência durante aquele período de tempo, o que representa um aumento de 491% relativamente à regularização encetada em 1996.

Esta foi a fase que apresentou alterações mais significativas no que diz respeito às nacionalidades de imigrantes prevalecentes em Portugal.

GRÁFICO 1.5. **Imigrantes regularizados em 2001-2004**

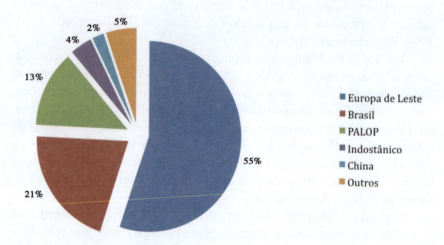

Fonte: Serviço de Estrangeiros e Fronteiras (acedidos em 21/03/2007)

Observando o gráfico 1.5., podem retirar-se várias conclusões:

Os imigrantes oriundos do Leste da Europa vieram ocupar os primeiros lugares na lista das comunidades de imigrantes mais numerosas em Portugal, destronando os tradicionais imigrantes provenientes dos PALOP;

Os imigrantes brasileiros registaram um aumento significativo de 415% nesta última legalização de estrangeiros, relativamente a 1996;

O número de imigrantes oriundos da Península Indostânica (Índia, Paquistão e Bangladesh) que entrou em Portugal durante este período desceu para metade, relativamente a 1996.

Relativamente às dez nacionalidades mais numerosas nesta última fase de legalização, observa-se o seguinte:

Mais de metade das AP's concedidas foram atribuídas aos imigrantes de dois países: a Ucrânia que se distanciou de todas as outras nacionalidades, registando 35,2%, seguida do Brasil, com 20,7% da totalidade de AP's concedidas. Vários factores contribuíram para a vinda da grande maioria destes imigrantes, entre os quais a grande oferta de trabalho (sobretudo na área da construção civil, restauração e limpezas domésticas), a falta de obstáculos na entrada no país e um acolhimento geralmente caloroso e tolerante (Gil-Robles, 2003).

GRÁFICO 1.6. **Autorizações de Permanência concedidas até 2004 (as 10 +)**

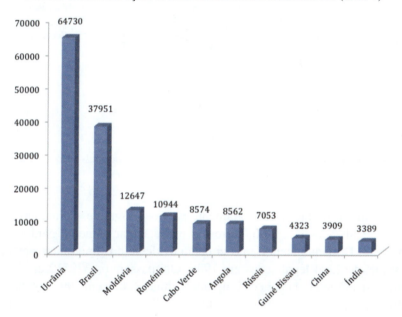

Fonte: Serviço de Estrangeiros e Fronteiras (dados provisórios até 31 de Maio de 2002)

Analisando a evolução das nacionalidades de imigrantes que mais entraram em Portugal entre os anos de 1992 e 2002, obteremos o seguinte gráfico:

Constata-se que o fluxo migratório proveniente de Angola se encontra em decréscimo (passando de 12525 cidadãos legalizados em 1992 para 8562 com AP's em 2004, o que representa uma descida de 31,6%). Relativamente aos cabo-verdianos constata-se um ligeiro aumento (de 6778 legalizações em 1992 para 8574 em 2004, o que representa um aumento de 26,5%).

GRÁFICO 1.7. **Nacionalidades de imigrantes mais representativas em Portugal**

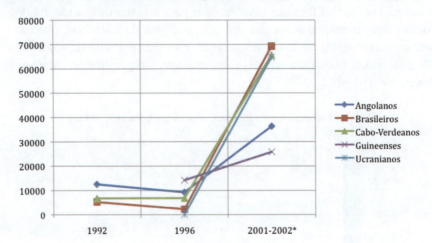

Fonte: Dados do SEF (* dados provisórios)

Nota: Os dados dos cidadãos da Guiné-Bissau constantes na coluna de 1996 referem-se a Dezembro de 1999, não tendo sido possível obter dados anteriores.

O maior destaque vai claramente para os imigrantes ucranianos que de 10 legalizados em 1996, sofrem o espectacular aumento para 64730 em 2004. Destaque menor, mas também evidente dos imigrantes brasileiros que, de 2324 legalizados em 1996, ultrapassam os 379512 em 2004. Um comentário ainda para os imigrantes chineses que em 1996 registaram 1364 legalizações, passando em 2004 para 3909 e para os indianos, cujas legalizações em 1996 foram de 290 e em 2004 passaram para 3389.

Observando o gráfico 1.8., verifica-se assim que existem manifestas diferenças entre as nacionalidades mais numerosas consoante os títulos concedidos, até porque as regras de concessão de AR's foram alteradas com a entrada em vigor da figura das AP's.

O gráfico 1.9. permite ver quais os continentes de origem dos estrangeiros.

É possível observar como a população estrangeira legal em Portugal se distribuía em 2004, sendo maioritariamente oriunda de países europeus, seguida de países africanos (maioritariamente PALOP's – 139168 oriundos dos PALOP's dos 151446 africanos) e oriundos da América (sobretudo do Brasil – 66683 dos 83946 oriundos da América).

GRÁFICO 1.8. **Nacionais dos países estrangeiros com AR's e AP's em 2004**

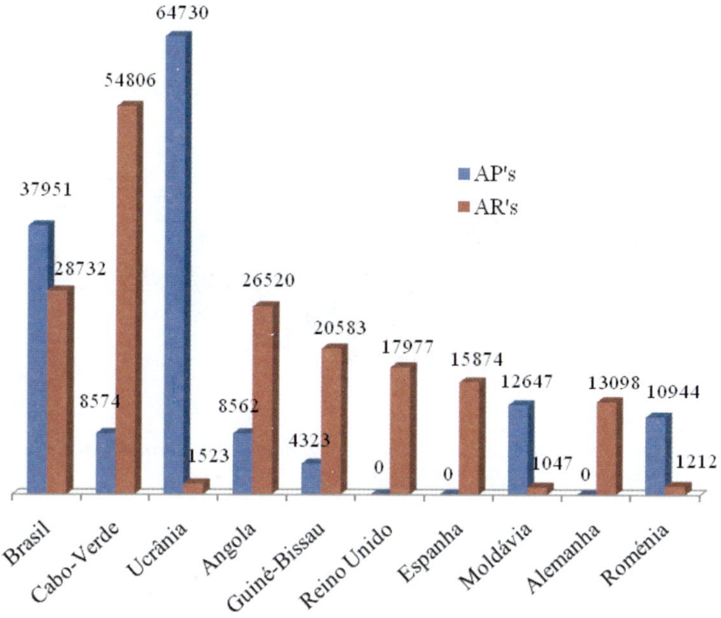

Fonte: População estrangeira residente em Portugal, dados provisórios de 2004 e Autorizações de Permanência concedidas (2001-2004), Serviço de Estrangeiros e Fronteiras

No que respeita ao cenário em 2005, de uma forma geral poucas alterações se sentiram, mantendo-se as tendências mencionadas no gráfico anterior, conforme se pode verificar da análise do gráfico 1.10, revelando--se um ligeiro aumento na população estrangeira oriunda da Europa e da América, sobretudo do Brasil.

1.5. A imigração e o mercado de trabalho

O fenómeno das migrações contribui para o enriquecimento cultural dos países de destino, impulsionando o desenvolvimento ou o fortalecimento de relações económicas, sociais e culturais com as populações dos países de origem ou com outros locais onde comunidades da mesma origem estejam bem implantadas. Os imigrantes constituem assim um factor de promoção do comércio internacional e do turismo, "contribuindo, directa ou indirectamente, para a criação de emprego, através do empresarialismo étnico e do aumento do consumo" (Fonseca, 2005).

GRÁFICO 1.9. **Continentes de origem de estrangeiros em Portugal com AR's e AP's, 2004**

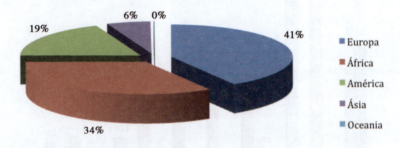

Fonte: População estrangeira residente em Portugal, dados provisórios de 2004 e Autorizações de Permanência concedidas (2001-2004), SEF

GRÁFICO 1.10. **Continentes de origem de estrangeiros em Portugal com AR's, AP's e VLD, em 2005**

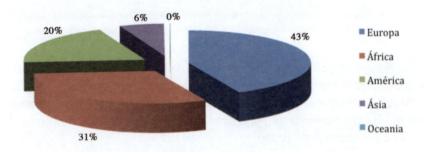

Fonte: População estrangeira residente em Portugal, dados provisórios de 2004 e Autorizações de Permanência concedidas (2001-2004), SEF

As qualificações académicas são um factor influente na inserção no mercado de trabalho, apesar de na maior parte das vezes os imigrantes serem recrutados para actividades assalariadas pouco qualificadas, sem sequer lhes ser requerida qualquer habilitação académica. O facto de os cidadãos nacionais terem deixado de preencher quadros do mercado português em que o trabalho era sobretudo de esforço físico, sem exigência de qualificações para desempenho de tarefas simples, acompanhando a tendência já verificada nos países desenvolvidos, permitiu que se criasse um vazio que veio a ser preenchido pelos imigrantes recém-chegados a Portugal (Carvalho, 2004). Assim, a grande maioria dos imigrantes encontra-se inserida nas áreas mais desfavorecidas do mercado de trabalho português. No entanto, é possível estabelecer diferenças nos trabalhos exercidos consoante a nacionalidade de origem do imigrante. Segundo Lucinda Fonseca (2005), é possível distinguir quatro categorias distintas de imigrantes relativamente à sua inserção no mercado de trabalho:

- na primeira inserem-se os imigrantes oriundos de África, sobretudo dos PALOP, que desempenham tarefas profissionais pouco qualificadas e mal remuneradas como sendo a construção civil, no caso masculino, e limpezas no caso feminino;
- na segunda estão inseridos os imigrantes indostânicos e chineses, mantendo-se em comunidades relativamente fechadas, que se dedicam quase exclusivamente ao comércio, à restauração, à venda ambulante e negócios étnicos;
- na terceira encontram-se os cidadãos oriundos de países europeus (UE) e norte-americanos, profissionais qualificados que vêm desenvolver cargos de chefia e de intermediação internacional de empresas multinacionais e os reformados, oriundos sobretudo da Alemanha, Holanda e Reino Unido, que se estabelecem sobretudo no Algarve.
- na quarta categoria constam os cidadãos brasileiros que passaram de um fluxo profissionalmente bem qualificado (dentistas, jornalistas, especialistas de marketing) para um bastante menos qualificado, inserindo-se em actividades de hotelaria, restauração, construção civil e comércio.

Poder-se-ia acrescentar uma quinta categoria, mais recente, que inclui os cidadãos oriundos do Leste Europeu, quer pela sua expressividade numérica, quer pelas suas peculiares características. São academicamente mais bem qualificados do que os cidadãos nacionais, integrando faixas do mercado de trabalho português pouco atractivas como a indústria transformadora, a agricultura, construção civil e limpeza industrial e doméstica. É frequente encontrar-se, assim, imigrantes oriundos do Leste Europeu licenciados e especialistas em diversas áreas a desempenhar tarefas pouco qualificadas, apesar de existirem cada vez mais programas de reconhecimento das habilitações, de forma a possibilitar a inserção destes profissionais no mercado de trabalho português em áreas onde há alguma carência (como no exercício de Medicina).

Apesar de os imigrantes ocuparem actualmente um sector do mercado de trabalho indispensável ao regular funcionamento dos serviços e da economia em Portugal e nos países europeus, a sua presença não é encarada ainda como um aspecto positivo, sobretudo no que toca à ameaça aos empregos e ao crescimento real dos salários dos trabalhadores nacionais (Thalhammer et al. 2001; Lages e Policarpo, 2003 in Fonseca, 2005). Contudo, há estudos efectuados nesta área que comprovam que os imigrantes em nada interferem nestes sectores, uma vez que apenas ocupam sectores de actividades que os cidadãos nacionais deixaram de preencher.

1.6. O impacto económico da imigração em Portugal

A população da União Europeia, em 31 de Dezembro de 2001, apresentava um aumento de cerca de um milhão e meio em relação ao mesmo período do ano anterior. Segundo o Eurostat, 70% deste aumento ficou a dever-se ao fluxo migratório que atingiu os vários Estados-membros.

Portugal surge, neste contexto, como o país com uma das mais elevadas taxas migratórias (4,9 mil habitantes) apenas ultrapassado pelo Luxemburgo (9,0 mil habitantes), Espanha (6,2 mil habitantes) e Irlanda (5,2 mil habitantes). Os imigrantes constituíam, em 2002, cerca de 4% da população residente, e 8% da população activa em Portugal (Almeida, 2003).

Segundo dados apurados através da regularização extraordinária de 2001, também foi possível verificar a taxa de população imigrante activa em Portugal, por continente e por país de origem. Assim, observando primeiramente a actividade por continente, constata-se a maior participação dos imigrantes europeus, em contraposição com a baixa taxa dos imigrantes africanos, conforme se pode verificar pela observação do gráfico 1.11.

O gráfico que se segue apresenta os dados, por países, da população imigrante activa e não activa.

Observando com pormenor os dados por país, verifica-se que os imigrantes dos países de Leste apresentam uma taxa muito elevada de população activa, relativamente à população total calculada pela regularização extraordinária de 2001, e que os imigrantes que apresentam resultados mais baixos são os oriundos de Angola, S. Tomé e Príncipe e Moçambique[7].

Durante a segunda metade dos anos 90, especialmente a partir de 1997 (Almeida, 2003), Portugal passou a ser um destino de fluxos migratórios, assumindo a vocação de país exportador de mão-de-obra, como já foi anteriormente mencionado.

GRÁFICO 1.11. **Taxa de actividade dos imigrantes, por continente, em 2001**

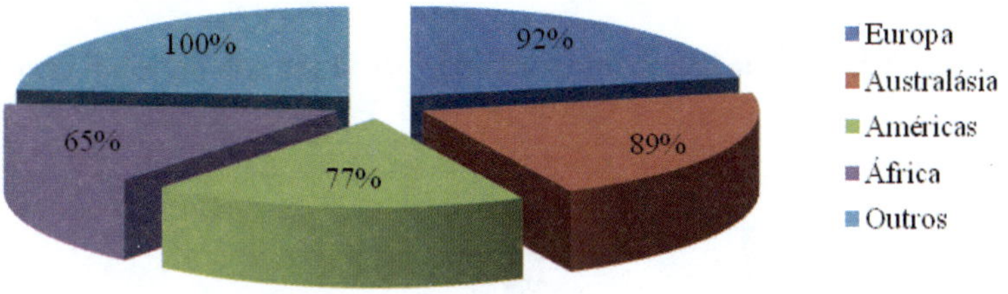

Fonte: Ferreira, Rato e Mortágua, 2004

A acompanhar esta alteração, verificou-se também uma mudança na própria estrutura da imigração. Se até então os imigrantes eram oriundos sobretudo dos PALOP e do Brasil, a partir do fim da década de 90 os contingentes imigracionais passam a integrar sobretudo indivíduos oriundos das repúblicas da ex-União Soviética, da Bulgária, Roménia, Índia, China e de alguns países de África não pertencentes aos PALOP.

Estima-se que cerca de 20 a 30 milhões de pessoas poderão estar a viver na clandestinidade na União Europeia (Público, 2001) e, destas, entre 50000 a 100000 em Portugal. A maioria dos imigrantes clandestinos dedica-se a actividades irregulares, vivendo e trabalhando em condições sub-humanas, poucas vezes auferindo os salários estipulados pela lei.

Devido a estas alterações na esfera da imigração em Portugal, o Governo adoptou medidas severas de controlo e contenção dos fluxos migratórios, apenas permitindo a entrada de imigrantes cujo objectivo fosse

---

[7] Foram excluídos os estrangeiros oriundos dos EUA, Canadá, Venezuela e Timor (que apresentam valores mais baixos do que os mencionados), quer pela fraca expressão numérica em Portugal, quer pela constatação de que parte deles se encontra em Portugal a gozar as reformas ou a estudar e, como tal, não figura na população activa.

trabalhar e residir em Portugal, desde que tivessem obtido autorização nos países de origem. Introduziu-se, ainda, a figura das quotas para a entrada de imigrantes, medida que deveria contribuir para a regulação do fluxo daqueles. Apesar destas medidas, a entrada de imigrantes clandestinos em Portugal (e na Europa) tem continuado. A política migratória encontra-se prestes a ser alterada, com a preparação da introdução de uma nova lei de estrangeiros que visa a uniformização de critérios na Europa, bem como a desburocratização de alguns actos relacionados com a obtenção de vistos.

GRÁFICO 1.12. **População imigrante activa e não activa por país de origem, em 2001**

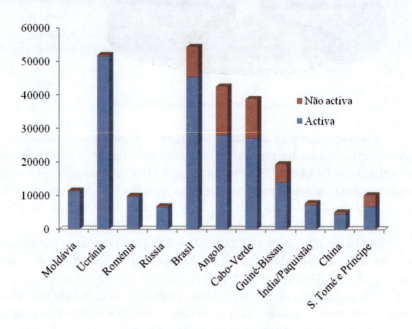

Fonte: Ferreira, Rato e Mortágua, 2004

Ao mesmo tempo e segundo o Observatório Europeu do Racismo e da Xenofobia, os casos de violência racial e de discriminação, concretizados, entre outros, por grupos neonazis, têm vindo a aumentar nos países da União Europeia. Aliás, em relação à violência urbana, é frequente a opinião pública detectar com mais facilidade e condenar grupos de delinquentes pertencentes a minorias étnicas.

"É evidente que não há nenhuma relação étnica, há, sim, uma evidente relação com condições sociais de pobreza; aliás temos um caso interessantíssimo de perceber: existem as mesmíssimas expressões de violência de pequena criminalidade, de violência urbana entre jovens, por exemplo, gangs, os tais gangs, de jovens negros e de jovens brancos, exactamente iguais e agora começam até a surgir expressões espalhadas pelo país, em diferentes áreas, locais relativamente inesperados, de organizações de gangs, aí quase sempre de jovens brancos que têm uma intervenção de gang típico, tal como a experiência urbana; é evidente que há uma minoria visível de jovens africanos que têm uma elevada notoriedade e que sobretudo pagam um preço enorme por isso na divulgação da notícia, que todos nós conhecemos, que é: o facto de pertencer a uma determinada comunidade agrava em muito a imagem pública de um determinado crime."

(Entrevista 3)

Para além destes fenómenos, a população em geral é assolada frequentemente pelo medo do desemprego, insegurança em relação ao futuro e mal-estar relativamente às condições sociais, culpabilizando por vezes os imigrantes. Estes, por sua vez, são acusados de envolvimento na esfera do crime, dada a impossibilidade de se inserirem nas sociedades de acolhimento e de gozarem dos mesmos direitos que os cidadãos nacionais.

"– Mas acha que o desemprego também leva ao crime?

R.B. – Sem dúvida. A partir do momento em que as pessoas deixam de ter emprego, têm que conseguir dinheiro de outra forma, e mesmo que não sejam pessoas com propensão criminosa, tornam-se vulneráveis àqueles que pertencem às redes organizadas do crime, situação que vem acontecendo com a comunidade africana. Existem tantos menores africanos metidos no crime, porquê? Porque são aliciados, nomeadamente por indivíduos portugueses."

(Entrevista 8)

Mediante a análise de todos estes factos relacionados com a imigração, tem sido feito um esforço a nível europeu para reforçar o combate à imigração ilegal, factor considerado favorecedor de problemas sociais. Fica, no entanto, aquém das expectativas a tentativa de melhorar o sistema de integração social dos imigrantes que trabalham em Portugal, apesar das iniciativas que têm vindo a ser implementadas.

Estas medidas vêm de encontro à tomada de consciência de que a imigração é, de facto, um factor de desenvolvimento económico, quando se processa em condições adequadas, quer para o próprio imigrante, quer para o país de acolhimento, quer em maior escala, para o país de origem (com as remessas de quantias monetárias enviadas para os familiares).

Na verdade, segundo o Estudo do Impacto da Imigração em Portugal nas Contas do Estado (Almeida, 2003) a taxa de população activa em Portugal é muito semelhante entre os nacionais (51,7% em 2001 – Almeida, 2003) e os cidadãos estrangeiros (50% – Almeida, 2003). Para além do mais, concluiu-se que os imigrantes contribuem com 5% para o Produto Interno Bruto (Carvalho, 2004).

Para o ano de 2001, o saldo nas contas do Estado resultante da permanência de estrangeiros legais em Portugal é francamente positivo: cerca de 324 milhões de euros. Ou seja, estima-se que o Estado Português tenha arrecadado cerca de 658 milhões de euros, tendo despendido cerca de 334 milhões de euros.

Os imigrantes ilegais em Portugal, pelo contrário, correspondem a um desperdício do Estado de 10,4 milhões de euros (Almeida, 2003). Este cálculo, apesar de não passar de conjecturas (não sendo possível contabilizar um total real de imigrantes ilegais), é estimado a partir das transferências bancárias efectuadas pelos imigrantes para os países de origem.

Apesar de a imigração ilegal ser combatida, a verdade é que é relativamente fácil e acessível aos imigrantes ilegais o envio de remessas em dinheiro para os países de onde são oriundos, através dos sistemas de remessas de dinheiro por parte de empresas internacionais, como por exemplo a Western Union. A percentagem de transferências parece ser tanto mais alta quanto maior for a taxa de famílias separadas pelos condicionalismos inerentes à imigração de um dos elementos da família (sobretudo se for um dos cônjuges) e quanto mais precária for a qualidade de integração na comunidade de acolhimento. Ora, no que se refere aos imigrantes ilegais, estas são duas realidades presentes, o que se reflecte no elevado valor das transferências de fundos.

As comunidades da Europa de Leste aparecem, segundo o estudo acima referido (Almeida, 2003), como a parcela menos conhecida da nossa imigração, sendo os imigrantes da Ucrânia, Moldávia, Rússia e Roménia responsáveis por cerca de 68,1% do total das remessas de dinheiro em 2001[8], representando, na altura, 23% dos estrangeiros legalizados[9]. Como se pode observar no gráfico seguinte, as nacionalidades que mais remessas efectuaram são, quase todas, as mais representativas no número de imigrantes legalizados em 2001.

GRÁFICO 1. 13. **Transferências internacionais em 2001, em milhões de euros**

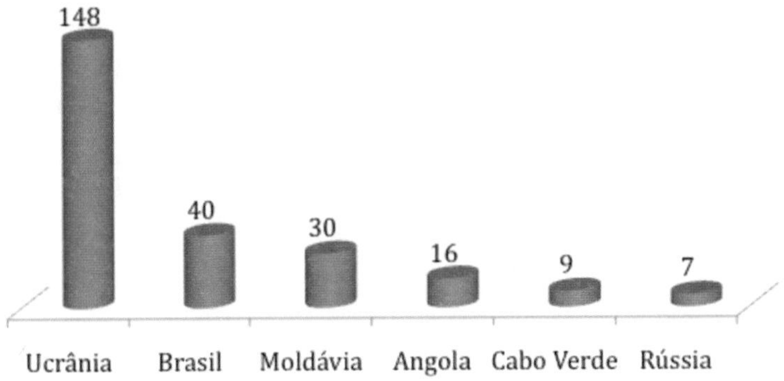

Fonte: Almeida, A. C. (2003: 27)

De resto, as conclusões dos estudos efectuados neste campo, apontam para uma perspectiva claramente positiva da presença dos imigrantes no mercado de trabalho português, sendo a mão-de-obra imigrante caracterizada por uma "forte disponibilidade (quantitativa e qualitativa, mas também funcional e geográfica) estando aliada a recursos e competências valiosos para o mercado de trabalho (...) uma alavanca fundamental à expansão, competitividade e produtividade das empresas portuguesas" (Carvalho, 2004: 22).

Por outro lado, é importante referir que os imigrantes das diversas nacionalidades são encarados de forma díspar também no que respeita às suas competências laborais, sendo que os oriundos de Leste beneficiam de uma visão de imigração qualificada, sendo muito bem recebidos pelas

---

[8] Estatísticas da Balança de Pagamentos do Banco de Portugal (BP) *in* Almeida, A.C. (2003).

[9] Dados do SEF *in* Almeida, A.C. (2003).

58 *Imigração e Criminalidade – Caleidoscópio de Imigrantes Reclusos*

empresas portuguesas, bem como os imigrantes brasileiros, que são encarados de forma francamente positiva, o que facilita assim a sua inserção no mercado de trabalho (Carvalho, 2004). No caso dos imigrantes de Leste, pelas altas qualificações que detêm, são muitas vezes integrados nas empresas em trabalhos subordinados, pouco qualificados, mas, findo algum tempo, não é raro virem a escalar a cadeia hierárquica dos trabalhos desempenhados, pela facilidade de aprendizagem e pelas competências que demonstram perante as tarefas que lhes são confiadas. Naturalmente, as empresas beneficiam com estes trabalhadores, uma vez que passam a dispor de mão-de-obra qualificada para os serviços sem terem que despender mais com a contratação de um trabalhador qualificado que viria a exigir salários mais altos, beneficiando assim as empresas portuguesas de uma "competitividade laboral interna (...) muito bem-vinda (...) porque potencia as produtividades internas" (Carvalho, 2004).

1.7. Síntese

As migrações constituem uma faceta de mudança nos países de origem e de destino, tendo Portugal começado a viver esta realidade em meados dos anos 90, a par da emigração que já se fazia sentir anteriormente. No entanto, apesar de nos últimos anos se ter assistido a um aumento dos movimentos migratórios, sobretudo na Europa, permanecem muito mais indivíduos nos países de origem do que aqueles que decidem tentar uma vida noutro país. Não existe uma teoria geral das migrações internacionais que consiga explicar na totalidade este fenómeno, apesar de as motivações migratórias serem predominantemente de índole económica.

No que respeita à realidade nacional, Portugal passou por um período de grande atraso e isolamento desde o final da Segunda Guerra Mundial, enquanto a Europa procedia a reconstruções e avanços económicos significativos. Durante este período, Portugal contribuiu com um elevado número de emigrantes que trabalharam na reconstrução da Europa e começou a receber um grande número de turistas europeus, sobretudo reformados. Na sequência da independência das colónias portuguesas de África, o país recebe um grande número de imigrantes, oriundos sobretudo de Angola e Moçambique. Posteriormente, nas décadas de 80/90, Portugal entrou num período de desenvolvimento socioeconómico, com uma expansão significativa em vários sectores. O mercado de trabalho nacional apresentava grandes lacunas que viriam a ser preenchidas pelos imigrantes, sobretudo no sector das obras públicas que abriam as portas para empregos que os cidadãos nacionais já não tinham interesse em aceitar, uma vez que o panorama social português também se alterara, sobretudo com o aumento de qualificações académicas e com o envelhecimento da população. Analisado com mais pormenor, o número de estrangeiros em Portugal revela ter aumentado com mais rapidez do que o dos próprios cidadãos portugueses, havendo etapas em que tal aumento foi bastante marcado.

As legalizações extraordinárias de cidadãos estrangeiros em situação irregular contribuíram de alguma forma para a visibilidade de um maior número de imigrantes em Portugal, sendo possível que também tenham contribuído de alguma forma para a vinda de imigrantes ilegais de outros países. Durante as legalizações de 92/93 e de 96, foram legalizados muitos cidadãos estrangeiros, maioritariamente oriundos dos PALOP. Na regularização de 2001, aumentou muito o número de cidadãos regularizados, tendo havido também uma alteração no panorama das nacionalidades de estrangeiros a procurar Portugal, com grande destaque para os imigrantes oriundos do Leste Europeu e do Brasil. Somando Autorizações de Residência e de Permanência e outros títulos conseguidos, verifica-se que o panorama dos imigrantes em Portugal passou a ser maioritariamente europeu, africano (PALOP) e oriundo da América do Sul (Brasil). Os imigrantes oriundos de cada um destes continentes distribuíram-se de forma díspar pelo mercado de trabalho português, apesar de se inserirem sobretudo em actividades mal remuneradas, socialmente pouco valorizadas e para as quais não é necessária qualificação académica, apesar de alguns grupos a possuírem. Os imigrantes em Portugal apresentam taxas altas de população activa, sobretudo no que respeita aos cidadãos oriundos do Leste Europeu. Através dos cálculos efectuados, verifica-se que os imigrantes têm contribuído muito para o desenvolvimento económico do país, tendo as empresas portuguesas vindo a beneficiar do trabalho dos imigrantes e da promoção da competitividade que eles promovem na economia.

A imigração ilegal que se acentuou durante este período, tem vindo a ser combatida através de medidas nacionais e europeias, quer pelas questões sociojudiciais que levanta, quer pelo prejuízo económico que provoca nos países de destino.

2. OS PRINCIPAIS CRIMES LIGADOS À IMIGRAÇÃO

2.1. Introdução

As migrações constituem actualmente uma prioridade, quer das agendas políticas, quer dos estudos académicos. As dificuldades da investigação sobre a imigração e fenómenos adjacentes residem na complexidade de que eles se revestem, uma vez que são fenómenos sociais – e, como tal, multifacetados e em constante transformação.

Os processos de globalização permitiram que informações, capitais, bens e pessoas circulassem com mais facilidade, facultando o acesso e a troca de conhecimentos necessários para encetar novos desafios. O impacto da globalização tornou-se, no entanto, mais acentuado em determinadas zonas do mundo, o que facultou apenas a alguns a visibilidade das condições socioeconómicas que algumas nações já proporcionam aos seus habitantes.

Sob o impacto da globalização, as migrações internacionais têm vindo a aumentar, a par da crescente discrepância entre as condições de vida dos países de origem e as dos países de destino. Segundo a Divisão para as Populações da ONU, "existem actualmente quase 200 milhões de migrantes internacionais, um número equivalente ao quinto país mais populoso do mundo, o Brasil" (Relatório da Comissão sobre as Migrações Internacionais, 2005). Apesar das eventuais dificuldades de integração, da oferta de empregos pouco qualificados, das reacções racistas e xenófobas nos países de acolhimento, o número daqueles que se dispõem a abandonar os seus países em busca de melhores condições de vida duplicou nos últimos 25 anos (Relatório da Comissão sobre as Migrações Internacionais, 2005). E embora tal facto possa à partida implicar benefícios socioeconómicos para os países de destino, ele pode ao mesmo tempo desvendar facetas menos positivas, traduzidas pelo aparecimento de redes criminosas que se dedicam à exploração dos imigrantes ou pela desordenação social das populações autóctones e migrantes, provocada pela falta de oferta de meios condignos de vida nos países de destino.

Se a imigração contribuiu positivamente, na maior parte dos países de acolhimento, para um aumento da população jovem e, consequentemente, da população activa, nos períodos de recessão e desemprego são os imigrantes que acabam por ser os mais atingidos. Ficam, assim, nestas alturas, votados a situações de sobrevivência, dependentes da benevolência alheia e com frequência obrigados a recorrer à mendicidade. É nestas ocasiões de carência mais visíveis na percepção pública, que se acentua o aparecimento e a divulgação de estereótipos do tipo "imigrante-crime", como explicação para o deambular pelas ruas de inúmeros cidadãos estrangeiros desprovidos de meios económicos. A cobertura feita pelos meios de comunicação social sobre os crimes cometidos por elementos pertencentes a minorias étnicas, bem como sobre a violência cometida por ou contra estrangeiros, tem vindo a revelar a crescente preocupação sentida pela generalidade dos países de acolhimento, sem que a questão da associação imigrante-crime seja devidamente esclarecida. Recentemente, houve uma polémica na imprensa (Correio da Manhã, 11 Maio 2006) que apresentava, em letras garrafais, no título: "1381 imigrantes nas cadeias portuguesas", confundindo no corpo da notícia a especificação estrangeiro e imigrante, ao longo de várias passagens, sempre acompanhadas de casos ilustrativos de cidadãos estrangeiros detidos por algum motivo. Ainda no próprio dia, o ACIME pronunciou-se quanto a esta notícia (publico.pt, última hora, 11-05-2006, 16h06 Lusa), classificando-a de errada e criticando a associação de presos estrangeiros a imigrantes, referindo que desta forma se reforça o "aumento do racismo, xenofobia e intolerância". Na mesma notícia o Dr. Rui Marques, Alto-Comissário para a Imigração e Minorias Étnicas, chama a atenção para a importância da correcta determinação dos termos, constituindo "uma diferença significativa, pois não é a mesma coisa ser estrangeiro ou imigrante".

> "...a diferença entre estrangeiro e imigrante, neste processo, porque há um conjunto de actividades criminosas que conduzem, aliás, a situações de penas pesadas, relacionadas com o tráfico de droga que são praticadas por cidadãos e cidadãs (na área das mulheres, isto então é impressionante) que são correios de droga, não são imigrantes, não têm nenhuma intenção de trabalhar ou de se instalar em Portugal de forma regular e, por exemplo, só aí, temos um enviesamento enorme dos números, porque se compara o número de detidos estrangeiros com o total de residentes em Portugal quando, por

exemplo, em relação a esse grupo, devia comparar-se com o número total de visitantes a Portugal."

(Entrevista 3)

2.2. Estudos internacionais e nacionais sobre imigração e criminalidade

A problemática dos crimes cometidos por estrangeiros e imigrantes começou por ser abordada apenas na perspectiva da nacionalidade, relegando para segundo plano a etnia do agressor. Inicialmente, as razões apresentadas centraram-se em aspectos externos ao próprio agressor.

Na primeira metade do século XX, foram apontadas nos Estados Unidos duas grandes teorias explicativas da relação imigrante-crime: a primeira baseava-se nos conflitos culturais (Sellin,1938 e Sutherland, 1947) e a segunda privilegiava o tema da desorganização social (Shaw e McKay, 1942). Na primeira, constata-se que "os conflitos de culturas são inevitáveis quando uma área cultural ou subcultural migra ou contacta com outra" (Sellin, 1938: 63), apontando-se para a "consistência das tradições assimiladas nos países de origem" (Sutherland, 1947: 125). Na teoria da desorganização social, Shaw e McKay não encontram uma uniformidade explicativa entre cada grupo, sendo que os grupos de delinquentes e criminosos vão sendo sucessivamente substituídos consoante as oscilações populacionais sentidas.

A partir dos anos 70, vários investigadores na América do Norte e na Europa, debruçaram-se sobre as vertentes raça, etnicidade e crime, numa altura que coincidia com um período de maior violência nos Estados Unidos e em que avultavam, entre outras razões, os protestos contra a guerra do Vietname e os tratamentos discriminatórios contra negros. Wolfgang e Cohen (1970) retomam as conclusões de Shaw e Mckay, demonstrando que o crime e a delinquência estão relacionados com a desorganização urbana, estabelecendo no entanto a distinção entre grupos de imigrantes e grupos de negros. Na mesma altura, foi publicado um estudo europeu (Bonger, 1969) cujas conclusões revelavam a ausência da coordenada "raça" para a explicação das taxas de criminalidade, não fazendo por isso sentido "falar de raças criminosas e não criminosas" (Bonger, 1969:28).

Nos últimos 20 anos, várias investigações nacionais e internacionais centraram-se no estudo mais pormenorizado da relação entre o crime e

64   *Imigração e Criminalidade – Caleidoscópio de Imigrantes Reclusos*

elementos pertencentes a minorias étnicas, tentando perceber as razões que levaram a um aumento tão marcado da população reclusa pertencente a minorias étnicas. Têm sido apontadas várias explicações para este facto. Segundo o ponto de vista de Wacquant (1999), é evidente que as práticas judiciais que se pretendem neutras, são bastante mais severas quando se trata de cidadãos estrangeiros ou vistos como tal (o caso da denominada "segunda geração" de imigrantes).

Em muitos dos estudos realizados, é frequente surgirem dois grupos diferenciados, apontados como causadores de sentimentos de insegurança e falta de coesão social – os cidadãos pertencentes a minorias étnicas, incluindo imigrantes e refugiados, e os "ameaçadores da paz e da coesão social a um nível mais grave – os desviados e criminosos" (Junger-Tas, 2004); estes dois grupos são frequentemente percepcionados como constituindo um só núcleo: imigrante-crime. De uma forma geral, as literaturas europeia e americana que versam esta temática apontam para a relação entre o ambiente, a existência de comunidades desorganizadas de imigrantes e a prática de crimes, em detrimento dos factores raça, etnicidade ou país de origem (Mukherjee, 1999).

Mais importante para o objecto de estudo em causa é a forma como têm sido abordadas as problemáticas da imigração, da criminalidade e das comunidades prisionais. Por este facto, apresenta-se de seguida um breve estado da arte sobre estas temáticas.

Estados Unidos da América

Este assunto ganhou novos contornos quando, em 1989, se constatou que a maior parte da população prisional era constituída por indivíduos de raça negra (Wacquant, 1999). Analisando os dados americanos do Departamento da Justiça de 1991, verifica-se que a probabilidade de um americano de raça negra permanecer mais de um ano em reclusão ultrapassa os 28%, comparativamente com os de origem latina, com 16% de probabilidades, e com os outros (4,4%) (Bonczar and Beck, 1997: 1 in Wacquant, 1999). As explicações dadas para esta discrepância não sublinham a propensão da comunidade negra para o crime ou para o desvio, mas prendem-se com quatro razões principais (Wacquant 1998a, 1998b in Wacquant, 1999 e Sampson and Lauritsen, 1997 in Tonry, 1997):

- a dualização do mercado de trabalho e a generalização de empregos precários, seguidos de desemprego;
- o desmoronamento de programas de assistência social estatais para os elementos mais vulneráveis e carenciados da sociedade;
- a crise do *ghetto* como instrumento de controlo e confinamento da população considerada estrangeira, tanto no campo económico como político;
- o aumento do endurecimento penal e da especificação dos tipos de crime, sobretudo na luta contra as drogas.

Crutchfield (1995) já tinha realçado a ideia da influência do mercado de trabalho na criminalidade praticada por grupos raciais, concluindo que os negros afro-americanos são excluídos das épocas de prosperidade económica nos Estados Unidos, bem como vitimizados no local de trabalho; assim, aumenta a prática de crimes, levando esta comunidade a ser vítima da apreciação negativa por parte da sociedade americana, e causando novas formas de exclusão (Crutchfield, 1995:208). Mann (1995:259) aprofunda esta perspectiva e apresenta a hipótese de a actividade criminal poder ser uma "resposta de adaptação das raças em minoria para com o racismo institucionalizado" naquele país.

Austrália

Estudos realizados sobre esta temática demonstram a necessidade de especificar o conceito de etnicidade e de caracterizar os vários tipos de migrantes, de forma a poder analisar com maior precisão o seu envolvimento no mundo do crime (Mukherjee, 1999). Por outro lado e comparativamente com cidadãos australianos, evidencia-se a existência de uma maior taxa de processos-crime contra cidadãos oriundos da Rússia, Roménia, Vietname, ex-Jugoslávia, Nova Zelândia, Turquia e Líbano e, nos últimos anos, da Somália, Uruguai e Tailândia. Quanto aos tipos de crime cometidos, segundo Mukherjee (1999), destacam-se os crimes contra a propriedade, cometidos por cidadãos oriundos do Cambodja e do Uruguai. No que respeita aos crimes violentos, são os cidadãos provenientes das Ilhas Fidji os que mais avultam. Os crimes relacionados com estupefacientes são atribuídos sobretudo a cidadãos oriundos do Camboja e do Vietname, mas também da Indonésia e Tailândia. No que respeita às estatísticas de reclusos estrangeiros, são destacados no estudo de Mukherjee os cidadãos do Vietname, tendo aumentado o seu número nas prisões australianas de 18 em 1983, para 474 em 1998. A taxa dos reclusos oriundos da Turquia, do Líbano e da Nova Zelândia manteve-se sempre mais alta do que as dos nacionais da Austrália; destacam-se ainda os cidadãos originários do Vietname, cuja taxa tem vindo a aumentar progressivamente desde 1989. A proporção dos crimes mais graves, respeitantes ao uso da violência, crimes contra a propriedade e outros relacionados com estupefacientes, apresenta o mesmo tipo de evolução. Também foram encontrados indícios do aumento de crimes relacionados com xenofobia e tratamento discriminatório contra cidadãos pertencentes a minorias étnicas.

Conclui-se ainda nesta investigação que os imigrantes com parcos conhecimentos da língua inglesa e baixos níveis de escolaridade, com empregos desqualificados ou atingidos por elevadas taxas de desemprego, tendem a apresentar taxas de detenção e de reclusão mais elevadas.

Europa Ocidental

Dadas as análises anteriormente referidas, nomeadamente as que se referem à influência do mercado de trabalho na criminalidade, poderia considerar-se a hipótese de, nesta região, as mesmas razões explicarem consequências semelhantes, apesar de não se revelarem tão pronunciadamente nas populações mais carenciadas, nas quais se incluem os imigrantes.

O aumento da população estrangeira reclusa tem-se verificado um pouco por todos os países receptores de mão-de-obra estrangeira. No que concerne à criminalidade, constata-se um aumento significativo da população total (incluindo o aumento da população estrangeira) em reclusão em diversos países europeus nos últimos 20 anos, coincidindo com épocas de estagnação ou de recessão económica, vagas de desemprego e a revisão de códigos de trabalho mais liberais, conforme se depreende da análise dos exemplos constantes do gráfico 2.1.

Apesar de a análise não ser linear, constata-se que os estrangeiros apresentam também taxas de população prisional relativamente altas, comparativamente com as taxas de imigrantes residentes nos países europeus, conforme se pode depreender da análise da tabela 2.1.

GRÁFICO 2.1. **População reclusa em diversos países europeus em 1983, 1995, 2000 e 2004**

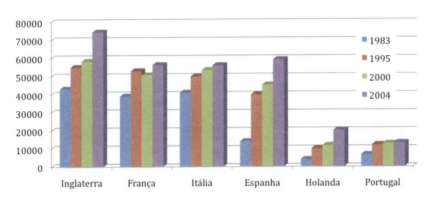

Fonte: Wacquant, 1999 (Tournier)
Enquête 2001, Conseil de l'Europe, SPACE 2001.12
DGSP e SPACE I (survey 2004)

TABELA 2.1. **Cidadãos estrangeiros em reclusão em alguns países da União Europeia, em 1997 e 2004**

	N.º de reclusos estrangeiros 1997	% de reclusos estrangeiros (em relação ao total) 1997	N.º de reclusos estrangeiros 2004	% de reclusos estrangeiros (em relação ao total) 2004
Alemanha	25 000	34%	22 474	28,2%
França	14 200	26%	12 307	21,9%
Itália	10 900	22%	17 642	31,5%
Espanha	7 700	18%	16 627	28,1%
Inglaterra	4 800	8%*	8 941	12%**
Holanda	3 700	32%	5 466	27,2%
Portugal	1 600	11%	2 275	17,29%
Suécia	1 100	26%*	1 460	19,9%
Dinamarca	450	14%	621	16,5%

*Nota: * Estimativas*
  *** Estes valores são respeitantes a Inglaterra e País de Gales*

Fonte: Pierre Tournier, Statistique pénale annuelle du Conseil de l'Europe, Enquête 1997, Strasbourg 1999 in Waquant, 1999,SPACE I (Council of Europe Annual Penal Statistics), Survey 2004, Strasbourg, 2005 e cálculos da autora.

Isto poderá dever-se ao facto de ser frequente estabelecerem-se comparações com variáveis diferentes – um estrangeiro não será necessariamente um imigrante; logo, é necessário, antes de mais, analisar separadamente a criminalidade praticada por estrangeiros e por imigrantes, para se poder chegar a uma conclusão fidedigna. Aliás, esta indefinição do termo "estrangeiro" (esta expressão pode incluir imigrantes, imigrantes ilegais, requerentes de asilo, turistas e outros possíveis grupos) propicia uma disparidade de conclusões no que respeita às investigações recentes sobre esta temática (Mukherjee, S. 1999:38).

Wacquant (1999) evidencia que são sobretudo os chamados "segunda geração de imigrantes" (que ele não reconhece como imigrantes) que estão massivamente sobre-representados na população reclusa europeia. Seria, pois, igualmente desejável fazer uma distinção quanto a estes reclusos, analisando através do acervo documental o seu estatuto perante o país onde se encontram em reclusão, de forma a isolar as variáveis dos imigrantes propriamente ditos. Também as diferenças na tipificação e penalização de crimes em vários países europeus, abre caminho a desigualdades, nomeadamente no que respeita à dificuldade de comparar dados.

Para além do aumento do número de reclusos estrangeiros nas prisões europeias, muitas vezes segregados quanto à sua origem etnonacional (vide o caso francês, onde são compartimentados em quatro grandes grupos: "Brancos", "Africanos", "Árabes" e "Resto do mundo" [La Santé in the heart of Paris in Wacquant, 1999]), acrescem os imigrantes em situação irregular e que aguardam o regresso aos países de origem, instalados em Centros de Instalação Temporária (C.I.T.) que proliferam um pouco por toda a Europa. Apesar de não terem sido condenados a qualquer pena, encontram-se frequentemente privados de liberdade até serem colocados nos países de origem, e não deveriam constar das estatísticas prisionais, visto que não foram julgados por qualquer crime, mas tão só infringiram estipulações da regulamentação da entrada e permanência de estrangeiros em cada um dos países.

Na Europa, são os imigrantes, incluindo a segunda geração, que constituem a parte da população mais vulnerável às oscilações dos mercados de trabalho e às omissões de apoios estatais. Nesta área do continente europeu, constata-se um aumento significativo da entrada de imigrantes: desde 1950, entraram cerca de 15 milhões de imigrantes, maioritariamente sem qualificações, dos quais um número substancial foi recrutado por empresas (Yinger, 1994). Importa referir que a população migrante que escolhe como destino a Europa também sofreu várias metamorfoses: surgiu uma "nova geografia das migrações", caracterizada por novos contornos geográficos e novos tipos de migrantes dependentes de outras formas de sobrevivência para além dos empregos formais ou dos apoios estatais (Engbersen, Godfried e Leun, Joanne, 2001; Koser e Lutz 1998; Snel et al. 2000). Para além do aumento da diversidade de origem dos migrantes que procuram a Europa para se estabelecer, o tradicional movimento migratório oriundo do Sul em direcção ao Norte complementou-se com o movimento do Leste para o Ocidente.

A reclassificação do papel dos imigrantes é visível em quase todos os países europeus: inicialmente bem-vindos, mesmo sendo ilegais, foram posteriormente tolerados (porque eram a força de trabalho necessária) e, por último, excluídos e apontados como uma ameaça para a economia e a sociedade (Engbersen, Godfried e Leun, Joanne, 2001), assumindo particular relevo o mito do imigrante ilegal encarado como criminoso (Quassoli, 1999 in Engbersen, e Leun, 2001). Para além do mais, após o desmantelamento dos regimes totalitários dos países do Leste Europeu, renasceram sentimentos de nacionalismo e de xenofobia que coincidiam com o desejo de aprofundar estudos que correlacionassem a etnicidade e o crime (Mukherjee, 1999:37). Segundo Baumgartl and Favell (1995), não foram os sentimentos contra os estrangeiros que aumentaram, mas as visões nacionalistas que passaram a dominar as populações de vários Estados Europeus onde se verificaram mesmo ataques violentos contra estrangeiros e especificamente contra requerentes de asilo.

Tendo o Acordo de Schengen e o Tratado de Maastricht o objectivo de facilitar a integração jurídica e a livre circulação de cidadãos europeus, a imigração acabou por ser encarada e redefinida como um assunto de segurança nacional e continental, no mesmo plano do crime organizado e do terrorismo. Assim se explica que as práticas políticas, judiciais e penais na Europa se desenvolvam com especial diligência e severidade para com cidadãos estrangeiros, sobretudo imigrantes.

Proceder-se-á agora a uma descrição mais detalhada da abordagem do tema em diversos países europeus e, mais concretamente, em Portugal.

França

Elementos pertencentes a minorias étnicas e, inclusivamente, autóctones com débeis condições económicas, têm vindo a ser segregados para os subúrbios das grandes cidades, vivendo em condições degradantes e muitas vezes compelidos a entrar em actividades criminosas, em revolta contra o Estado – veja-se o caso dos conflitos do Outono de 2005, em que o Governo foi obrigado a declarar o estado de emergência, após os trágicos acontecimentos nos subúrbios dos bairros limítrofes das grandes cidades francesas: 4700 pessoas foram levadas a responder junto de entidades policiais e 400 acabaram por ser condenadas a penas de prisão. Milhares de viaturas foram incendiadas e os alvos mais escolhidos pelo vandalismo foram os edifícios públicos, em resultado da revolta sentida pela população mais carenciada, face ao abandono a que se sentiu votada pelo Estado (Bonelli, 2005).

Refira-se sobretudo o caso dos jovens de origem imigrante que, devido a condicionantes como a impossibilidade de formular e concretizar projectos a longo prazo, a falta de acesso a condições de habitação, a inexistência de suportes para uma vida familiar condigna e o confinamento a bairros periféricos onde são "encaixotadas" famílias numerosas, se tornam facilmente presas de comportamentos desviantes, agravando o mal-estar profundo entre franceses e população de origem imigrante (Bonelli, 2005). Em França, o policiamento e o controlo efectuado sobre determinados grupos sociais intensificou-se, nomeadamente sob a suspeita de actos de violência provocados por islamitas ou grupos de crime organizado, o que implicou efeitos negativos e agravou as tensões sociais, contribuindo para a criação de uma "dinâmica colectiva explosiva" (Bonelli, 2005).

Estudos efectuados sobre o tema em questão, em França, revelaram que entre 1975 e 1999, o número de reclusos estrangeiros aumentou 162%, ou seja, passou de 4645 para 12164 o que, comparativamente com o aumento do número de reclusos nacionais durante o mesmo período (91%), representa um aumento muito significativo (Kensey, 1999). Relativamente às nacionalidades mais representativas, o número de reclusos estrangeiros oriundos do Norte de África constituía, em 1995, 53% da população estrangeira prisional e os oriundos de África subsaariana 16%, o que perfazia, na totalidade, mais de 2/3 de estrangeiros oriundos de África nas prisões francesas em relação à população reclusa estrangeira, apesar de o número dos primeiros ter tendência a decrescer (60% da população prisional estrangeira em 1975 para 47% em 1999) e o dos segundos a aumentar (4% em 1975 para 15% em 1999) (Kensey, 1999). Pierre Tournier (1996) mostrou que a probabilidade de ser sentenciado em prisão efectiva é 1,8 a 2,4 vezes maior no caso dos estrangeiros do que no dos nacionais. Para além do mais, o número de imigrantes envolvidos em casos de imigração ilegal em França, disparou de 7000 em 1976 para 44000 em 1993 – ¾ dos imigrantes presentes a tribunal por entrada e permanência irregular são enviados para os estabelecimentos prisionais (o que explica o aumento de 55% do total de reclusos estrangeiros) (Kensey, 1999). Logo, o aumento da percentagem de estrangeiros nas prisões francesas resulta em quase triplicação, em 20 anos, da reclusão por violação do estatuto de imigração, do aumento da duração média das penas aplicadas aos cidadãos estrangeiros – entre 1982 e 1998 (mais 80% de aumento para os cidadãos estrangeiros comparativamente aos mais 54% relativos aos reclusos nacionais) e da aplicação da prisão preventiva: 90% dos reclusos estrangeiros entraram a título preventivo, percentagem que poucas alterações sofreu desde 1985 (Kensey, 1999). Excluindo-se a contabilização das entradas e permanências ilegais, a proporção dos reclusos estrangeiros relativamente a cidadãos nacionais cairia de 6 para 3. Números mais recentes, de Setembro de 2006 (Arpenter, 2006), demonstram que a população reclusa estrangeira em França ascende aos 20%. Tournier demonstra, assim, que a sobre-representação de cidadãos estrangeiros nos estabelecimentos prisionais franceses revela não só a maior severidade da instituição penal para com os cidadãos estrangeiros, mas também a "escolha deliberada de reprimir a imigração ilegal através da reclusão" (Tournier, 1996 *in* Wacquant 1999), desfavorecimento que é sublinhado desde o estádio mais básico da actuação da polícia (Lévy, 1987).

Inglaterra

Segundo o investigador Mukherjee (1999), não há estatísticas nacionais disponíveis sobre reclusos pertencentes a minorias étnicas, existindo, no entanto, uma série de estudos que apresentam informações sobre o envolvimento criminal de elementos a elas pertencentes. Naquele país, onde os crimes de rua tendem a ser associados aos cidadãos oriundos das Caraíbas, calcula-se que os negros tenham sete vezes mais probabilidades de vir a ser condenados do que os imigrantes asiáticos de raça branca. Esta sobre-representação é mais notável entre os condenados por práticas de crimes relacionados com drogas (posse e tráfico), em que mais de metade dos condenados são negros, e crimes de roubo, em que a proporção atinge os dois terços (Smith, 1997; Cashmore e McLaughlin, 1991; Smith, 1993 *in* Wacquant, 1999).

Alemanha

Este fenómeno repete-se em relação aos cidadãos de etnia cigana oriundos da Roménia, que apresentam taxas de reclusão 20 vezes maiores do que os nativos. Quanto aos cidadãos marroquinos, as taxas são 8 vezes maiores e as dos turcos 3 a 4 vezes maiores (Wacquant, 1999). De facto, neste país o número de reclusos estrangeiros aumentou todos os anos (Albrecht, 1995 *in* Wacquant 1999), quase sempre devido a crimes relacionados com drogas, a par da descida constante de nacionais. As estatísticas criminais apontam para uma subida dos crimes relacionados com estupefacientes e com actos de violência, a par da descida de crimes contra a propriedade (Oberwittler e Höfer, 2005). De uma forma geral, as estatísticas oficiais analisadas por Albrecht (1995, *in* Tonry, 1997), demonstram a sobre-representação da população de origem não alemã entre os suspeitos de todas as categorias de ofensas, com especial representatividade nas ofensas graves como o homicídio, a violação, a extorsão e as ofensas corporais graves. Como possíveis explicações, Albrecht foca a marginalização social e económica, bem como problemas estruturais da sociedade, como reflexo dos crimes atribuídos às minorias étnicas. Vai mais longe, especificando que as segunda e terceira gerações de imigrantes apresentam uma taxa mais alta de criminalidade participada do que a primeira geração.

As alterações, a nível político e económico, sentidas na Alemanha unificada, bem como o subsequente aumento do número de imigrantes que contribuíram para a reconstrução de inúmeras infra-estruturas, provocaram a alteração do panorama social alemão. Os crescentes sentimentos de insegurança fomentaram o aparecimento de investigações centradas na violência e nos crimes juvenis, sobretudo a violência xenófoba praticada em minorias étnicas, e o crime organizado. Também acontecimentos como o 11 de Setembro e o 11 de Março levaram a que o poder legislativo e das polícias fosse reforçado, infringindo frequentemente liberdades civis (Oberwittler e Höfer, 2005). Apesar destes factos, os investigadores têm vindo a rebater os estereótipos da percepção pública, no que respeita ao número cada vez mais elevado de estrangeiros ligados ao crime, salientando a vulnerabilidade das minorias étnicas no que respeita a desigualdades do sistema judicial. Hans-Jörg Albrecht (2002) distingue várias vagas de imigrantes:

- os que inicialmente foram convidados para trabalhar na reconstrução da Alemanha, bem inseridos no mercado de trabalho;

- uma segunda vaga de requerentes de asilo e refugiados, concentrados nas franjas das grandes cidades;
- os residentes e não-residentes, entre os quais cidadãos ilegais, sobretudo oriundos da Europa de Leste que, segundo o autor, contribuem para o aumento da população prisional;
- finalmente, uma vaga de grupos étnicos de ascendência alemã, vindos da Europa de Leste e ex-URSS.

Vários estudos têm sublinhado o facto de que um crime cometido por um cidadão estrangeiro é referido com mais destaque do que o cometido por um nacional, excepto no que respeita ao roubo, não sendo, nestes casos, a pertença a uma minoria étnica um factor de denúncia. No entanto, e apesar de terem sido levados a cabo vários trabalhos sobre a prática de sentenças discriminatórias, nenhum se tornou conclusivo. Um estudo empírico de Wolfgang Ludwig-Mayerhofer e Heike Niemann (1997) demonstrou que os jovens de origem turca eram sentenciados de forma mais severa na Alemanha; Pfeiffer et alii (2005) também conseguiram demonstrar, na sua investigação, que os cidadãos oriundos de minorias étnicas residentes na Alemanha recebem sentenças de prisão mais severas do que os cidadãos nacionais. Uma explicação aventada por Hans-Jorg Albrecht (2002) prende-se com o facto de os estrangeiros não-residentes, os imigrantes ilegais ou os requerentes de asilo não reunirem critérios para aplicação de outra medida de coacção que não seja a prisão. Apesar de se poder referir a possibilidade de existir uma certa discriminação nas sentenças proferidas sobre cidadãos pertencentes a minorias étnicas, não se exclui a possibilidade de estes, pela disparidade de acesso a apoios sociais, entre outros factores, se envolverem mais frequentemente em práticas criminais. Naplava (2003) demonstrou que os jovens de origem turca e da ex-Jugoslávia utilizam a violência com mais frequência do que os jovens alemães. Muitos criminólogos e sociólogos têm aventado explicações para o aumento da violência juvenil e comportamentos delinquentes, mas poucos são os estudos que aprofundam as correlações com grupos específicos de minorias étnicas. Em investigações sobre este tema, Wetzels (et al. 2001) e Wilmer (et al. 2002 *in* Oberwittler e Hofer, 2005) reportam-se a resultados de inquéritos apontando para a possível ligação entre exclusão social, etnicidade e violência, levando a que experiências passadas de violência familiar sejam posteriormente retomadas aquando da adolescência, sobretudo entre os jovens turcos. Para além desta explicação, Enzmann (et al. 2004 *in*

Oberwitter e Hoffer, 2005) aprofunda a hipótese de uma explicação cultural da violência que acentua o papel das "normas legitimadoras da violência masculina", mais evidenciadas sobretudo entre os jovens oriundos da Turquia e da ex-Jugoslávia.

Outros estudos, baseando-se em estatísticas oficiais sobre práticas criminais, abordam a questão do maior envolvimento de cidadãos oriundos de minorias étnicas em crimes graves e taxas mais elevadas no consumo de drogas pesadas (Grundies, 2000 e Pfeiffer et al., 2005). Muitas outras investigações têm sido levadas a cabo na Alemanha, sobre o actual e muito publicitado crime organizado, mas vários criminólogos (Paoli, 2002, 2004; Fijnaut and Paoli, 2004; Klaus von Lampe's, 2003; Kinzing, 2004), apesar de relatarem casos de crime organizado, são unânimes em não se deixar impressionar pelas redes criminosas bem organizadas, lideradas na sombra por grandes senhores do crime; preferem evidenciar os crimes muito mais frequentes praticados por empresas e constantemente abafados pelas mesmas, de forma a não caírem na descredibilidade pública.

No que respeita às minorias étnicas enquanto vítimas, estudos recentes sobre a violência juvenil, sobretudo xenófoba, centram as suas explicações na teoria da anomia de Durkheim, explicações estas que encaram a violência como estando frequentemente associada a tipologias de "estilos de vida" e "meios sociais", em substituição do conceito de classe social. Wilhelm Heitmeyer (et al., 1995 *in* Oberwittler e Hofer, 2005) refere que as alterações sociais verificadas nas últimas décadas contribuíram para o enfraquecimento da coesão social e para o consequente individualismo e "competição maquiavélica", favorecendo o aparecimento de sentimentos de insegurança. Segundo o mesmo autor, certos meios sociais alemães tornaram-se permeáveis a estas mudanças, reagindo violentamente contra estrangeiros.

Holanda

Tal como nos outros países europeus, aqui a xenofobia tem aumentado e as minorias étnicas são frequentemente relacionadas com actividades delinquentes e criminosas. O crime e a população prisional revelam um aumento significativo nos últimos anos, tendo os grupos étnicos grande representatividade nas estatísticas da justiça. A instabilidade provocada pela *on-going immigration*, difícil de controlar, será uma das razões que explicam tal aumento. O baixo nível de escolaridade da maioria dos imigrantes, o escasso acesso à educação superior e a elevada taxa de desemprego são também factores que implicam uma crescente atitude negativa por parte dos autóctones, chegando a aflorar a intolerância (Mukherjee, 1999). Neste país com cerca de 15 milhões de habitantes, 10% pertence a minorias étnicas oriundas sobretudo do Suriname, Turquia e Marrocos, havendo outros grupos a formar-se, provindos do continente asiático (China, Afeganistão e Iraque), africano (Gana e Somália) e ainda vindos da ex-Jugoslávia (Junger-Tas, 2004). A população da Holanda apresenta taxas mais elevadas de jovens, comparativamente com outros países europeus, com excepção da Irlanda; estes jovens, metade dos quais oriundos de minorias étnicas, concentram-se nas principais cidades. Segundo Junger-Tas (2004), o aumento da taxa de criminalidade entre os jovens, na Holanda, deve-se à maior intervenção de elementos do sexo feminino e de jovens pertencentes a minorias étnicas em actividades de delinquência. É atribuída a grupos de jovens pertencentes a minorias étnicas uma maior intervenção em roubos com violência (Haan, 1993). Também são apontadas razões que se prendem com a marginalização social concretizada na discriminação directa e indirecta a que estão votados os imigrantes, resultante da alteração que a percepção pública do papel do imigrante foi sofrendo naquele país. Quanto à imigração ilegal na Holanda, não sendo um fenómeno novo, ela tem sido objecto de investigações que procuram verificar possíveis correlações entre a imigração e as práticas criminais, até porque desde os anos 90 a presença de um elevado número de imigrantes tem sido considerado um problema social. As estimativas do número de imigrantes ilegais naquele país oscilam entre os 40000 e os 200000 (Engbersen e Leun, 2001). Após a fase exponencial de tolerância, nos anos 80, para com a entrada de imigrantes ilegais e o seu desempenho de funções profissionais de forma irregular, estão a ser actualmente implementadas várias medidas efectivas de combate à ilegalidade. Esta política prende-se desde logo com duas razões: o grande aumento da procura do estatuto de refugiado (que oferece dúvidas, em certa medida, sobre a sua legalidade) e uma política de gestão mais restritiva dos recursos estatais para com os cidadãos mais necessitados (sobretudo no caso dos desempregados que recusavam determinados empregos, como era comum nos anos 80). Assim, começou a considerar-se que os imigrantes ilegais abusavam das provisões públicas, interferiam negativamente no mercado de trabalho e encontravam-se directamente relacionados com práticas criminosas (Engbersen e

Leun, 2001). Segundo Junger-Tas (Junger-Tas, 1995, *in* Tonry, 1997), na Holanda, onde a população prisional triplicou em 15 anos, a probabilidade de receber uma sentença mais pesada é maior se o autor do crime for oriundo do Suriname ou de Marrocos.

No que respeita aos tipos de crime, o tráfico de droga, traduzido sobretudo pela venda nas ruas, maioritariamente por cidadãos marroquinos, argelinos e cidadãos ilegais oriundos de países da Europa Ocidental, é mencionado por Engbersen e van der Leun (2001) como um dos mais representativos. O elevado envolvimento de cidadãos estrangeiros em actividades relacionadas com a prostituição é também mencionado; no entanto, não constituindo por si só um crime, ele não será aprofundado. Encontra-se, apesar de tudo, relacionado com a imigração ilegal e a falsificação de documentos.

Da análise dos dados apresentados na investigação, foi possível constatar que a maior parte das detenções dos imigrantes ilegais na Holanda se deve a razões que se prendem com a permanência ilegal naquele país. E neste campo, o factor nacionalidade também apresenta grandes diferenças: os cidadãos oriundos da Turquia e da Europa de Leste apresentam números mais elevados de detenções por permanência ilegal e delitos relativamente leves. Quanto a ofensas criminais, nomeadamente furtos e falsificação de documentos, são detidos mais frequentemente por estes crimes os cidadãos oriundos de Marrocos, Argélia e Europa de Leste. Os imigrantes turcos ilegais raramente constam da criminalidade registada. Engbersen e van der Leun (2001) concluem que a maior parte dos imigrantes ilegais naquele país não pratica mais crimes do que os nacionais. No entanto, as actividades criminais parecem dever-se em maior número a imigrantes ilegais oriundos de Marrocos, Argélia e outros países da Europa Ocidental (sobretudo França). A explicação apresentada para este facto, entre outras, prende-se com a falta de redes comunitárias de apoio aos imigrantes oriundos de Marrocos e Argélia, em contraposição com os oriundos da Turquia, cuja rede de apoio tem sempre sido muito coesa, quando eles se encontram em situação de grande carência. No que respeita aos originários de países da Europa Ocidental, é referido o caso dos turistas (sobretudo franceses) que se deslocam à Holanda e se envolvem em crimes relacionados com drogas.

Segundo os dados apresentados nesta investigação (Engbersen e Leun, 2001), a maior parte dos imigrantes ilegais (no caso holandês) são detidos, não pela prática de actividades criminosas, mas por permanência ilegal. Ao focar a atenção nos imigrantes detidos por práticas criminosas, estes investigadores demonstram que os imigrantes ilegais se encontram menos envolvidos em práticas criminosas do que os que têm a sua situação regularizada, que se encontram representados em maior proporção, com excepção para os crimes relacionados com drogas, em que a proporção é inversa. A terceira conclusão deste estudo é a de que existe um envolvimento diferenciado de nacionalidades em diferentes tipos de crime – os imigrantes ilegais oriundos de determinados países são detidos em maior número por determinados tipos de crime, apresentados nesta investigação. Acrescenta-se, como explicação parcial, os diferentes tipos de relação estabelecida por cada indivíduo com os compatriotas residentes no país de acolhimento, sendo o papel da comunidade étnica respectiva e a forma como ela o acolhe, apoia e acompanha, determinante para o seu envolvimento ou não em actividades criminosas. Como exemplo, é apresentada a baixa percentagem de envolvimento dos cidadãos turcos em actividades criminosas, visto que esta comunidade prima pela coesão, garantindo formas de apoio aos compatriotas recém-chegados, tornando-os menos dependentes do envolvimento em actividades criminosas para sobreviver na Holanda. No outro extremo encontram-se os cidadãos oriundos de Marrocos, que não encontram naquele país uma rede coesa de concidadãos, sendo frequentemente levados a envolver-se em actividades criminosas para sobreviver, sobretudo através do tráfico de droga. Uma questão séria é se as políticas restritivas da entrada de imigrantes na Holanda não estarão a levar ao enfraquecimento do apoio das comunidades étnicas para com os seus compatriotas ilegais recém-chegados: eles tornam-se cada vez mais dependentes daqueles apoios a todos os níveis e por um período bastante mais prolongado, uma vez que agora lhes é vedado, mais do que antes, o acesso a determinadas instâncias estatais. Esta dependência despoletou um sentimento de maior intolerância para com os recém--chegados ilegais que, apesar de tudo, continuam a entrar na Holanda e a sobreviver através do mercado informal e da esfera criminal. Assim, as formas legais de exclusão levadas a cabo pelo Estado Holandês, para além dos meios informais de exclusão por parte dos grupos étnicos, poderão fazer os imigrantes ilegais incorrer cada vez mais no mundo do crime (Engbersen e Leun, 2001).

Uma outra explicação encontrada por estes investigadores, prende-se com o acesso ao mercado de trabalho – o trabalho é encarado como um factor crucial para se compreender o fenómeno da imigração ilegal (Por-

78   *Imigração e Criminalidade – Caleidoscópio de Imigrantes Reclusos*

tes e Rumbaut, 1990) e, extrapolando, as suas ligações com o mundo do crime. Mais uma vez, os investigadores concluíram que os imigrantes ilegais dependem cada vez mais das redes de imigrantes e das comunidades de imigrantes já estabelecidas.

Um terceiro factor reporta-se ao papel da implementação de políticas de combate à imigração ilegal. O que sucede é que existe um certo espaço de manobra na legislação que permite, na prática, a permanência dos imigrantes ilegais, sobretudo no que concerne a dificuldades para efectuar expulsões, sendo que, segundo estes investigadores, mesmo quando os imigrantes ilegais que praticaram crimes são identificados e punidos, a sua expulsão não é muitas vezes viável, o que permite a continuação das actividades criminosas. Verifica-se então uma falha entre os objectivos das políticas de combate à imigração ilegal e às actividades criminosas e o verdadeiro resultado da aplicação possibilitada pela legislação, não só na Holanda, mas também em outros países da Europa Ocidental (Cornelius et al., 1994, Jahn and Straubhaar, 1999 *in* Engbersen e Leun, 2001). No fundo, pretende-se com estas políticas restritivas o desencorajamento da vinda de mais imigrantes ilegais, vedando-lhes o acesso a determinadas instâncias estatais; por outro lado, verifica-se uma certa tolerância para com aqueles que já se encontram ilegalmente no país.

Todas estas constatações levaram aqueles investigadores a concluir que o envolvimento das comunidades imigrantes na esfera do crime poderá vir a aumentar e, a longo prazo, acarretar efeitos nefastos para as próprias comunidades migrantes e populações autóctones, uma vez que as medidas adoptadas, cada vez mais restritivas, levam a que os migrantes e os seus dependentes se privem do acesso à educação e saúde, ou até de denunciar certos crimes de que são vítimas, sobretudo na indústria do sexo.

Espanha

A polémica sobre a criminalidade cometida por estrangeiros, em Espanha, voltou recentemente a ser aberta, após uma grande vaga de assaltos a residências na Catalunha, praticados por grupos organizados de delinquentes estrangeiros (Fonseca, 2006). Estes assaltos foram efectuados com uma violência até então desconhecida naquele país, difundindo um clima de insegurança nacional, apesar de a percepção pública distinguir estes criminosos dos grupos de imigrantes ilegais que têm entrado sobretudo pelo

Sul do país. São referidos como mais organizados os grupos constituídos por estrangeiros oriundos do Kosovo e da Roménia, havendo determinados crimes como o estabelecimento de redes de imigração ilegal e falsificação de cartões de crédito, entre outros, que não eram comuns em Espanha antes da vaga migratória que se faz sentir desde há uns anos. O assunto tem sido abordado com bastante precaução, patente nas declarações do Ministro de Estado e da Segurança Antonio Camacho: "O debate imigração-delinquência é falso. 99% dos imigrantes que entra no nosso país fá-lo em busca de trabalho. Apenas uma mínima parte cai na delinquência e fá-lo porque não tem meios para subsistir". No debate sobre o Estado da Nação, o presidente Rodríguez Zapatero salientou inclusivamente a taxa de criminalidade verificada em Espanha, que é uma das mais baixas da Europa, com 49,5 crimes por cada 1000 habitantes, quando a média da UE ronda os 70 crimes/1000 habitantes (Fonseca, 2006).

Quanto à questão da criminalidade praticada por estrangeiros, refere-se no artigo mencionado a impossibilidade de contabilizar os seus autores, apesar de também se referir que a taxa de detidos estrangeiros em Espanha, em 2005, ascende aos 36,3%, o que representa uma taxa de criminalidade superior à dos nacionais – esta afirmação exige alguma cautela (Ripollés, 2006). A este propósito, o chefe da Unidad de Delincuencia Especializada y Violenta (UDEV) afirmou que os crimes baixaram na totalidade, sendo que a percentagem dos que são cometidos por estrangeiros aumentou. Salientou que a criminalidade ligada à imigração se tornou mais violenta do que a nacional, fenómeno este que se tem verificado um pouco por toda a Europa, na última década. Quanto aos países de onde provêm grupos organizados de delinquentes, são referidos com alguma apreensão os cidadãos pertencentes ao Leste Europeu, especificamente a Roménia, a Sérvia e a Bulgária, países que aderiram à União Europeia em 2007, com excepção da Sérvia. As razões apresentadas para justificar uma maior taxa de delinquentes oriundos destes países de Leste, prendem-se com questões históricas, sobretudo, porque as longas guerras ocorridas na maior parte destes países banalizaram a violência extrema e retiraram valor à vida humana, tanto a própria como a dos outros. Além disso, a maior riqueza e a existência de leis mais favoráveis nos países de destino, mantêm-se como um atractivo para populações sem grande expectativa laboral e com mínimas condições de bem-estar nos seus países de origem.

No que respeita às estatísticas prisionais em Espanha, apesar dos problemas metodológicos da recolha e tratamento estatístico, verifica-se que

80 Imigração e Criminalidade – Caleidoscópio de Imigrantes Reclusos

um em cada três reclusos é estrangeiro. Entre 2000 e 2005, a população reclusa estrangeira aumentou 135,6%; em 2005, entraram 1679 reclusos nos estabelecimentos prisionais, sendo que oito em cada dez eram estrangeiros. Assim, e segundo os dados disponibilizados pela Agrupación del Cuerpo de Ayudantes de Instituiciones Penitenciarias (ACAIP), em 2005 existiam 61054 reclusos, na totalidade, dos quais 30% eram estrangeiros (n=18616). (Ripollés, 2006 e Fonseca, 2006). Comparando estes dados com os da população reclusa estrangeira de outros países da UE e apesar de a taxa espanhola se encontrar acima da média europeia, ela é inferior à de países como a Holanda, Alemanha ou Itália (Space I 2003 *in* Ripollés, 2006). Em 2005, a população total espanhola ascendia aos 44 milhões de pessoas, dos quais 3730610 eram estrangeiros (8,46% do total). Refira-se que em 1996 os estrangeiros apenas representavam 1,37% da população espanhola, tendo aumentado em grande número a partir de 1999.

Naturalmente, estes dados devem ser olhados com algum cuidado, uma vez que estes 30% de reclusos estrangeiros não são todos residentes, havendo um grande número de cidadãos oriundos de outros países da UE. Também se deverá ter em conta que cerca de 40% dos reclusos estrangeiros se encontra em prisão preventiva (2006 Mercedes Gallizo, *in* Tiempo), percentagem bastante diferente da dos preventivos espanhóis, que apenas se situa nos 14%. Além do mais, se forem analisados os registos das detenções de estrangeiros por crimes, comparados com os dos nacionais, não há valores preocupantes, apesar da tendência geral para aumentarem (Ripollés, 2006).

Quanto às nacionalidades mais representativas dos reclusos em Espanha, cerca de 4387 reclusos são marroquinos, 1891 colombianos, 1235 romenos e 1103 argelinos. A maior parte deles incorreu em crimes de roubo e tráfico de droga. No entanto, os dirigentes espanhóis mantêm sempre uma clara distinção entre os fenómenos relacionados com a imigração ilegal que se têm agudizado nos últimos anos (o aumento de redes que transportam imigrantes ilegais de Marrocos e da África subsaariana – Mauritânia e Senegal) e o mundo do crime propriamente dito.

A urgência em delinear estratégias de integração social dos estrangeiros residentes que "permitam neutralizar as condições desfavoráveis que fomentam a sua aparente excessiva representação entre os delinquentes" é referida por Díez Ripollés (2006).

Portugal

As várias investigações realizadas sobre a realidade portuguesa têm-se baseado em dados estatísticos de origens diferentes, sendo certo que se verifica uma lacuna no conhecimento aprofundado desta realidade. E se muitos estudos nacionais abordaram este assunto, ainda que não fazendo dele o tema central, trouxeram, no entanto, para além de um grande contributo para o conhecimento da realidade prisional encarada sob vários prismas, uma chamada de atenção para a necessidade de estudos posteriores, que já têm vindo a realizar-se.

Ao longo da última década, a problemática da criminalidade de estrangeiros tem vindo a ser mais aprofundada e as investigações realizadas culminam em conclusões cada vez mais pormenorizadas e fidedignas. Neste campo, o Alto-Comissário para a Imigração e Minorias Étnicas (ACIME) tem desenvolvido um papel de especial relevo, quer promovendo a elaboração de estudos, quer patrocinando a publicação de trabalhos, havendo já uma colecção de 20 números (até Maio de 2006) que versam temas associados às migrações, 3 deles especificamente sobre reclusos e criminalidade de estrangeiros em Portugal, e um sobre o tráfico de seres humanos.

> "Nesta área (...) é muito fácil gerar um preconceito que não tem fundamento (...) tanto na percepção que os media transmitem, quer até em números lidos de uma forma simplista; parece haver a evidência de que existe uma maior taxa de criminalidade entre cidadãos estrangeiros do que entre os nacionais e um dos trabalhos que nós procurámos fazer foi ajudar a desmontar isso e dizer que não é verdade"
>
> (Entrevista 3).

Para além disso, têm proliferado por quase todos os estabelecimentos de ensino nacionais de relevo, centros e núcleos que reúnem uma série de investigadores preocupados em aprofundar a realidade migratória, sob diferentes perspectivas.

O tema da criminalidade e reclusos estrangeiros em Portugal foi abordado em 2001, pelos autores J. Malheiros e A. Esteves, que analisaram o ano de 1998. A população reclusa, à data, caracterizava-se como maioritariamente do sexo masculino, oriunda em maior número dos cinco Países Africanos de Língua Oficial Portuguesa (PALOP), constituída maioritariamente por jovens com profissões na área da construção civil. Neste tipo de população, assumia especial destaque o crime de tráfico de droga, com 57% de representatividade em todos os crimes cometidos pelos reclusos oriundos dos PALOP (razão, de resto, apontada ainda como motivo para a elevada representação de reclusos estrangeiros).

> "Outro dos motivos apresentados era o número de "correios de droga" de nacionalidade estrangeira. Há um número elevado de correios de droga presos e normalmente são os estrangeiros, portanto é uma população extraordinária – normalmente fazem uma viagem, não são residentes, não têm contactos nenhuns com a comunidade nem com Portugal e que vêm cá só para fazer uma entrega; acabam por ser presos no aeroporto, entrando assim para as estatísticas. Acresce que, normalmente, as condenações são pesadas nestes casos, portanto acabam por ficar presos muito tempo. Então há diversos estrangeiros que acabam nas estatísticas a contar durante muito tempo."

> (Entrevista 7)

Nesta investigação (Malheiros e Esteves, 2001), está já prevista a alteração do panorama da criminalidade de estrangeiros, nomeadamente com a previsibilidade do destaque que as nacionalidades do Leste Europeu poderiam vir a assumir.

Ainda no ano de 2001, é publicada nova investigação sobre o tema (Rocha, 2001), cuja abordagem se baseava no estudo de casos e de entrevistas realizadas em estabelecimentos prisionais. Nas conclusões, o autor refere que é o tráfico de estupefacientes, seguido dos crimes contra o património e contra as pessoas, o mais representativo entre a população reclusa em Portugal. Levanta inclusivamente uma questão fundamental: haverá alguma relação entre a criminalidade cometida por determinadas nacionalidades de estrangeiros em Portugal e a anterior imigração ilegal desse mesmo grupo? Prevê ainda que uma "subcultura criminal, sabido da sua grande resistência à mudança, constituirá um problema social paulatinamente mais grave e de mais difícil solução" (Rocha, 2001:98). Acrescenta que há resultados contraditórios neste campo: há autores que defendem que a imigração está associada a um aumento da criminalidade, concluindo outros que as taxas de criminalidade dos estrangeiros são idênticas às dos autóctones, ou até inferiores (Rocha, 2001:98 e 99).

Nas entrevistas realizadas, este tema foi abordado e o resultado foi a associação de alguns tipos de crime com algumas nacionalidades.

"...há claramente um crescendo da criminalidade interna, criminalidade comum, chamemos-lhe assim, não da esfera de competências do SEF, praticada por brasileiros. E também há uma outra comunidade que vem do Leste da Europa, que é a comunidade romena, que de alguma forma não decresceu, contrariamente com o que se passou com a ucraniana, com a moldava, etc. Ela não decresceu, manteve-se, mas transferiu a sua actividade ilícita para o circuito interno.(...) Há, neste momento, o roubo. Claramente, o roubo, o assalto a carrinhas de valores, o assalto a dependências bancárias (...) Há grupos de brasileiros que começam a dedicar-se a este tipo de criminalidade. (...) A nacionalidade romena também é conhecida por ser muito activa no que respeita a determinadas franjas da criminalidade. Os assaltos aqui em Lisboa: os assaltos a parquímetros nos estacionamentos, (...) Era sistemática a colocação de determinados grupos ou bandos mesmo de indivíduos, alguns menores de idade, de nacionalidade romena, que se dedicavam sistematicamente ao assalto aos parquímetros. Outros tipos de furto de pequena monta, pequenos assaltos a casas, rés-do-chão, tudo o que eles conseguissem, de alguma forma (...) *[Os indostânicos (indianos e paquistaneses)]* na parte da falsificação de cartões de crédito, de cartões de telecomunicações e outro tipo de falsificações designadamente a nível de vídeo, de antenas parabólicas, acesso a sistemas de cabo de televisão. (...) Ao nível de outras nacionalidades, a nacionalidade ucraniana um pouco misturada com a moldava, ainda há umas franjas de grupos com alguma violência, que ainda se dedicam à prática de determinados crimes. (...) Criminalidade relacionada com outros imigrantes. Já no âmbito da nossa actividade investigativa, extorsão, inclusivamente hipótese de sequestro. Também roubos, designadamente ao nível de dinheiro, roubo mesmo de dinheiro, não só na prática de extorsão, mas roubo mesmo de cartões de crédito e de débito; depois são feitos levantamentos, é gasto o dinheiro, por exemplo, a comprar bens nos supermercados, como já aconteceu e acontece ainda."

(Entrevista 4)

Na imprensa nacional que aborda esta realidade, os "Delitos" e "Exploração e Máfias" são temas predominantes (Cádima, coord., 2003), ganhando projecção mediática sobretudo quando os imigrantes e minorias étnicas se encontram associados aos "Delitos". No estudo coordenado por Francisco Cádima, é dado um especial enfoque aos problemas que estas populações têm com a Justiça, chamando a atenção para o facto de, quando

84   *Imigração e Criminalidade – Caleidoscópio de Imigrantes Reclusos*

noticiados, aparecerem descontextualizados da criminalidade em Portugal ou da própria marginalidade, contribuindo assim, junto da opinião pública, para a produção e até o reforço da associação entre "estrangeiros" e "crime". Numa investigação posterior (Carneiro, coord., 2004), esta perspectiva foi consolidada, tendo sido constatado o destaque que os jornais e sobretudo os noticiários televisivos davam ao tema da imigração-criminalidade. São frequentemente enfatizadas as temáticas do "Crime", das "Máfias" e da "Exploração, Prostituição, Terrorismo e Violência", associadas com frequência à temática da Imigração e das Minorias Étnicas. Em resultado desta associação, defende o autor que "a incidência na temática Crime e em temáticas que lhe estão associadas confere aos imigrantes e às minorias étnicas uma visibilidade e uma percepção pública que tende a reforçar sentimentos de rejeição e xenofobia" (Carneiro, coord., 2004: 96).

Em 2006, foi publicado novo estudo (Cunha e Santos, 2006), que evidencia uma "evolução positiva" na abordagem de tais temáticas, registando-se uma maior neutralidade na apresentação de notícias que envolvem criminalidade e imigrantes e direccionando outras tantas para o tema da exclusão social e da integração dos elementos pertencentes a minorias étnicas (Cunha e Santos, 2006:8). Apesar de tudo, nos jornais e telejornais nacionais o tema mais recorrente associado às minorias étnicas no período em análise (2004) é, à semelhança do estudo anterior, o Crime (Cunha e Santos, 2006:40 e 99), pertencendo ao macro-grupo semântico referido neste estudo por "Transgressão Social", onde se incluem os temas do Crime, Exploração, Máfia, Prostituição e Violência, com 21,8% de todos os temas abordados na imprensa e 35,4% dos telejornais. Verifica-se, contudo, uma diminuição na abordagem da temática do Crime (de 17,9% de incidência em 2003 para 13,4% em 2004 na imprensa – Cunha e Santos, 2006:69) e uma diferenciação na incidência das temáticas. Quanto aos jornais televisivos, constata-se igualmente uma alteração na abordagem do tema Crime, aumentando o número de vezes em que os imigrantes e minorias são apresentados mais como vítimas do que como agressores (Cunha e Santos, 2006:99).

Das ocupações dos imigrantes referidas na imprensa, a mais citada é a prostituição (com 28,3% no total das profissões identificadas) (Cunha e Santos, 2006:41). Quanto aos actores sociais referidos nas peças, o destaque é feito para o SEF, para o Governo e para a GNR. No que concerne à situação jurídica dos imigrantes, predominam os temas dos indocumentados e dos ilegais (Cunha e Santos, 2006:51).

Nesta investigação não foi possível confirmar observações feitas em estudos anteriores que relacionavam a comunidade brasileira com a prostituição e a comunidade de Leste com o trabalho e o crime. Quando confrontados com esta questão específica, as opiniões divergem, conforme se pode depreender da leitura das entrevistas em anexo:

"...neste sentido, a forma como se apresenta o facto, como se relata o facto, pode criar e cria uma percepção na opinião pública que é errada e que faz associar, e isso está documentado, com um estudo que nós fizemos, que é a associação de estereótipos às diferentes comunidades: a comunidade brasileira à prostituição, a comunidade africana à pequena violência e ao tráfico de droga... que é a percepção da opinião pública, como é que a opinião pública vê isto, e a comunidade de Leste às máfias. (...) Nós temos os dados e os comparativos de 2002 e de 2004, ou seja, como é que as coisas evoluíram e é muito interessante que evoluiu de 2002 para 2004, aumentou o número de portugueses que associam cidadãs brasileiras à prostituição, os cidadãos africanos à criminalidade e as máfias para outros."

(Entrevista 3)

✳

"...mas claramente a nacionalidade brasileira se destaca nos meandros da prostituição.

– *Por que é que acha que isso acontece?*

– Porquê? Porque o cliente quer. (...)

– *Mas como é que sabe que os homens portugueses procuram as mulheres brasileiras? Em que é que se baseia?*

– Em que é que me baseio? Baseio-me em dois factores: em primeiro lugar, nos números: 80% das mulheres que nós vamos localizando, identificando, fiscalizando nas investigações, grande parte das mulheres que são identificadas, localizadas, nos estabelecimentos relacionados com a prática da prostituição, são brasileiras. Grande parte: nós temos registo. Ainda no outro dia saiu um artigo no jornal que falava nisso, com números que eu lhes cedi de um registo que nós temos, de mulheres identificadas (que não estava completo para o ano de 2005), que falava de 781 mulheres, no total, até determinada altura (não sei qual é que era a data do registo, embora não estivesse completo até ao final do ano) das quais 600 eram brasileiras. Portanto, isto é um dado inequívoco. E todos os anos, nós vamos a qualquer casa de alterne e, em 20 mulheres, 15 são brasileiras. O resto, haverá 2 ou 3 de Leste, 1 africana e 1 ou 2 portuguesas. Este é mais ou menos o ritmo, especialmente na nossa área de actuação. Não vou dizer que noutros locais do país não seja diferente, mas noutros locais do país também não é muito diferente, pelo menos entendo eu que não é muito diferente..."

(Entrevista 4)

Verifica-se, assim, que o tom do discurso se tem tornado mais neutro, acentuando-se a perspectiva da exclusão social em detrimento da óptica policial (Cunha e Santos, 2006:102). No entanto, os autores da investigação aventam a hipótese de a percepção pública manter determinados estereótipos relativamente à comunidade imigrante, dado o facto de serem em maior número os temas relacionados com o Crime (Cunha e Santos, 2006:110).

Estudos nacionais e internacionais demonstram que a aplicação da prisão preventiva e efectiva (em vez da suspensa) é mais frequente no caso dos arguidos estrangeiros do que no dos nacionais, e que os estrangeiros são mais frequentemente acusados, condenados e votados à reclusão do que os portugueses (Baganha, 1996; Seabra e Santos, 2005). Numa investigação publicada recentemente (Seabra e Santos, 2006), defende-se que há uma discriminação negativa dos estrangeiros, concretizada na maior penalização destes relativamente aos nacionais, quando avaliados em circunstâncias equivalentes (Carneiro, in Seabra e Santos, 2006). Quanto aos crimes mais representativos, tanto nos reclusos estrangeiros como nos nacionais, que implicam cumprimento de pena efectiva (tráfico de estupefacientes, roubo e furto qualificado), verifica-se um maior número de estrangeiros reclusos do que nacionais. No que respeita às nacionalidades dos reclusos, salientam-se os estrangeiros oriundos dos PALOP e do Brasil, no período em análise (1998-2003), e os oriundos do Brasil e da Ucrânia como os que mais subiram ultimamente (Seabra e Santos, 2006:91). Comparado com outros países europeus da UE27, Portugal surge no "quarto lugar com menor sobre-representação de estrangeiros no sistema prisional, quando comparados com o peso dos existentes na população residente" (Seabra e Santos, 2006:91). Concluem ainda estes investigadores pela "existência de

fortes discrepâncias, possivelmente denunciando tratamentos diferenciados entre portugueses e estrangeiros no que toca aos regimes prisionais"
(Seabra e Santos, 2006:92). Uma última conclusão deste estudo prende-se
com a necessidade de maior cautela ao estabelecerem-se simples comparações entre o número de estrangeiros nas prisões e estrangeiros em Portugal
(Seabra e Santos, 2006:92).

Em 2005 foi publicado um estudo (Peixoto, 2005) que se debruçou
sobre a questão do tráfico de migrantes em Portugal. Nesta investigação
foram identificadas redes de tráfico de pessoas (que cometiam outros crimes conexos) com características específicas, conforme as nacionalidades
dos criminosos e/ou das próprias vítimas.

A leitura e a análise da literatura nacional e internacional sobre esta
matéria permitem extrair uma série de conclusões que poderão vir a ser
testadas na realidade portuguesa. Quase todas são concordantes no apontar
de vários factores que explicam a fragilização da população imigrante nos
países de destino:

- as oscilações dos mercados de trabalho;
- a recessão económica sentida nos países de destino;
- a crescente falta de apoios estatais;
- os crescentes sentimentos de insegurança sentidos nos bairros
  limítrofes das grandes cidades, para onde são impelidas as populações mais carenciadas, com condições de vida sofríveis;
- os sentimentos de rejeição e xenofobia empolados pela comunicação social, que estabelece frequentemente a relação entre imigração e criminalidade;
- o aumento dos crimes relacionados com drogas;
- a falta de suporte familiar ou de coesão social das comunidades
  migrantes em situação de carência;
- a apresentação de estatísticas falaciosas, sobretudo nos meios de
  comunicação social, somando dados de reclusos estrangeiros e
  imigrantes, sem os dissociar e contextualizar;
- a ausência de uniformização de conceitos e sua aplicação na contabilização para fins estatísticos, como "estrangeiro", "minoria
  étnica", "raça" "imigrante ilegal", "turista", "imigrante de segunda
  e terceira gerações", "imigrante de longa data", "imigrante sazonal";
- a existência de um sistema judicial tendencialmente mais severo
  para com os estrangeiros do que para com os nacionais;

88   *Imigração e Criminalidade – Caleidoscópio de Imigrantes Reclusos*

- a contabilização de estrangeiros colocados nos C.I.T. , somados aos reclusos a cumprir pena ou a aguardar julgamento por algum crime;
- o historial de experiências de violência a que elementos de algumas comunidades de imigrantes foram sujeitos, levando os mesmos a banalizar o uso da violência e a incorrer mais facilmente em comportamentos desviantes;
- a ausência de um sistema nacional que permita seguir um processo-crime, desde que é registado até que finda (apesar de já se encontrar em curso um projecto que visa a realização de tal objectivo), de forma a obter dados estatísticos mais precisos.

2.3. A utilização subversiva dos meios de comunicação

As desigualdades sociais grassam por todo o planeta, agudizando-se em determinados continentes mais desfavorecidos e economicamente mais desprovidos. De uma maneira geral, o conflito Norte/Sul separa os privilegiados dos mais desprotegidos. Segundo Boaventura de Sousa Santos, o Sul designa um espaço não só geográfico e histórico que inclui os países periféricos e semiperiféricos situados nos vários continentes, mas também, enquanto metáfora, as diferentes expressões de subalternidade e de resistência à globalização hegemónica que se manifestam no conjunto do sistema-mundo, incluindo os países centrais (Nunes, 2001: 310 *in* Santos, org. 2001).

Esta dicotomia atinge o seu auge na medida em que as relações de poder estão intimamente ligadas ao monopólio da informação.

O incremento exponencial de tecnologias que se verificou há cerca de duas décadas ocorreu numa altura em que o mundo começou a sofrer alterações provocadas pela ideologia neoliberal: inúmeras empresas nacionais de telecomunicações foram privatizadas, os mercados abriram-se, as produções foram deslocadas, ficando os países mais ricos com a primazia da concepção e da invenção das tecnologias, ao passo que aos mais desfavorecidos cabia um papel subalterno de produção do que era concebido pelos outros. Os mercados locais acabaram por não se desenvolver, nem por receber a prometida transferência das tecnologias, de forma que os que se lhes sobrepunham continuaram a manter uma posição de superioridade.

"O conhecimento e a informação, a ciência e as tecnologias tornaram-se dimensões omnipresentes, quer das relações de poder e de dominação e do exercício da regulação e da vigilância, quer das possibilidades de práticas capazes de alargar o espaço de intervenção e participação democráticas dos cidadãos em processos de transformação de sentido emancipatório" (Nunes, 1998/1999:16). Assim, pelo facto de não possuírem recursos económicos suficientes ou de estes serem sujeitos a filtragem por parte dos países dominadores que dispõem dos mesmos consoante as políticas e reformas que levam a cabo, os países menos favorecidos estão também sujeitos a uma espoliação dos sistemas de informação, o que diminui, de alguma forma, a possibilidade de actuação no espaço internacional. Começa no cidadão comum que não tem acesso às tecnologias disponíveis na cena internacional dos mais privilegiados e amplia-se a todo o sistema governativo que acaba por entrar no jogo do manipulador/manipulado.

A indústria das telecomunicações encontra-se dominada por um determinado número de empresas mundiais que controlam os seus segmentos mais lucrativos. Também o acesso à Internet se restringe a um número de utilizadores privilegiados, sendo que muitos países ainda nem sequer reúnem as condições mínimas de instalações básicas para o funcionamento da Rede, uma vez que os custos de conexão à Internet vão aumentando à medida que aumenta o afastamento do âmago da sociedade conectada. Esta desigualdade coincide, de alguma forma, com as disparidades de rendimentos, de acesso ao ensino, à saúde ou aos serviços mínimos de desenvolvimento. Não será portanto de estranhar se verificarmos que é nos Estados Unidos e na Europa que se concentra o maior número de cibernautas, com cerca de 180 milhões[10] de utilizadores em cada um, a Ásia e o Pacífico contabilizam 167,86 milhões de utilizadores[11], ao passo que na América do Sul existem 32,99 milhões de utilizadores[12], em África, por exemplo, cerca de 6,31 milhões de utilizadores[12] e no Médio Oriente apenas 5,12 milhões[12]. Esta disparidade vem apenas corroborar a premissa no que concerne à Sociedade da Informação, indicando que o "fosso digital" não pára de aumentar, acentuando a "infoexclusão". Em Portugal, e segundo

---

[10] Estes valores referem-se ao número de cibernautas em Setembro de 2002 – in Nua Internet Surveys (http://www.nua.ie/survey/how_many_online/)

[11] "População mundial com acesso à Internet quase nos 10%", notícia de 15/08/2002 in http:www.elementodigital.pt/content/index.php?action=newsDetailFo&rec=139&tp

os dados da ANACOM, existiam cerca de 3,6 milhões de utilizadores da Internet em 2001.

Após o 11 de Setembro, instalou-se um clima global de receio que privilegiou a segurança em detrimento da privacidade. Actualmente, muitos são os métodos de controlo das pessoas, levados a cabo através de vigilância electrónica por satélites, câmaras, chips e outros tantos métodos desenvolvidos para o efeito. Após o ataque terrorista a Nova Iorque, foi proposta no Congresso americano a ampliação da rede de espionagem, para que se obtivessem informações precisas e imediatas sobre turistas, estudantes ou imigrantes. Assim, o sistema escolhido, Sistema de Informações contra o Terrorismo, permitiria o acesso aos dados de empresas sempre que houvesse uma suspeita fundada. A vida privada parece actualmente estar à mercê das suspeitas de altas instâncias, podendo a espionagem atingir computadores, telefones, telemóveis e câmaras de vigilância.[12]

A rede de monitorização que utiliza satélites comerciais e militares foi inicialmente posta em funcionamento de forma a identificar focos de tensão no mundo. É constituída por bases de captação instaladas nos Estados Unidos e em bases americanas espalhadas pelo mundo e estão equipadas com antenas parabólicas que recebem dados do exterior. No Pentágono, foi montado um supercomputador chamado "Duende Verde" que filtra os relatórios enviados pelos espiões e agentes internacionais. Posteriormente e de 3 em 3 horas, ele envia um relatório ao chefe de governo dos Estados Unidos. No espaço, os satélites comerciais, entre outras capacidades que possuem, localizam objectos com mais de 70cm e identificam pessoas sem grandes pormenores. Já os satélites militares têm uma precisão milimétrica, conseguindo identificar a matrícula de uma viatura ou o rosto de um ser humano. A sua utilização é mantida em sigilo e pensa-se que possam ter sensores áudio identificadores de vozes. Por fim, e ncsta teia em rede, existem os computadores que perpassam as chamadas telefónicas e correio electrónico em busca de palavras-chave ameaçadoras.

Naturalmente e pela massificação da utilização dos cartões multibanco, cartões de crédito e outras facilidades implementadas, qualquer ser humano deixa as marcas da sua passagem por determinado local, sendo possível reconstituir, na maior parte dos casos, a sua vida quase por completo.

---

[12] Reportagem "De olhos bem abertos!", revista ISTO É, Independente n.º1767, Agosto de 2003 in http://www.portalanjo.com/portal

O ex-presidente George Bush pretendia, o mais rapidamente possível, que todos os passaportes fossem digitais, contendo um chip identificativo do seu titular. Ao passar nas fronteiras americanas, a fotografia do viajante é inserida no sistema, de forma a que possa vir a ser identificada pelas milhares de câmaras espalhadas por todo o país. Também a Comunidade Europeia aderiu a esta inovação. No entanto, foi também da Europa que se fizeram ouvir as maiores contestações aos exageros deste *Big Brother* que se pretende implementar. Esta preocupação globalizou-se e tomou uma dimensão internacional. "A expansão dos sistemas de informação e de comunicação que permitem formas de vigilância e de violação dos direitos dos cidadãos ultrapassando os cenários diatópicos mais assustadores entraram, definitivamente nas agendas políticas de governos, de organizações internacionais, de organizações não governamentais e de movimentos sociais" (Nunes, 1998/1999:15). Apesar de tudo, se se observar atentamente o quotidiano actual, a devassa da vida privada já é uma realidade. "Imagens de satélite antes consideradas segredo de Estado hoje são vendidas como livros pela Internet e a sua qualidade melhora de dia para dia"[13].

Encarando esta realidade sob outro prisma, verifica-se que estes sistemas vieram permitir às empresas evitar determinados riscos. Segundo a agência Lusa[14], a Microsoft vai intensificar a luta contra a pirataria informática que nos últimos anos se tornou num verdadeiro flagelo à escala mundial, interferindo nas transmissões de correio electrónico, na segurança da transmissão de informações na indústria, companhias de transporte e comunicações em geral, a nível global, revelando-se uma verdadeira ameaça. Segundo estatísticas nesta área, cerca de 70% das mensagens enviadas na Internet são *spam*.

Tem-se assistido, nos últimos anos, à proliferação e infiltração de inúmeros vírus em milhares de computadores em todo o mundo. Na medida em que estas ameaças podem pôr em risco vidas humanas, nomeadamente quando a pirataria informática atinge o domínio dos transportes e comunicações, entrou em vigor em 01 de Janeiro de 2004 uma lei nos Estados Unidos, intitulada "Can-Spam Act", que permite punir os autores de mensagens "enganadoras, mentirosas ou de carácter pornográfico". Para além

---

[13] Reportagem "De olhos bem abertos!", revista ISTO É Independente n.º1767, Agosto de 2003 in http://www.portalanjo.com/portal

[14] Notícia datada de 12-04-2004, em www.espigueiro.pt/destaque_semanal/

92 *Imigração e Criminalidade – Caleidoscópio de Imigrantes Reclusos*

desta iniciativa, os responsáveis norte-americanos estão a articular-se com os governos de outros países de forma alertá-los para este flagelo, instruindo-os para proverem segurança nos computadores e informação aos seus utilizadores. Em Março de 2006, a Microsoft, a AOL, a Yahoo! e a Earthlink apresentaram as primeiras queixas desde a entrada em vigor da referida lei.

Por outro lado, a Internet é utilizada com objectivos definidos. Constata-se que existem diversos *sites* de grupos pertencentes a movimentos neonazis e de extrema-direita que apelam nos seus textos à violência contra os imigrantes e as minorias étnicas. Estes grupos chegam inclusivamente a organizar eventos de vandalismo e violência contra os imigrantes em Portugal, difundindo pela Internet os locais e horas, mantendo as identidades no anonimato. Estes ataques acontecem sobretudo em determinadas zonas de Lisboa, em locais de grande concentração de imigrantes, classificados como "centro de capitais asiáticas ou africanas". Naturalmente que estes *sites* já se encontram em investigação pelas forças de segurança competentes.

As actuais tecnologias disponíveis ao serviço das telecomunicações, nomeadamente a televisão, o telefone, os telemóveis e a Internet são cada vez mais um potencial a ser explorado por criminosos ou redes mafiosas que deles se servem para pôr em prática um inúmero leque de crimes. As Novas Tecnologias da Informação e Comunicação constituem "um mar de oportunidades, mas são vistas também como grandes ameaças" (Azevedo, 2000: 9).

Importa aqui tratar dos crimes relacionados com a imigração, nomeadamente os crimes de auxílio à imigração ilegal, a angariação de mão-de-
-obra ilegal, o lenocínio, a falsificação de documentos, o tráfico de pessoas e outras actividades ilícitas como a angariação de pessoas para casamentos de conveniência com vista à obtenção fraudulenta de documentos de residência. Assim, os meios tecnológicos actuais revelam-se, cada vez mais, um forte aliado ao desenrolar de tais actividades, permitindo camuflar as identidades dos criminosos, bem como as das vítimas para, de alguma forma, dificultar o trabalho das polícias e impossibilitar as investigações em curso. Por outro lado, permitem a troca célere e eficaz de informações, bem como a organização de redes espalhadas por vários países, operando de forma organizada, de forma a optimizar os lucros à custa das vítimas exploradas. Isto permite não só a concepção e organização prévia da actividade criminosa, mas também o seu acompanhamento, favorecendo uma

mobilidade assustadora, o que, por força das legislações díspares vigentes nos diferentes países onde os crimes são praticados por a competência de investigação ser supostamente delimitada a um espaço definido por fronteiras, normalmente inviabiliza ou dificulta a punição dos mais altos responsáveis, vulgo "cabecilhas" ou "cérebros" das organizações criminosas.

A Internet, pelo facto de ser uma tecnologia bastante recente, necessitada, por isso, de legislação que regulamente algumas das operações efectuadas através da *web*, será um dos meios tecnológicos privilegiados para a prática de determinadas acções criminosas. Importa, pois, analisar em detalhe os crimes normalmente associados à imigração que são praticados utilizando a actual tecnologia e verificar de que forma esta se encontra ao serviço das actividades ilícitas.

2.3.1. A Internet

Ainda que bastante recente, a Internet tem vindo a ocupar o lugar de maior destaque no que concerne à comunicação entre as pessoas, a divulgação de informações e a partilha dos mais diversos materiais. A rede interactiva multimédia é uma fonte de informação em expansão e acessível permanentemente. "É um novo meio de uso, uma nova janela de oportunidades" (Gago, 2002: 199).

A Internet surgiu num contexto muito específico: nos anos 60, a União Soviética lançou o primeiro satélite para o espaço, o que compeliu os Estados Unidos a criar o "Advanced Research Projects Agency"[15], de forma a competir com aqueles avanços tecnológicos. Nos finais dos anos 60, esta agência criou uma rede experimental, a Arpanet, cuja tecnologia permitia a troca de informações[16], projecto este que viria a ser a base do que hoje conhecemos como Internet. O objectivo era criar um sistema que, caso fosse alvo de ataque, permitisse que a informação chegasse ao destinatário através dos computadores disponíveis. Inicialmente, apenas os organismos

---

[15] Agência de Projectos de Investigação Avançada

[16] Packet Switching (troca de pacotes) – Quando um dos computadores envia informação para outro, divide-a em pacotes e envia-os para o computador mais próximo de si, com a indicação, em cada pacote, do computador remetente e do destinatário. Os pacotes são sucessivamente enviados pelo caminho mais curto, até chegarem ao destinatário.

94 *Imigração e Criminalidade – Caleidoscópio de Imigrantes Reclusos*

militares e universidades estavam ligados entre si. Tempos depois, foi permitida a entrada naquela rede de várias empresas, e a ligação de outras pequenas redes que se foram criando, entrelaçando-se de tal forma numa teia, que hoje se conhece como a Internet. Esta é um conjunto de redes ligadas entre si, utilizando a mesma tecnologia e permitindo a utilização de vários computadores ao mesmo tempo, sendo que a informação não está dependente nem de seres individuais, nem de instituições, nem de leis. Permite o acesso e a divulgação do conhecimento com uma rapidez e versatilidade inimagináveis até há pouco tempo.

Em 1972, foi inventado o *e-mail*[17] que não revelou todas as potencialidades aquando da sua criação, mas que, actualmente, já se encontra amplamente difundido, inclusivamente na administração pública e serviços diversos.

O conceito de página *web* foi inventado em 1993 e foi o grande responsável pela massificação dos utilizadores da Internet. Foi inventado pelo cientista do CERN[18] Tim Berners-Lee, que inventou uma forma de passar de página para página através de *links*, por forma a possibilitar o acesso a mais informação sobre o tema eleito, sempre que desejado.

Ainda em 1993, Marc Andreessen e os seus colegas do NCSA[19] elaboraram o primeiro *browser*[20], chamado Mosaic. Mais tarde, aperfeiçoaram aquele projecto, criando uma pequena empresa chamada Netscape, que veio a desenvolver um *browser* mais potente, possibilitando um maior crescimento no número de utilizadores. Estão disponíveis na rede cerca de 2,5 milhões de páginas; todos os dias são acrescentadas cerca de 7 milhões de documentos. O número de cibernautas em todo o mundo já ultrapassou os 580,7 milhões, tendo aumentado em 173,68 milhões desde 2000[21].

De acordo com a ANACOM[22], o número de subscritores dos serviços de ligação à Internet, em Portugal, aumentou 48% de 2001 para 2002,

---

[17] Correio electrónico
[18] Laboratório Europeu de Física de Partículas, na Suiça
[19] National Center for Supercomputing Applications – Centro Nacional para Aplicações de Super-computação
[20] Programa para navegar nas páginas *web*
[21] "População mundial com acesso à Internet quase nos 10%", notícia de 15/08/2002 in http:www.elementodigital.pt/content/index.php?action=newsDetailFo&rec=139&tp
[22] Autoridade Nacional de Comunicações

totalizando neste ano mais de 4,4 milhões[23]. Segundo a agência Lusa[24], foi desenvolvido um motor de busca nacional chamado "tumba", acrónimo de "Temos Um Motor de Busca Alternativo", pela Faculdade de Ciências da Universidade de Lisboa, com o objectivo de ir de encontro às necessidades dos portugueses. Esta necessidade surgiu devido ao facto de a grande maioria das páginas de pesquisa da Internet estar direccionada para servir os interesses dos cidadãos dos EUA. Este motor de busca exclui até as páginas do Brasil, bastante mais numerosas do que as portuguesas. Para além da relevância que assume, na medida em que se afirma um projecto inovador, este motor reveste-se de uma importância acrescida, na medida em que permite investigar as consultas efectuadas pela sociedade portuguesa em geral, ao longo do tempo, uma vez que o registo histórico o permite. Até ao presente momento, as pesquisas mais numerosas na *web* portuguesa contêm as palavras "sexo" e "emprego". Porém e segundo Mário Gaspar, coordenador do grupo XLDB responsável por este projecto, o aparecimento de páginas em Portugal "está muito estático", apesar de ter sofrido um aumento significativo entre 2001 e 2002. Desde a sua criação, o número de páginas indexadas a este motor de busca tem vindo a aumentar significativamente, contendo em 2003 cerca de 3 milhões e meio de páginas *web* em português e cerca de 15000 pesquisas diárias.

Para o mundo do crime organizado, a Internet reveste-se de grande importância, pois permite a troca célere de informações com a possibilidade de manter anonimato. Os grupos criminosos organizados procuram angariar elementos com altos conhecimentos informáticos e técnicos, na medida em que isso lhes possibilita uma gestão mais vantajosa e rentável dos lucros obtidos com actividades ilícitas e a continuação da actividade criminosa. A Internet revela-se também um meio privilegiado para determinadas actividades relacionadas com o crime, como a divulgação de imagens e características de mulheres, sobretudo, inscritas em agências responsáveis por promover contactos entre cidadãs de Leste e do Brasil (maioritariamente) para casarem com cidadãos da Europa Ocidental, Estados Unidos ou Canadá. Estes casamentos visam, maioritariamente, a obtenção de documentos do país do nubente e processam-se através de

---

[23] "Portugal: 4,4 milhões ligados à Internet", notícia de 13/09/2002, in http://www.elementodigital.pt/content/index.php?action=newsDetailFO&rec=134tp

[24] Notícia datada de 04-08-2003, em www.espigueiro.pt/destaque_semanal/

96 *Imigração e Criminalidade – Caleidoscópio de Imigrantes Reclusos*

avultadas somas em dinheiro que as mulheres têm que pagar às agências e aos próprios homens que se prestam a estes negócios. Foi reportado, inclusivamente, um caso em 2003 da agência "Brasil Exclusiv", sediada na Alemanha, acusada de tentar vender mulheres brasileiras por cinco mil dólares, através de casamentos "camuflados" (Público, 26/10/2003).

As polícias procuram combater estas actuações reforçando os meios humanos e técnicos à disposição na luta contra o crime; no entanto, a vigilância electrónica e outros meios de vigilância de que dispõem (escutas telefónicas, por exemplo) têm que ser utilizados com grande selectividade, uma vez que interfere na privacidade individual legalmente protegida. Quanto à Internet, existem cada vez mais funcionários das polícias especializados na utilização das potencialidades da Internet, nomeadamente no que respeita à investigação de criminalidade. Foi, por exemplo, recentemente desmantelada uma rede de prostituição e lenocínio que utilizava a Internet para angariar clientes e publicitar serviços. A PSP do Porto conduziu as investigações de forma a reunir todas as informações de que dispunha, incluindo as que foram recolhidas na Internet (Portugal Diário, 20/06/2006).

2.4. Auxílio à imigração ilegal[25]

O crime de auxílio à imigração ilegal foi tipificado em 1993, através do Decreto-Lei n.º 59/93 de 3 de Março, decreto este que estabeleceu o

---

[25] *Lei 23/2007, de 4 de Julho, que aprova o regime jurídico de entrada, permanência, saída e afastamento de estrangeiros do território nacional.*
Artigo 183.º – Auxílio à imigração ilegal
1. Quem favorecer ou facilitar, por qualquer forma, a entrada ou o trânsito ilegais de cidadão estrangeiro em território nacional é punido com pena de prisão até 3 anos.
2. Quem favorecer ou facilitar, por qualquer forma, a entrada, a permanência ou o trânsito ilegais de cidadão estrangeiro em território nacional, com intenção lucrativa, é punido com pena de prisão de 1 a 4 anos.
3. Se os factos forem praticados mediante transporte ou manutenção do cidadão estrangeiro em condições desumanas ou degradantes ou pondo em perigo a sua vida ou causando-lhe ofensa grave à integridade física ou a morte, o agente é punido com pena de prisão de 2 a 8 anos.
4. A tentativa é punível.

novo regime de entrada, permanência e expulsão de estrangeiros do território nacional e que se manteve quase inalterado na lei de 1998 (Decreto-Lei 244/98, de 8 de Agosto), conhecendo uma alteração significativa em 2003: a tipificação do crime de auxílio à permanência ilegal em território nacional, alteração que foi criada na sequência da publicação do Decreto-Lei 34/03, de 25 de Fevereiro. Em 2007, com a Lei 23/07 de 04 de Julho, foi reforçada a moldura se os factos implicassem condições desumanas ou degradantes, pondo a vida em perigo, causando ofensa grave à integridade física ou morte. Também foi prevista, nos art.s 109.º a 115.º da mesma Lei, a concessão de autorização de residência a vítimas de tráfico de pessoas ou de acção de auxílio à imigração ilegal.

A lei prevê que sejam punidos os indivíduos e / ou grupos ou organizações (que os meios de comunicação social identificam como "redes"), que favoreçam e fomentem ou facilitem a entrada e permanência irregular de imigrantes ilegais em Portugal, com ou sem fins lucrativos. Refira-se, a este propósito, que a lei apenas prevê punir os que praticam este crime, mas nunca os próprios imigrantes ilegais, vítimas destes actos.

O facto de Portugal ter entrado na União Europeia e de, consequentemente, ter acedido a uma maior prosperidade económico-social, e de, posteriormente, se tornar num dos países signatários do Acordo de Schengen, espaço onde os passageiros podem circular livremente sem ser alvo de controlo fronteiriço, provocou nos potenciais imigrantes um desejo maior

---

5. As penas aplicáveis às entidades referidas no n.º 1 do artigo 182.º são as de multa, cujos limite mínimo e máximo são elevados ao dobro, ou de interdição do exercício da actividade de um a cinco anos.

Artigo 184.º – Associação de auxílio à imigração ilegal
1. Quem fundar grupo, organização ou associação cuja actividade seja dirigida à prática dos crimes previstos no artigo anterior é punido com pena de prisão de 1 a 6 anos.
2. Incorre na mesma pena quem fizer parte de tais grupos, organizações ou associações.
3. Quem chefiar os grupos, organizações ou associações mencionados no n.º 1 é punido com pena de prisão de 2 a 8 anos.
4. A tentativa é punível.
5. As penas aplicáveis às entidades referidas no n.º 1 do artigo 182.º são as de multa, cujos limites mínimo e máximo são elevados ao dobro, ou de interdição do exercício da actividade de um a cinco anos.

98 *Imigração e Criminalidade – Caleidoscópio de Imigrantes Reclusos*

de para aqui se deslocarem. Naturalmente, também as "redes" de imigração ilegal vislumbraram neste espaço uma potencial fonte de rendimentos. Para além disso, "as actividades desenvolvidas pelas redes de auxílio à imigração ilegal estão muitas vezes orientadas para determinados tipos específicos de "mercados", como a indústria da prostituição ou o tráfico de mão-de-obra clandestina, que apresentam contornos de violência física e psicológica muito específicos" (Oliveira, 1999).

> "Acho que é perfeitamente natural uma comunidade que se desloque do sítio "A" para o sítio "B", levar para o sítio "B", aquilo que tem de bom e aquilo que tem de mau. (…) o povo que chega traz inovação que tem a ver com as franjas da criminalidade do país de origem. Porque muitos dos elementos, nomeadamente, quer brasileiros, quer de Leste, são de franjas sociais marginais. Por isso é que acontece aqui isto; porque também já lá aconteceu. Muita gente já tem cadastro no país de origem."

> (Entrevista 5)

Os fluxos migratórios mais numerosos são esboçados na década de 80, revelando-se nos finais dos anos 90 bastante mais acentuados e marcadamente mais fortes entre 2001 e 2003. O maior número de imigrantes provém das ex-colónias (PALOP), Brasil, China, península indostânica (Índia, Paquistão e Bangladesh, sobretudo) e repúblicas da ex-União Soviética (Ucrânia, Moldávia, Roménia e Rússia).

As "redes" de imigração começam a actuar logo no país de origem, angariando um candidato e acordando um determinado preço pela totalidade dos serviços, o que, habitualmente ronda os 1000 USDólares, podendo ascender, no caso dos chineses, aos 30000 USDólares. Este "pacote" de serviços inclui a documentação necessária (muitas vezes falsa ou falsificada), a deslocação, viagens, estadia, alimentação e promessa de trabalho no país de destino. Normalmente, o pagamento às organizações é faseado e o imigrante vê-se obrigado a vender todos os seus bens no país de origem, para conseguir entregar a entrada exigida. Esta angariação de candidatos processa-se normalmente através dos meios de comunicação social (anúncios nos jornais, na Internet) e de boca em boca, sendo, para tal, utilizadas as telecomunicações: telefones, telemóveis e mensagens electrónicas. Por outro lado, a televisão encarrega-se de publicitar os casos bem sucedidos de imigrantes que partiram e que actualmente gozam de melhores condições de vida, o que fomenta de alguma forma a procura das tais redes de auxílio à imigração por parte de potenciais migrantes. Nas agências, os candidatos a imigrantes recebem normalmente e a troco de elevadas quantias, um número de telemóvel para o qual devem telefonar antes ou durante a viagem ou à chegada ao país de destino. Estes números de telemóvel são normalmente trocados com muita frequência pelos seus utilizadores, que o fazem de forma a dificultar as suas identidades e localização no espaço geográfico em que se inserem, uma vez que, com frequência, têm uma grande mobilidade em Portugal e no próprio espaço europeu.

Já no país de destino, os imigrantes são frequentemente obrigados a trabalhar, em regime de quase escravatura, para conseguirem pagar as dívidas a que ficaram sujeitos, sendo vítimas de agressão física e psicológica quando não conseguem cumprir os prazos de pagamento atempadamente. No caso dos cidadãos chineses, quando as "redes" de imigração ilegal têm conhecimento, à partida, de que eles não têm meios financeiros para pagar as dívidas a que ficaram obrigados, colocam-nos a trabalhar em regime de quase escravatura em restaurantes ou em oficinas artesanais, propriedade de outros chineses já residentes legais em Portugal. Invariavelmente, desde o momento da partida da China até à chegada ao país de destino, estes imigrantes ilegais são acompanhados por membros da "rede" ou controlados por "passadores" conhecidos como "cabeças de cobra". Compreensivelmente, este *modus operandi* dificulta, em sede de processo-crime, a produção de prova, uma vez que estes indivíduos se mantêm a uma distância de segurança bastante grande e revelam uma discrição inalterável durante toda a viagem, trocando de posições, de números de telefone e de tarefas inúmeras vezes. Por outro lado, quando os imigrantes ilegais são detectados, preferem sujeitar-se às consequências legais de ser expulsos do que colocar em risco os familiares que, tacitamente, acabam por ficar envolvidos no enredo de ameaças de que a organização criminosa dispõe.

> "Sobre os esquemas da nacionalidade chinesa, acho é uma rede muito mais complexa porque eles não têm necessidade de mostrar. Eles não têm necessidade de orgulhosamente mostrarem às autoridades e enfrentarem as autoridades, como pretenderam fazer os de Leste. Portanto, torna-se muito mais difícil penetrar naquelas redes. Até porque eles conduzem as coisas com outro tipo de actuação como o jogo, uma prostituição apenas muito centrada dentro da sua própria comunidade, e isso é muito difícil. Por outro lado, a partir do momento em que eles também se apercebem das formas de

entrada regular, começam a prescindir de formas ilegais da imigração ilegal. Eu penso que estaremos, antes de mais, perante alguma coisa que tem muito a ver com o branqueamento de capitais. Com o branqueamento de capitais, eles conseguem instalar uma rede de interesses que beneficiou, inicialmente, a introdução do imigrante ilegal para sustentar essa rede, e depois, de alguma forma, com o andar do tempo, na última década, procedeu-se a uma série de legalizações, também não muito elevada, mas permitiu a sustentabilidade dessa rede, difícil de vergar, tipo rede de bambu; essencialmente, o que eles quiseram ter foi as bases dessa rede para depois então, pensando sempre a médio e longo prazo, terem uma capacidade de recepção do escoamento dos interesses financeiros chineses, dos produtos comerciais, etc."

    (Entrevista 5)

Além do mais, as redes de imigração ilegal normalmente envolvem diversos crimes, conforme as palavras de uma das entidades entrevistadas:

"Falsificação de documentos, sobretudo. À cabeça, sempre. Depois temos outros como a angariação de mão-de-obra ilegal, o lenocínio, o tráfico de pessoas, a extorsão, hipóteses de sequestro (também já tivemos em processos nossos), já foi investigado designadamente ao nível de processos de Leste... rapto também, roubo, ofensas corporais, ofensas à integridade física (graves, também), ameaças, coacção psicológica sobre o indivíduo, sobretudo estes."

    (Entrevista 4)

Entretanto, refira-se que muitas das acções respeitantes ao crime de auxílio à imigração ilegal têm lugar no próprio país de destino dos imigrantes; operando a título individual ou a nível de "escritório" ou organização, os angariadores publicitam junto dos imigrantes ilegais a ideia de que é possível, mediante o pagamento de uma determinada quantia, ter acesso rápido à documentação do SEF que lhes permita obter a permanência no país. A comunicação social referiu, em princípios de Setembro de 2003, a existência de um escritório lisboeta que, a troco de 500 euros, prometia obter junto do SEF uma dispensa de visto de residência para qualquer imigrante em situação ilegal, mediante a apresentação de um "atestado médico", também ele ilegal.

Esta situação não é de modo algum rara em Portugal: só naquele ano foram condenadas 26 pessoas, das quais 10 de nacionalidade portuguesa, pelo crime de auxílio à imigração ilegal (Alegria, 2003).

Refira-se ainda que, normalmente, o crime de auxílio à imigração ilegal é praticado em conexão com outros crimes: a falsificação de documentos, o lenocínio, a extorsão, a burla relativa a emprego, entre outros. Alguns destes crimes assumiram uma maior expressão quando surgiram associados à imigração ilegal.

"A questão da extorsão foi algo de novo que se verificou, não por força do próprio imigrante, mas por força do próprio fenómeno em si. Tomemos como exemplo a questão da utilização de meios violentos, das agressões físicas, dos homicídios que se produziram por essa via: há de facto a constatação de que, com o aumento do fenómeno da imigração ilegal organizada, foram transpostas para estas organizações formas de actuação que estes cidadãos já tinham nos seus países de origem."

(Entrevista 6)

2.5. Tráfico de pessoas e lenocínio[26]

A Convenção das Nações Unidas Contra o Crime Organizado Transnacional, mais conhecida como Convenção de Palermo, define o tráfico de

---

[26] *Código Penal, aprovado pelo Decreto-Lei n.º 400/82 de 23 de Setembro, republicado pela Lei n.º 59/2007, de 4 de Setembro (DR n.º 170, Série I, págs 6181 a 6258)*

CAPÍTULO IV (Código Penal) – Dos crimes contra a liberdade pessoal
Artigo 160.º – Tráfico de pessoas
1 – Quem oferecer, entregar, aliciar, aceitar, transportar, alojar ou acolher pessoa para fins de exploração sexual, exploração do trabalho ou extracção de órgãos:
a) Por meio de violência, rapto ou ameaça grave;
b) Através de ardil ou manobra fraudulenta;
c) Com abuso de autoridade resultante de uma relação de dependência hierárquica, económica, de trabalho ou familiar;
d) Aproveitando-se de incapacidade psíquica ou de situação de especial vulnerabilidade da vítima; ou
e) Mediante a obtenção do consentimento da pessoa que tem o controlo sobre a vítima;
É punido com pena de prisão de três a dez anos.

102 *Imigração e Criminalidade – Caleidoscópio de Imigrantes Reclusos*

2 – A mesma pena é aplicada a quem, por qualquer meio, aliciar, transportar, proceder ao alojamento ou acolhimento de menor, ou o entregar, oferecer, ou aceitar, para fins de exploração sexual, exploração do trabalho ou extracção de órgãos.

3 – No caso previsto no número anterior, se o agente utilizar qualquer dos meios previstos nas alíneas do n.º1 ou actuar profissionalmente ou com intenção lucrativa, é punido com pena de prisão de três a doze anos.

4 – Quem, mediante pagamento, ou outra contrapartida, oferecer, entregar, solicitar ou aceitar menor, ou obtiver ou prestar consentimento na sua adopção, é punido com pena de prisão de três a doze anos.

5 – Quem, tendo conhecimento da prática de crime previsto nos n.ºs 1 e 2, utilizar os serviços ou órgãos da vítima é punido com pena de prisão de um a cinco anos, se pena mais grave lhe não couber por força de outra disposição legal.

6 – Quem retiver, ocultar, danificar ou destruir documentos de identificação ou de viagem de pessoa vítima de crimes previstos nos n.ºs 1 e 2 é punido com pena de prisão até três anos, se pena mais grave lhe não couber por força de outra disposição legal.

CAPÍTULO V – Secção I – Crimes contra a liberdade sexual
Artigo 169.º – Lenocínio
1. Quem, profissionalmente ou com intenção lucrativa, fomentar, favorecer ou facilitar o exercício por outra pessoa de prostituição é punido com pena de prisão de seis meses a cinco anos.

2 – Se o agente cometer o crime previsto no número anterior:
a) Por meio de violência ou ameaça grave;
b) Através de ardil ou manobra fraudulenta;
c) Com abuso de autoridade resultante de uma relação familiar, de tutela ou curatela, ou de dependência hierárquica, económica ou de trabalho; ou
d) Aproveitando-se de incapacidade psíquica ou de situação de especial vulnerabilidade da vítima;
é punido com pena de prisão de um a oito anos.

Secção II – Crimes contra a autodeterminação sexual
Artigo 175.º – Lenocínio de menores
1 – Quem fomentar, favorecer ou facilitar o exercício da prostituição de menor é punido com pena de prisão de um a cinco anos.

2 – Se o agente cometer o crime previsto no número anterior:
a) Por meio de violência ou ameaça grave;
b) Através de ardil ou manobra fraudulenta;
c) Com abuso de autoridade resultante de uma relação familiar, de tutela ou curatela, ou de dependência hierárquica, económica ou de trabalho;
d) Actuando profissionalmente ou com intenção lucrativa; ou
e) Aproveitando-se de incapacidade psíquica ou de situação de especial vulnerabilidade da vítima;
é punido com pena de prisão de dois a dez anos.

pessoas como "o recrutamento, o transporte, a transferência, o alojamento ou o acolhimento de pessoas, recorrendo à ameaça ou uso da força ou a outras formas de coacção, ao rapto (sequestro e rapto privado), à fraude, ao engano, ao abuso de autoridade sobre outra para fins de exploração. A exploração incluirá, no mínimo, a exploração da prostituição de outrem ou outras formas de exploração sexual, o trabalho ou serviços forçados, escravatura ou práticas similares à escravatura, a servidão ou a remoção de órgãos".

À primeira vista, este crime não estaria directamente relacionado com o crime de auxílio à imigração ilegal. No entanto, e à luz do que se encontrava legislado antes de Setembro de 2007, havia quem entendesse que a menção *"em país estrangeiro"* pudesse abranger a vinda e colocação de imigrantes no mercado da prostituição. Neste caso, considerar-se-ia que o crime de tráfico de pessoas poderia ser considerado conexo ao de auxílio à imigração ilegal, desde que as vítimas desse crime fossem imigrantes ilegais e que se provasse o auxílio no momento da entrada (irregular) em Portugal. Presentemente, e porque mais explicitamente definido, encontra-se bem diferenciado do crime de auxílio à imigração ilegal, apesar de poder continuar a ser conexo.

O tráfico de pessoas, também conhecido como a forma moderna de escravidão, abrange vários aspectos. A forma mais conhecida é, de facto, a exploração na indústria do sexo, mas também o tráfico para fins de trabalho forçado sob condições abusivas, de mendicidade forçada, de escravidão doméstica e de doação involuntária de órgãos para transplantes. O maior número de vítimas são mulheres, crianças e adolescentes, mas também os homens são vítimas deste crime. Em 1997, a Interpol referia que um milhão de mulheres era sexualmente explorada em salões de massagens, redes de prostituição e bordéis. A OIT apresentou no relatório "Uma Aliança Global contra o Trabalho Forçado", de 2005, estimativas de 2,4 milhões de pessoas traficadas, das quais 43% para exploração sexual, 32% para exploração económica e 25% para uma combinação das duas ou sob formas indeterminadas.

Normalmente, o *modus operandi* processa-se inicialmente através do aliciamento das vítimas, seguido de sequestro e posterior colocação das mesmas nos locais de trabalho forçado, desprovidas dos documentos e sem possibilidade de comunicar com o exterior.

Apesar de, hoje em dia, cada vez mais se conseguirem recolher elementos probatórios relativos a este crime ou sendo este conexo ao crime de

104 *Imigração e Criminalidade – Caleidoscópio de Imigrantes Reclusos*

auxílio à imigração ilegal (ou outros), "até à presente data, os parcos elementos de prova e as pistas colhidas levam-nos a presumir que poderá não se tratar de uma situação localizada, mas já profundamente disseminada por grande parte do território nacional" (Oliveira, 1999). As dificuldades, muitas vezes, passam pelo dilema que as vítimas sentem para denunciar os crimes de que são vítimas, bem como o desconhecimento destes casos por parte dos elementos da justiça, uma vez que os imigrantes (sobretudos oriundos de países do Leste da Europa) desconhecem a língua portuguesa, não detêm, nestas situações, os seus documentos de identificação e receiam consequências mais graves (como a expulsão do país), pois têm consciência de que se encontram em situação ilegal.

Este crime acontece há já muitos anos. Historicamente, o tráfico internacional de seres humanos decorria do hemisfério Sul (das nações mais pobres) para o hemisfério Norte (para os países mais ricos) (Dias, C.S.C. coord., 2005) ao passo que hoje em dia este fenómeno ocorre em todas as direcções. Actualmente, com os processos de globalização, o local de partida das vítimas traficadas poderá ser o mesmo de chegada ou apenas uma plataforma de distribuição. Desde a queda do Muro de Berlim, em 1998, o tráfico de seres humanos tornou-se mais visível. As estimativas do Instituto Europeu para o Controlo e Prevenção do Crime calculam que cerca de 500000 pessoas sejam traficadas por ano com destino à Europa, sobretudo para países como Espanha, Bélgica, Alemanha, Holanda, Itália, Reino Unido, Suíça, Suécia, Noruega e Dinamarca. A maior parte das vítimas são mulheres traficadas para fins de exploração sexual oriundas de regiões com dificuldades socioeconómicas muito graves: o Leste da Europa (Rússia, Ucrânia, Albânia, Kosovo, República Checa e Polónia), o Sudeste Asiático (Filipinas e Tailândia), África (Gana, Nigéria e Marrocos) e a América Latina (Brasil, Colômbia, Equador e República Dominicana).

Muitas pessoas são vítimas de promessas enganosas feitas por membros de organizações criminosas que comunicam entre si através de telefones, telemóveis ou correio electrónico, para suprir a necessidade de mais mulheres de uma determinada nacionalidade, consoante o "mercado" do país para onde são traficadas. Estas vítimas são frequentemente traficadas como turistas ou sob as mais diversas formas de actividades legais: modelos, *baby-sitters*, empregadas de mesa, bailarinas, ou por intermédio de agências de casamentos, cada vez mais activas. Outras não se podem considerar vítimas, uma vez que têm conhecimento das actividades que vêm desenvolver, sendo inclusivamente difícil, em caso de julgamento, identificar os crimes cometidos.

"– E acha que esses negócios da prostituição estão directamente relacionados com o lenocínio ou nem todos? Essas 600 mulheres...

– Não, não. Estes casos... este número de mulheres identificadas pode não ter directamente a ver com uma ou outra actividade. Nas hipóteses de situações mais simples, mais liminares, podem não ser mulheres traficadas, como podem não ser mulheres exploradas em termos de lenocínio, como podem não ser mulheres que, nem todas elas, possam ser consideradas imigrantes ilegais. Porquê? Porque se vamos a um determinado estabelecimento e uma mulher está lá, sentada a uma mesa a tomar copos com um cliente, e nós sabemos que ela se vai prostituir com ele, está a preparar... estão nos preliminares, para depois se prostituir com ele, esta mulher, na prática, não está a exercer qualquer tipo de actividade remunerada. Prostituição não é trabalho, não é considerado como tal. Se ela está dentro do período que legalmente lhe é concedido para poder estar em Portugal, nós podemos considerar esta mulher em situação ilegal? Eu creio que não, nós não podemos considerá-la em situação ilegal. E nós já nos confrontámos, aliás, várias vezes, com este tipo de situações, inclusivamente os patrões delas dizem: "Não, não. Eu tenho a casa aberta, elas entram, bebem copos com os clientes e saem, vão-se embora". Mesmo que, inclusivamente, depois nós consigamos, e conseguimos muitas vezes, em sede de apreensão de documentação, apanhar talões comprovativos de que as mulheres até estavam a beber com o cliente, mas que parte do dinheiro revertia a favor da casa, eu continuo a achar o mesmo, quer dizer, e que tipo de actividade é esta? Que actividade laboral é esta de beber copos com um cliente para a seguir se ir prostituir? Quer dizer, será que há algum ramo de trabalho desconhecido? Enfim, é um pouco difícil estabelecer algum nexo laboral, entre patrão, empregado e cliente, neste tipo de triângulo. Eu acho particularmente difícil. Basta transpor este raciocínio para o caso em que as mulheres envolvidas são cidadãs portuguesas, como se passava, aliás, há alguns anos atrás, antes de Portugal ter sido "descoberto" pelos imigrantes. Casas de alterne sempre existiram e com portuguesas a frequentarem-nas, não são de agora. O que não quer dizer que todas as situações sejam assim tão lineares..."

(Entrevista 4)

A prova, neste tipo de crime, é sobretudo testemunhal. Acresce a este facto a situação ilegal em que a maior parte destas testemunhas se encontra e, consequentemente, a vulnerabilidade desse estatuto e as dificuldades de localização de paradeiro das mesmas aquando dos julgamentos, uma vez que a mobilidade dos cidadãos estrangeiros é bastante maior do que a dos nacionais. Para além disso, o deficiente funcionamento da protecção de testemunhas e a recente medida de concessão de autorização de residência a vítimas de tráfico de seres humanos, prevista no art. 109.º da Lei 23/07 de 04 de Julho, leva a que muitas ainda receiem pela sua integridade física ou pela dos seus familiares nos países de origem, pois frequentemente sofrem ameaças por parte dos agressores, ou por interposta pessoa, caso testemunhem contra eles. Em Portugal têm vindo a ser desenvolvidas algumas acções nesta área, no âmbito do projecto-piloto CAIM (Cooperação, Acção, Investigação, Mundivisão) que se debruçou sobre as questões das vítimas de prostituição e tráfico de mulheres. Uma das novidades foi a abertura da primeira casa de acolhimento para mulheres vítimas de tráfico, no Porto (Sol, 31/03/2007). O tráfico de pessoas revela-se, assim, uma actividade de baixos riscos e de altos lucros. Segundo o relatório da OIT (2005) os lucros com esta actividade criminosa ascendem aos 31,6 biliões de dólares: os países industrializados acabam por lucrar metade dessa soma (15,5 biliões de dólares), sendo que o restante se distribui em 9,7 biliões para a Ásia, 3,4 biliões para o Leste da Europa, 1,5 biliões para o Médio Oriente, 1,3 biliões para a América Latina, e 159 milhões para a África subsaariana. Por cada ser traficado, o escritório das Nações Unidas contra a Droga e Crime (UNODC) estima que a rede criminosa responsável lucre 13 mil dólares por ano, podendo ascender aos 30 mil dólares no caso de tráfico internacional. Nos países onde o tráfico de pessoas já foi criminalizado, a lei raramente é aplicada e, quando o é, as penas são desproporcionais aos crimes cometidos, quando comparadas com as aplicadas aos crimes por tráfico de droga, que são substancialmente superiores. Assim, as taxas de condenações são muito baixas: segundo dados do governo norte-americano, em 2003, cerca de 8000 traficantes de pessoas foram levados à Justiça em todo o mundo, dos quais apenas 2800 foram condenados (Dias, C.S.C. coord., 2005).

Alguns dos grupos criminosos que se dedicam ao tráfico de seres humanos, nomeadamente os do Leste Europeu, dispõem de infra-estruturas electrónicas modernas, mantendo registados os dados da vítima traficada (identidade, país de destino, residência dos familiares, rendimentos, locais de trabalho onde foi colocada), possibilitando assim um maior controlo sobre a mesma. Normalmente a vítima traficada é colocada a trabalhar clandestinamente na restauração, construção civil, empresas de comércio ou serviços ou é levada directamente para uma das múltiplas empresas pertencentes aos grupos criminosos, a funcionar nos países de destino – empreendimentos turísticos, bancos, bordéis, restaurantes, casas de prostituição (Ziegler, 1999). Em muitos dos casos, as vítimas são deslocadas com regularidade de estabelecimento ou levadas para outro país, de forma a não terem possibilidade de estabelecer laços, quer com clientes quer com outras vítimas traficadas, conhecer a língua ou ter de alguma forma possibilidade de se furtar ao controlo dos criminosos.

As causas do tráfico de seres humanos prendem-se com vários factores, apesar de ser consensual que importam mais os factores que se prendem com a procura de vítimas do que propriamente com as características da vítima. Assim, os traficantes são cada vez mais atraídos pelos lucros milionários e pelo conhecimento da fraca actuação da justiça nesta área. Também se podem apontar razões circunstanciais que favorecem a prática do tráfico. A globalização foi uma das razões apontadas por Radhika Coomaraswamy (relatora especial para a Violência Contra a Mulher) que, num documento preparado para a ONU em 2000 afirmou que "a globalização pode ter consequências graves (...) em termos da erosão dos direitos civis, políticos, económicos, sociais e culturais em nome do desenvolvimento, da estabilidade económica e da reestruturação da macroeconomia. Nos países do hemisfério sul, programas de ajuste estruturais levaram a um maior empobrecimento, particularmente das mulheres, perda dos lares e conflitos internos" (Dias, C.S.C. coord., 2005).

Para além do rápido aumento do número de vítimas traficadas, sobretudo de mulheres para a indústria do sexo, também se tem verificado uma descida da idade das vítimas, sendo alguns dos grupos criminosos a fornecer o mercado europeu especializado em pedofilia. Para além deste problema, outros se encontram associados, como a propagação de doenças venéreas e infecto-contagiosas pela desprotecção e falta de cuidados médicos prolongados. Um outro aspecto perverso desta realidade prende-se com os filhos nascidos destas mulheres-escravas, sem qualquer futuro que não seja uma vida de escravidão ou abandono. São conhecidos os grupos criminosos romenos que recrutam crianças, obrigando-as a ingressar no mundo do crime. Muitos destes criminosos são antigos altos funcionários da polícia secreta de Ceausescu (Ziegler, 1999). Recrutam crianças dos orfanatos e as que foram abandonadas em hospitais, providenciando depois documentação falsa para as mesmas serem posteriormente levadas para outros países, para participarem em actividades lucrativas como roubos de automóveis, ataques à mão armada, assaltos a instituições bancárias ou em mendicidade, entre outros. Recentemente foi desmantelada uma destas redes a operar em Espanha, na qual 93 dos 110 detidos eram de origem romena, responsáveis pela rede criminosa acusada, entre outros, de "delitos de associação ilícita, prostituição, violação dos direitos de cidadãos estrangeiros, detenção ilegal, ameaças e agressões sexuais" (Portugal Diário, 16/11/2006).

No Reino Unido, as preocupações voltam-se para a venda de jovens estrangeiras recém-chegadas, sobretudo do Leste Europeu, para a prostituição ainda dentro dos aeroportos. O director do Crown Prosecution Service anunciou que estava a aumentar este tipo de actos ilícitos nos aeroportos britânicos, sendo organizados verdadeiros leilões de mulheres que são negociadas por proprietários de bordéis. O Ministério do Interior britânico que se empenha actualmente em desmantelar estas redes de prostituição forçada, divulgou que os dados de há cinco anos apontavam para 1400 mulheres que se prostituíam em solo britânico, vivendo num estado de escravatura (Portugal Diário, 04/06/2006).

Em Portugal, o problema do tráfico de seres humanos tem vindo a agravar-se, acompanhando os movimentos migratórios que se fizeram sentir nos últimos anos. Segundo um estudo efectuado em 2002 por uma ONG brasileira, considera-se que Portugal estará "em quinto lugar na lista dos destinos internacionais do tráfico humano vindo do Brasil" (Ferro e Savini, 2003), por exemplo.

Essas vítimas, constituídas sobretudo por mulheres oriundas de países da América Latina e de África, não só são colocadas no mercado da prostituição, como também são transportadas para o "mercado" espanhol, sendo Portugal utilizado pelas organizações mafiosas como plataforma de distribuição das mulheres. São vários os países pelos quais depois são distribuídas, sendo de grande relevo as rotas internacionais cujos países de destino constituem estados da União Europeia (Espanha, Holanda e Itália), Israel e China.

Em termos de prostituição e exploração de mulheres para fins sexuais, constata-se que a maior parte das prostitutas que chegam a Portugal são oriundas do Brasil e do Leste Europeu, havendo também um número significativo vindo da Nigéria (Portugal Diário, 21/11/2006). Verifica-se ainda que, à semelhança do *modus operandi* das redes de tráfico de seres humanos, estas prostitutas não se mantêm mais do que seis meses no mesmo sítio, a fim de evitar a criação de "laços de fidelidade". Segundo um dos estudos pioneiros sobre o tráfico de migrantes em Portugal (Peixoto, 2005), a rotação das mulheres é uma prática comum dos proprietários de casas de prostituição (e até de alterne, que não revelam logo as práticas sexuais, mas que as continuam em "privados" ou anexos) não só para que o efeito anteriormente descrito se produza, mas também para renovar casas e assim atrair mais clientela, e ainda para melhor se protegerem do controlo policial.

Madalena Duarte, investigadora da Universidade de Coimbra, refere ainda que a maior concentração populacional de mulheres exploradas situa-se no Porto, Lisboa, Aveiro e Algarve, apesar de haver um movimento constante de rotatividade entre estes locais e entre Portugal e Espanha, sendo que as redes que exploram estas mulheres se caracterizam por um alto grau de adaptação e flexibilidade. Nos resultados preliminares apresentados por esta socióloga, as redes de tráfico de mulheres brasileiras são classificadas de "artesanais", ao passo que as do Leste Europeu são "organizadas e violentas", ideias já presentes no estudo coordenado por João Peixoto (2005). Verifica-se ainda uma grande discrepância entre o número de investigações policiais e o número de casos levados a julgamento, motivados, entre outros, pelo medo e pela violência física e psicológica a que são sujeitas estas vítimas (Portugal Diário 21/11/2006).

Mais uma vez Portugal, fruto da situação geográfica privilegiada em que se encontra, assume grandes responsabilidades no desmantelamento e/ou troca de informações acerca destas redes criminosas. Assim, foram já encetadas diversas iniciativas, com vista a um combate efectivo ao tráfico de seres humanos.

Em termos práticos, foram já desencadeadas diversas operações policiais sobretudo na área do tráfico de mulheres para fins de exploração sexual (Portugal Diário, 2007), apesar de as condenações efectivas referidas no presente trabalho não reflectirem tal realidade.

2.6. Angariação de mão-de-obra ilegal[27]

O crime de auxílio à imigração ilegal, frequentemente associado ao de angariação de mão-de-obra ilegal, reveste-se de duas facetas distintas,

---

[27] *Lei 23/2007, de 4 de Julho, que aprova o regime jurídico de entrada, permanência, saída e afastamento de estrangeiros do território nacional.*

110 *Imigração e Criminalidade – Caleidoscópio de Imigrantes Reclusos*

ambas marcadas pela negatividade: por um lado, é uma actividade ilegal, sujeita portanto às penalizações previstas na lei; por outro lado, é uma autêntica armadilha para os imigrantes que, vendendo todos os bens e endividando-se muito para além das suas capacidades para "comprar" a felicidade e o bem-estar num país que a sua imaginação e os boatos alheios apresentam como o "El Dorado", vêem os seus sonhos ruir fragorosamente.

Muitos dos imigrantes estavam convencidos de que a obtenção de uma Autorização de Permanência iria facilitar a sua fixação num outro Estado da UE, o que não correspondia à verdade.

O auxílio à imigração ilegal ganhou uma expressão mais significativa a partir de 1996, data em que milhares de "não comunitários" que não obtiveram legalização nos outros países da Europa, vieram tentar a sua sorte em Portugal, que na altura tinha aberto um processo de legalização. Com o auxílio de particulares ou de redes organizadas, tentaram reunir a documentação que os habilitasse a legalizarem-se em Portugal, para depois se reunirem, em muitos casos, aos amigos ou inclusivamente às famílias que já vivem noutros países europeus.

Em 1998, por altura da realização da Expo' 98 e coincidindo com o final de mais um processo de legalização em França, acentuou-se a vaga migratória para Portugal.

São dois os processos utilizados para fazer entrar no país os imigrantes ilegais e transformá-los em mão-de-obra barata: esperar os que chegam, em transporte público, a localidades espanholas fronteiriças ou a terminais rodoviários conhecidos e, estabelecido o contacto e o pagamento, transportá-los, umas vezes até Lisboa, outras vezes apenas até qualquer ponto do território nacional junto da fronteira – esta actividade é realizada pelos chamados "passadores", que não raras vezes, associam as famílias a esta tarefa. O outro processo, mais exigente e especulativo, costuma ser obra de

---

Art. n.º 185.º – Angariação de mão-de-obra

1. Quem, com intenção lucrativa, para si ou para terceiro, aliciar ou angariar com o objectivo de introduzir no mercado de trabalho cidadãos estrangeiros não habilitados com autorização de residência ou visto que habilite o exercício de uma actividade profissional é punido com pena de prisão de 1 a 4 anos.
2. Quem, de forma reiterada, praticar os actos previstos no número anterior é punido com pena de prisão de 2 a 5 anos.
3. A tentativa é punível.

redes organizadas que se dispõem a ir buscar os candidatos ao local onde vivem e os trazem depois até ao destino combinado.

De permeio com esta verdadeira aventura, a violência é frequentemente exercida, sempre que as organizações percebem que os ilegais não têm o necessário para pagar as quantias acordadas; são então frequentes as ameaças ao próprio e às famílias que ficaram no local de origem, as agressões físicas e psicológicas, etc. No caso dos chineses, os endividados são mesmo sujeitos a uma autêntica escravatura, sendo obrigados a trabalhar para compatriotas já estabelecidos no país.

O modo de actuação das redes de auxílio e angariação de mão-de-obra ilegal é típico: os candidatos são primeiro aliciados por uma atraente propaganda inserida nos meios de comunicação social, publicitando viagens e estadia de sonho em diversos países. A troco de quantias que oscilam entre os 1000 e os 1500 euros, as organizações mafiosas prometem-lhes documentação, transporte e um bom emprego em Portugal. Chegados ao destino e sendo-lhes frequentemente exigido mais dinheiro, os imigrantes vêem ser-lhes confiscados os passaportes e outros documentos de identificação, sendo obrigados a trabalhar duramente para pagar a dívida e o "imposto" sobre o salário que as máfias decretam. As ameaças e os espancamentos, bem como a possibilidade de as suas famílias virem também a sofrer represálias, colocam estes ilegais na dependência completa dos seus novos "donos".

Outras vezes, quando chegam ao país, são abandonados ao seu destino. Acabam por se concentrar em locais conhecidos de Lisboa, onde são abordados por engajadores que os aliciam maioritariamente para trabalhar em obras da construção civil; estes engajadores são, geralmente, cidadãos portugueses que vêem na fraqueza e na disponibilidade dos ilegais uma fonte fácil de lucro, ou imigrantes já legalizados (habitualmente oriundos dos PALOP) que se aproveitam também da vulnerabilidade de outros estrangeiros (inclusivamente de compatriotas), usando muitas vezes a própria língua natal como instrumento privilegiado de comunicação. Para além disso, os imigrantes ilegais são escolhidos pelos empregadores portugueses consoante as nacionalidades, sendo frequentemente preferidos em detrimento dos portugueses, devido às qualidades dos trabalhadores, mas também por causa da sua maior ou menor inserção na sociedade portuguesa, o que lhes confere maior ou menor fragilidade.

> "Neste momento e perante o actual cenário, mais uma vez refiro o peso da comunidade do Leste Europeu, com especial incidência nos ucranianos,

112 *Imigração e Criminalidade – Caleidoscópio de Imigrantes Reclusos*

moldavos e romenos. São países com mão-de-obra relativamente especializada e "barata", existindo muito empregador em Portugal que prefere ter trabalhadores do Leste do que trabalhadores portugueses. Estou convencido que muitos destes trabalhadores vão trazer as famílias para Portugal e aqui estabelecer a base familiar, com os filhos a crescer e a estudar nas nossas escolas, devidamente integrados."

(Entrevista 8)

Dada a extensão e a gravidade que este fenómeno tem crescentemente assumido, o Governo decidiu tipificar esta actividade como "crime de angariação de mão-de-obra ilegal", regulamentando a sua moldura penal através do Decreto-lei 4/ 2001 de 10 de Janeiro. Actualmente, encontra-se previsto no art.185.º da Lei 23/07 de 04 de Julho.

O crime de angariação de mão-de-obra ilegal, apesar de se encontrar quase sempre associado ao de auxílio à imigração ilegal, é perpetrado isoladamente ou associado a outros crimes. Acontece sobretudo quando os imigrantes, encontrando-se em situação irregular em território nacional, são colocados a trabalhar ou encaminhados, por quem se dedica a estas actividades ilícitas, para empregadores que os exploram. Este crime tem maior incidência na área metropolitana de Lisboa, apesar de, actualmente, se ter disseminado por todo o território nacional. Este é um fenómeno bastante recente que, de forma directa ou indirecta, se estima que tenha causado (e ainda cause) impactos económicos de relevo em Portugal, como já foi anteriormente referido.

2.7. Falsificação de documentos[28]

Uma das modalidades de crime relacionada com a entrada ilegal e a movimentação de estrangeiros em Portugal, tem a ver com o roubo e a

---

[28] *Código Penal Português*

CAPÍTULO II – Dos crimes de falsificação
SECÇÃO II – Falsificação de documentos
Artigo 256.º – Falsificação ou contrafacção de documento
1 – Quem, com intenção de causar prejuízo a outra pessoa ou ao Estado, de obter para si ou para outra pessoa benefício ilegítimo, ou de preparar, facilitar, executar ou encobrir outro crime:

falsificação de documentos. Um caso emblemático é o citado pela revista "Visão" (Serra, 2001), que recorda o furto de 33 passaportes, em 14 de Julho de 1997, da missão portuguesa em Islamabad e que acabaram por cair nas mãos de alegados membros da organização terrorista Al Qaeda.

Este foi apenas um dos casos de roubo de documentos, pois em apenas 8 meses (Julho de 1997 a Março de 1998) foram furtados perto de 3700 passaportes, num total de cerca de 6000 extraviados nos últimos anos. E em Julho deste ano, já era um número superior a 7000 passaportes desaparecidos que preocupava as autoridades nacionais e estrangeiras, em especial as americanas.

---

a) Fabricar ou elaborar documento falso, ou qualquer dos componentes destinados a corporizá-lo;
b) Abusar da assinatura de outra pessoa para falsificar ou contrafazer documento;
c) Fizer constar falsamente de documento ou de qualquer dos seus componentes facto juridicamente relevante;
d) Usar documento a que se referem as alíneas anteriores; ou
e) Por qualquer meio, facultar ou detiver documento falsificado ou contrafeito;
é punido com pena de prisão até três anos ou com pena de multa.

2 – A tentativa é punível.

3 – Se os factos referidos no n.º 1 disserem respeito a documento autêntico ou com igual força, a testamento cerrado, a vale do correio, a letra de câmbio, a cheque ou a outro documento comercial transmissível por endosso, ou a qualquer outro título de crédito não compreendido no artigo 267.º, o agente é punido com pena de prisão de seis meses a cinco anos ou com pena de multa de 60 a 600 dias.

4 – Se os factos referidos nos n.ºs 1 e 3 forem praticados por funcionário, no exercício das suas funções, o agente é punido com pena de prisão de um a cinco anos.

SECÇÃO IV – Falsificação de cunhos, pesos e objectos análogos

Artigo 269.º – Contrafacção de selos, cunhos, marcas ou chancelas

1 – Quem, com intenção de os empregar como autênticos ou intactos, contrafizer ou falsificar selos, cunhos, marcas ou chancelas de qualquer autoridade ou repartição pública é punido com pena de prisão de um a cinco anos.

2 – Quem, com a referida intenção, adquirir, receber em depósito, importar, ou por outro modo introduzir em território português, para si ou para outra pessoa, os objectos referidos no número anterior, quando falsos ou falsificados, é punido com pena de prisão até três anos ou com pena de multa.

3 – Quem, com intenção de causar prejuízo a outra pessoa ou ao Estado, utilizar, sem autorização de quem de direito, objectos referidos no n.º 1, é punido com pena de prisão até dois anos ou com pena de multa até 240 dias.

114 *Imigração e Criminalidade – Caleidoscópio de Imigrantes Reclusos*

Para além disso, também desapareceram mais de 1400 vinhetas, que possibilitam a outras tantas pessoas, naturais de países não afectos ao acordo Schengen, deslocarem-se livremente e sem problemas dentro daquele espaço.

O maior perigo destes desaparecimentos reside no facto de muitos destes documentos poderem cair nas mãos de organizações islâmicas, asiáticas e do Leste europeu ligadas ao terrorismo internacional, ao tráfico e à exploração da mão-de-obra ilegal.

A detecção torna-se tanto mais difícil quanto é certo os passaportes roubados se encontrarem "em branco", isto é, prontos a serem preenchidos.

No caso da alteração de passaportes roubados mas já emitidos em nome de um titular, o valor da falsificação oscila entre os 500 e os 1000 euros, consoante se trate da substituição da fotografia ou de toda a folha identificativa (Amaro, 2003). A perfeição do trabalho depende em grande parte da sofisticação dos meios usados, tendo já sido apreendidos meios informáticos de grande qualidade, bem como selos e punções furtados em serviços públicos.

O panorama fraudulento constituído pelo roubo, falsificação e contrafacção de documentos, a sua crescente propagação e sofisticação, bem como as dramáticas implicações de que ele se reveste, tanto para a segurança dos cidadãos como dos governos, tem feito com que muitos Estados e organizações venham procurando, desde há algum tempo, melhorar os meios de vigilância e detecção de fraudes.

"Outra coisa é o posicionamento das comunidades africanas, aqui em Portugal; isto é, quando (…) o próprio compatriota imigrante precisa de um documento falsificado, ou de outro esquema qualquer, para atingir a obtenção de documentos, aí é que a coisa se desenvolve de outra maneira, isto é, tudo é claramente pago, e muito bem pago. Não paga, não tem (…) e se fizer mal o negócio, eventualmente, ou não cumprir a parte de um negócio, do *"gentleman's agreement"* que deve haver sempre, mesmo no meio do mundo do crime, as pessoas terão que pagar de alguma forma. Portanto, isso tem que ser tido em conta neste esquema que se desenvolve depois da própria regra da falsificação de documentos e que é dominada, essencialmente, depois, por algumas franjas de contacto integrantes entre a realidade africana e a realidade asiática, paquistanesa. Eles, então, vivem nos mesmos espaços, e portanto há, digamos, uma necessidade de estar em espaços comuns para poderem usufruírem de determinado tipo de bens que, neste caso, é o documento falso. Portanto, aquela realidade de estruturas muito bem posicionadas de falsificação de documentos, como tipografias, etc, acabou. Agora, tudo é controlado através da informática e de esquemas de tipo claramente de inteligência."

(Entrevista 5)

Uma das inovações mais interessantes, no que diz respeito à detecção da falsificação de notas, é a "euro-quick-tester", uma caneta de feltro impregnada de iodo cuja marca se torna amarela clara quando a nota é genuína, desaparecendo no prazo de vinte e quatro horas, e escura e indelével se a nota for falsa. Essa caneta é a tentativa de resposta às falsificações que, um pouco por todo o lado, têm vindo a surgir depois da introdução do Euro na UE.

No que respeita à verificação e controlo dos pedidos de asilo nos países membros da UE, prevê-se a entrada em funções do Eurodac, uma unidade central de dados, informatizada e gerida pela Comissão Europeia, permitindo a qualquer Estado-membro verificar se qualquer requerente de asilo político ou estrangeiro em situação ilegal já formulou algum pedido noutro Estado. Para além das impressões digitais de cada indivíduo, o sexo e um número de referência, o Eurodac informa ainda sobre o país de origem do pedido de asilo, o lugar e a data respectivos.

O Eurodac, cujo aparecimento foi da responsabilidade do comissário português António Vitorino, dispõe ainda de meios electrónicos de transmissão entre a base de dados central e os estados-membros, possibilitando assim uma consulta rápida e eficaz[29].

A última medida destinada a combater a falsificação e a contrafacção de documentos no seio da UE, tem a ver com a emissão de um cartão, do tamanho dos habituais cartões multibanco, feito de policarbonato, material difícil de conseguir, onde ficam registados, num chip sem contacto e com uma memória de 32k, dados biométricos como as impressões digitais e a cor da íris do seu possuidor. A emissão do cartão será da responsabilidade da Casa da Moeda, após a recolha e envio de dados pelo SEF, no caso de cidadãos estrangeiros.

---

[29] "Vitorino cria base de dados pioneira" in Expresso online, 14 de Janeiro de 2003 (http://online.expresso.pt)

A segurança deste cartão é reforçada pelo facto de ele possuir uma impressão de fundo, imagens holográficas e tintas reactivas a raios ultra-violetas e infravermelhos, podendo o cartão ser "lido" em qualquer posto da EU.[30]

Este dispositivo, criado pela pressão dos Estados Unidos no âmbito da luta anti-terrorismo, terá sido obrigatoriamente utilizado a partir de Outubro de 2004 nos países abrangidos pela isenção do visto, como acontece com Portugal, apesar de não ter sido ainda difundido na totalidade.

2.8. Organizações criminosas

A criminalidade organizada e violenta representa uma preocupação associada ao fenómeno da imigração de Leste na Europa comunitária e em Portugal. O fluxo de imigrantes, desconhecedores dos países de destino e sem experiência de viagens para o exterior das suas fronteiras, permitiu que desde os pontos de partida, ao longo de todo o circuito e no universo em que se enquadra o destino final, grupos de indivíduos organizados, explorem com recurso à coacção e violência os conterrâneos que pretendem trabalhar em Portugal. Estes ficam, assim, sujeitos à acção circunstancial de pequenos grupos oportunistas, ou à coacção sistemática de grupos organizados territorialmente de forma mais complexa.

> "Acho que principalmente a criminalidade associada aos estrangeiros de Leste, aos imigrantes de Leste, entretanto já estabilizou. Houve uma altura, em que o tipo de criminalidade violenta em que eles se envolviam, em relação às nacionalidades de Leste, ou seja, entre eles, foi algo para o qual a polícia portuguesa não estava preparada. Portanto, os sequestros, as agressões, as violações, as extorsões sistemáticas era algo que não existia na sociedade portuguesa e que, de uma hora para a outra, entre as comunidades de imigrantes de Leste aumentou de uma forma disparada."
>
> (Entrevista 7)

---

[30] Ferro, Carlos "Cartão à prova de falsificação para imigrantes" in Diário de Notícias *online* (www.dn.sapo.pt/notícia)

As organizações criminosas do Leste Europeu, sobretudo as russas, são actualmente consideradas das mais perigosas, activas e organizadas a operar em diversas actividades ilícitas. Semion Mogilevich, economista húngaro conhecido como "Dom Crânio", foi considerado "o mais perigoso mafioso do mundo pelo especialista da Máfia Russa, Robert Friedman, tendo num só negócio vendido ao Irão 20 milhões de dólares em armas, incluindo mísseis terra-ar e veículos de transporte de tropas, roubados à Alemanha de Leste (Maxman, Abril de 2003). Em França, por exemplo, desde os anos 90 que os grupos euro-asiáticos têm implementado acções ilícitas ligadas a investimentos "mafiosos" (Ziegler, 1999). Na base destas organizações criminosas, encontram-se os elementos hierarquicamente menos classificados, instruídos para actividades banais de extorsão e ameaça, recolhendo dividendos dos trabalhadores maioritariamente oriundos do Leste, em troca de uma suposta "protecção". Também são encarregados de distribuir pessoas (traficadas ou não) por empresas, locais de trabalho, casas de diversão nocturna, de alterne, prostituição, ou nas quais haja um contacto que recolha dividendos das mesmas, bem como de outros locais onde se processe tráfico de droga.

"– Então acha que podemos falar da existência de redes criminosas complexas em Portugal, actualmente?

– Extensões dessas redes, formas associadas de crime, associações criminosas, penso que sim. (…)

– Redes criminosas complexas...?

– Eu acho que estamos a apanhar com um subproduto daquele crime (…) mas que é, em si mesmo, um subproduto perigoso. É perigoso porquê? Porque é disperso, não tem códigos de conduta, não tem códigos de honra. E por isso mesmo, tem alguma previsibilidade e estabelece claramente formas de associação complexas. Mas não é Máfia. São associações criminosas e o problema é que (…) a globalização trouxe: a pulverização do crime e (…) uma espécie de acesso democrático à prática do crime. Isto é, toda a gente tem, nomeadamente nestas franjas marginais, possibilidade de cometer uma série de crimes e a partir daí se dispersarem e causarem dificuldade ao seu combate e à sua própria detecção. Nós estamos a falar de uma série de indivíduos que já terão antecedentes criminológicos muito próprios nos países de origem, como o caso do Bovan, e que era gente daquele subproduto e que

118 *Imigração e Criminalidade – Caleidoscópio de Imigrantes Reclusos*

sempre esteve habituada a isso: a comprar, a matar, e outras coisas. Agora, do ponto de vista intelectual, não sei se estamos a falar daquela complexidade de que fala o Joan Ziegler...."

(Entrevista 5)

Numa escala superior, o crime organizado transfronteiriço opera já com empresas bem implementadas e reconhecidas em diversos países. O dinheiro resultante de actividades criminosas é investido em bens imobiliários, na Bolsa ou em outras actividades lucrativas e, finalmente, no topo da hierarquia encontram-se os homens de negócios que transaccionam materiais nucleares, armas e outros produtos de difícil acesso. A cooperação policial e judiciária é indispensável para poder fazer face à gravidade crescente da criminalidade organizada e transnacional. Este problema reflecte-se, por exemplo, numa rede recentemente desmantelada pelas autoridades portuguesas, cujos elementos não se inseriam no conceito de imigrantes – eram nómadas, circulando em Portugal, Espanha e outros países europeus, aproveitando o espaço comum de liberdade para exercerem e financiarem actividades criminosas (Correio da Manhã, 2006 Janeiro).

Normalmente, o desmantelamento destas redes apenas consegue levar às barras dos tribunais os elementos pertencentes às escalas inferiores destas organizações criminosas: primeiro, porque são estes os indivíduos que "dão a cara", sendo, por isso, alvo de vigilância e perseguição; depois, porque, quando são detidos, raramente colaboram com os órgãos de polícia criminal no sentido de denunciar/incriminar outros elementos da rede, uma vez que sabem que a sua vida e a dos familiares seria posta em risco, e também porque numa hierarquia superior os criminosos estão bem protegidos pelo poder que as avultadas somas que possuem lhes proporcionam, tornando-os igualmente poderosos em termos de influência mediática e, por vezes, no próprio poder judicial.

A criminalidade organizada tem evoluído estruturalmente, adaptando-se às oportunidades do meio, às possibilidades e permeabilidades do ordenamento jurídico, às limitações e vulnerabilidades das polícias e do poder político. A organização destes grupos tem vindo a diversificar-se: há bandos que se associam entre si com vista ao furto de estabelecimentos comerciais, ou roubo de outros imigrantes, até esquemas mais complexos estabelecidos entre grupos diferentes, para o furto e roubo de viaturas com vista à sua utilização na execução de assaltos mais lucrativos, até à extorsão organizada e sistemática, combinada com o controle do tráfico de imigrantes, falsificação de documentos e outros tipos de crimes.

A questão da violência, que de forma tão particular e sistemática caracteriza a criminalidade organizada do Leste Europeu, em Portugal traduz uma novidade na componente comportamental. Um parceiro de John Gotti afirmou uma vez "Nós, os italianos vamos matar-vos, mas os russos [...] vão matar-vos a vocês e à vossa família" (Maxman, Abril de 2003).

O conceito de bando (conforme previsto no art. 204.º do CP, n.º 2, alínea g)), enquadra a noção de associação, embora seja uma qualificação apenas para crimes de furto ou práticas reiteradas contra o património. Estabelece, por igual, a exigência de uma estabilidade duradoira e a existência de um sentimento de grupo organizado. Neste modelo, não é relevante uma hierarquia, bastando apenas a prática dos factos sob um mecanismo de decisão. Por outro lado, tem de haver uma participação objectiva para haver lugar à punição.

Na Convenção de Palermo da ONU sobre criminalidade organizada, o conceito de Grupo Criminoso Organizado encontra-se definido, no seu art. 2.º, como *"Um grupo estruturado de três ou mais pessoas, existindo durante um período de tempo e actuando concertadamente com a finalidade de cometer um ou mais crimes graves ou infracções (...) com a intenção de obter, directa ou indirectamente, um benefício económico ou outro benefício material;"*

A criminalidade organizada exige uma associação criminosa entre agentes que, coordenados e hierarquizados entre si, concorrem na realização de um resultado ilícito (Art. 299.º do Código Penal).

Em Portugal e atendendo às acusações promovidas pelo Ministério Público, grande parte dos inquéritos conjugam os crimes de associação criminosa e lenocínio, conectando-os numa complexa estrutura funcional, com os crimes de auxílio à imigração ilegal, falsificação de documentos e outros conexos. Uns não se produzem sem controlo sobre os outros. Por outro lado, o Ministério Público tem também promovido com sucesso na jurisprudência, a tipificação de organizações terroristas, as quais empregam a coacção violenta e sistemática contra a vida, a integridade física e a liberdade das pessoas (no caso de imigrantes, por grupos de indivíduos que se dedicam ao auxílio à imigração ilegal e extorsão, ou tráfico de pessoas e lenocínio).

O elemento violência é fundamental na caracterização penal das actividades promovidas por estes grupos.

120 *Imigração e Criminalidade – Caleidoscópio de Imigrantes Reclusos*

Na Rússia, crê-se que o crime organizado controle o governo, a administração pública, a economia, a indústria, o comércio, a banca e serviços (Ziegler, 1999). São grupos que actuam com uma violência desmedida, caracterizados por um secretismo enraizado e que difundem o medo, intimidando os próprios membros e os funcionários dos mais diversos sectores da vida pública. Não se coíbem de aplicar inclusivamente actos de tortura particularmente cruéis, ao menor descuido dos elementos da rede.

Nos últimos 20 anos, estas redes criminosas têm-se dedicado ao tráfico de seres humanos em grande escala, conforme já foi referido no ponto 2.5., associando assim mais um crime aos demais a que se dedicavam. Claro que associadas a estas, estão sempre outras actividades criminosas que por vezes se revestem de extrema violência e com ligações internacionais. Foi o caso de um *gang* assassino, constituído por sete romenos e com ligações internacionais, que, estando em Portugal há menos de 3 meses, levou a cabo cerca de 30 assaltos, todos revestidos de uma grande violência, com uma capacidade de mobilização e dispersão que impossibilitou a detenção dos restantes elementos que se pensa terem cooperado a partir de outros países europeus (Correio da Manhã, 2006 Janeiro).

2.9. Outras actividades ilícitas: casamentos de conveniência[31]

Os casamentos de conveniência são praticados há muito tempo. São várias as causas que motivam este tipo de enlace: a procura de liberdade, de ascensão social ou económica, fusão de património, motivos religiosos, respeito por tradições, acordos familiares, sucessões políticas, interesses desportivos, etc.

---

[31] *Lei 23/2007, de 04 de Julho*

Art. 186.º – Casamento de Conveniência

1 – Quem contrair casamento com o único objectivo de proporcionar a obtenção ou de obter um visto ou uma autorização de residência ou defraudar a legislação vigente em matéria de aquisição da nacionalidade é punido com pena de prisão de 1 a 4 anos.

2 – Quem, de forma reiterada ou organizada, fomentar ou criar condições para a prática dos actos previstos no número anterior é punido com pena de prisão de 2 a 5 anos.

3 – A tentativa é punível.

Os casamentos de conveniência, também conhecidos como "casamentos brancos" para obtenção de documentos que habilitem um nubente a residir num país diferente do seu e a vir a adquirir a nacionalidade e, consequentemente, os mesmos direitos do que os nacionais, têm sido cada vez mais frequentes, sobretudo nos países mais ricos. Nos últimos tempos, muitos imigrantes têm procurado esta via como forma de se evadir dos seus países em guerra ou em situações economicamente deploráveis, procurando assim contornar as dificuldades na fixação de residência impostas pelos Estados. Os casamentos com vista à obtenção de documentos dos Estados Unidos são, talvez, o caso mais evidente desta situação, tendo sido este tipo de união criminalizado há já bastantes anos. A União Europeia tem sido, na sequência da melhoria das condições de vida dos estados-membros, um dos focos mais atractivos de migrantes que se sujeitam a experienciar uma situação fictícia a troco de avultadas somas em dinheiro para assim poderem beneficiar da nacionalidade de outro país. Esta é considerada "uma nova tendência dos ilegais" desde 2002, pelos serviços notariais ingleses, onde chegam cada vez mais processos de casamentos entre cidadãos portugueses e brasileiros. Estes casamentos custam entre 1000 e 3000 libras (1500 e 4500 euros) (Diário de Notícias, 9 de Junho de 2004).

Os casamentos por conveniência são definidos pela Comissão Europeia, "DG Justice and Home Afairs", no seu Glossário, como "os casamentos entre uma nacional de um país europeu e um nacional de países terceiros (não cidadão da União Europeia) celebrados com a única intenção de contornar as regras de entrada e de residência dos nacionais de países terceiros" (Grassi, 2005). Assim, esta questão resume-se à troca do direito de residir num país pertencente ao espaço Schengen por uma quantia em dinheiro previamente acordada a pagar pelo cidadão nacional de país terceiro, estratégia já bem implementada e conhecida em vários países da União Europeia e a funcionar em Portugal sensivelmente desde os anos 90, quando a imigração aumentou. As redes criminosas transnacionais são, normalmente, responsáveis pela angariação de cidadãos oriundos de países terceiros (do sexo feminino, com mais frequência) em situações de pobreza extrema e sem perspectivas de futuro e pela localização de candidatos de países Schengen, dispostos a beneficiar financeiramente com este negócio. É comum os cidadãos dos Estados Schengen serem também indivíduos problemáticos (toxicodependentes) ou com dificuldades financeiras, ou até terem eles próprios beneficiado no passado de uma situação semelhante, sendo originários de países terceiros mas já nacionalizados. Há também

122 *Imigração e Criminalidade – Caleidoscópio de Imigrantes Reclusos*

casamentos que se processam em outros países da União Europeia – o caso de Londres, em que a legislação é mais favorável (Grassi, 2005) – vindo *a posteriori* a regularizar a situação documental em Portugal.

Segundo uma investigação levada a cabo sobre este tema (Grassi, 2005:7) e a experiência vivenciada neste campo, foram agrupados os seguintes grupos de casamentos de conveniência:

- mulheres oriundas do Leste Europeu com cidadãos portugueses (por intermédio de agências de casamentos, que lucram com o estabelecimento dos contactos);
- cidadãos não europeus (maioritariamente oriundos do Paquistão) com cidadãs portuguesas originárias dos PALOP;
- mulheres brasileiras com cidadãos portugueses (por intermédio de agências, anúncios ou "chats" na internet) – passaram de 333 no ano 2000 para 1165 e 2004 (DN, 31/05/2006);
- cidadãos não europeus com mulheres brasileiras ou nacionais dos PALOP, titulares de documentos de residência em Portugal (normalmente realizados noutros países da UE);
- cidadãos (homens e mulheres) oriundos de países africanos não PALOP (Nigéria, Gana) com cidadãos portugueses (maioritariamente indigentes e socialmente pouco inseridos), através de contactos com compatriotas estabelecidos noutros países ou com redes organizadas que incluem cidadãos portugueses e outros africanos (oriundos do Mali e Togo) estabelecidos em Espanha e Holanda;

Segundo dados do INE, é possível assinalar o aumento do número de casamentos dos cidadãos brasileiros com portugueses e do número de outros cidadãos oriundos da Europa, África e Ásia, mantendo-se relativamente semelhantes os números de casamentos mistos com outras nacionalidades.

De uma forma geral, e segundo entrevistas realizadas a elementos do SEF (Grassi, 2005), são mulheres brasileiras e do Leste Europeu que casam com homens portugueses, e homens de origem indostânica que casam com mulheres portuguesas.

Quanto às redes de responsáveis pela organização destes casamentos, elas foram variando, sendo que em 2004 eram maioritariamente lideradas por cidadãos paquistaneses e egípcios localizados em Lisboa e no Norte de Portugal, que encontravam mulheres portuguesas dispostas a lucrar com um casamento fictício com um cidadão indostânico, marroquino ou egíp-

Maria João Guia

TABELA 2.2. **Número de casamentos entre cidadãos/ãs portugueses/as com estrangeiros/as em 1998, 2002 e 2004**

	1998	2002	2004
Alemanha	81	70	69
França	98	94	95
Espanha	64	86	84
Reino Unido	71	80	74
Ucrânia	2	74	n.d.
Polónia	6	25	
Roménia	15	52	
Rússia	10	63	
Outros Europa	n.d.	124	531
Angola	86	144	144
Cabo Verde	113	182	210
Guiné-Bissau	53	63	69
Moçambique	26	44	43
São Tomé e Príncipe	19	29	53
Marrocos	11	50	n.d.
Egipto	2	22	
Outros África	n.d.	45	118
Brasil	230	1 029	1 516
Venezuela	68	75	65
Estados Unidos	54	54	45
Canadá	38	23	24
Paquistão	24	72	n.d.
Índia	9	50	
Outros Ásia	n.d.	45	180

Fonte: INE

cio (Grassi, 2005). São também conhecidos os casos das redes criminosas a operar em Londres e que recrutam mulheres portuguesas para casar com cidadãos árabes. Também têm proliferado as agências matrimoniais que promovem encontros entre cidadãos estrangeiros e portugueses. Recorde--se o caso da agência de *Raissa*, tão publicitado pela comunicação social, que promove o encontro de mulheres de Leste com homens portugueses,

124 *Imigração e Criminalidade – Caleidoscópio de Imigrantes Reclusos*

sobretudo através de anúncios nos jornais, Internet e catálogos apresentando as cidadãs estrangeiras interessadas em casar com cidadãos portugueses. Os preços variam entre os dois e os cinco mil euros, apesar de já se ter ouvido falar em 25 mil euros (Público, 26/10/2003).

Existe, no entanto, uma certa dificuldade em uniformizar conceitos no que respeita à forma como estes casamentos são encarados criminalmente pelos Estados-membros da UE, uma vez que as leis diferem consoante o Estado. No caso português, a criminalização dos casamentos de conveniência entrou em vigor em Julho de 2007, com a Lei 23/07 de 04 de Julho, havendo já um número razoável de processos-crime registados, em investigação. Este fenómeno poderá estar relacionado não só com a imigração ilegal, mas também camuflar actividades de tráfico de seres humanos, sendo cada vez mais frequente a existência de redes que recrutam mulheres para fins de exploração sexual. No caso da Noruega, a maior parte das mulheres que se encontram na indústria do sexo, sobretudo de origem tailandesa, estabeleceram-se naquele país através de casamento com cidadãos nacionais daquele país (Carli, 2006). Também já foram reportados casos de tráfico de crianças, resultantes destes casamentos fictícios, que foram trazidas para Portugal ao abrigo do reagrupamento familiar e que depois foram obrigadas a prostituir-se (Grassi, 2005). Não se exclui igualmente a preocupação de casamentos combinados realizados com o objectivo de apoiar redes terroristas. Aliás, os problemas da transposição de determinados tipos de crimes associados a determinadas comunidades, preocupam a sociedade portuguesa.

"– E por isso, verifica-se uma certa transposição dessa realidade para cá?

– Exactamente, por isso é que se nós, neste momento começarmos a preocupar-nos, por exemplo com a comunidade islâmica, dado começarmos a ter uma forte comunidade islâmica em Portugal, é natural que os bens e os males da sua cultura, religião e costumes, sejam transpostos para o nosso país, inicialmente de forma localizada, mas com tendência a aumentar. Cada vez mais, tem sentido falar-se no crime transnacional, com actuação em várias áreas, nomeadamente com actividades associadas ao tráfico de seres humanos, de armas, droga, moeda falsa, lavagem de dinheiro, etc .

Repare que quando falamos nos chineses, os associamos a jogo, a casinos. Na realidade os chineses não são "visíveis", mas vamos aos casinos e é significativo o número de chineses lá presentes, porque será? Como é que eles passam tanto tempo a jogar no casino, e como é que gastam tanto dinheiro? Será que Portugal é um bom país para lavagem de dinheiro? Será que Portugal é uma boa base logística para determinado tipo de crime? Quando se fala no terrorismo, não é a primeira vez que se ouve dizer que Portugal tem uma boa base logística... Porque não? Nós não temos que ter efectivamente aqui uma comunidade islâmica extremamente forte para o sermos. Portanto temos que perceber o fenómeno, sobretudo os "polícias", tem que haver pessoas que estudem e se debrucem sobre este fenómeno de forma proactiva. Nós, os portugueses, temos uma tendência para ser reactivos, ou seja, perante a situação, reagimos. (...) No Reino Unido, com a rede criminosa que existe, designadamente com ligações a células terroristas, se não fosse a eficiente e profissional actuação dos órgãos com responsabilidade na segurança interna, seria um dos locais do mundo mais propensos a actividades criminosas."

(Entrevista 8)

2.10. As redes de imigração ilegal – formas de actuação

Em meados dos anos 70, a insegurança causada pela criminalidade surge como um problema social e político significativo, permanecendo presente, desde então, na agenda das questões sociais. A preocupação com a insegurança implica com frequência o sentimento da existência de excesso de imigrantes, muitas vezes veiculado pelos meios de comunicação social, que reflectem a preocupação com a "desordem" social, resultante do medo de perder a identidade colectiva (Robert, 1999:100-120).

As redes de imigração ilegal têm tomado, nos últimos anos, uma tal projecção, inserindo clandestinamente milhares de imigrantes na União Europeia, que tendem a rivalizar com os crimes relacionados com o tráfico de estupefacientes, assumindo dimensões muito preocupantes. Trazem consigo, para além de verdadeiros dramas sentidos pelas vítimas, consequências sociais, económicas e políticas, nomeadamente quando já se encontram bem instaladas e inseridas nas sociedades em que operam, acumulando lucros, e consequentemente, aumentando o seu poder a nível institucional, funcionando como verdadeiras máfias. Chossudovsky refere-se a uma "economia criminosa florescente" (Chossudovsky, 2003:22), resultante dos investimentos e aquisições de bens do Estado por parte de organizações criminosas, ao abrigo de programas de privatização. Estas organizações investem valores incalculáveis em negócios "legítimos", acabando por ter um grande controlo sobre os recursos produtivos da economia legal, permitindo-se ainda efectuar branqueamento de capitais provenientes das actividades ilícitas e, consequentemente, acumular riqueza. Segundo a ONU, a receita total mundial das Organizações Criminosas Transnacionais (OCT), ascende a cerca de um milhão de biliões de dólares, ou seja, o equivalente ao valor do PIB do grupo de países com baixo rendimento, com uma população de mil milhões de pessoas (Chossudovsky, 2003:23). Além das influências na economia, a introdução de imigrantes ilegais nas sociedades interfere, directa ou indirectamente, com as políticas vigentes, quer por ausência de políticas de imigração, quer pela forma como elas são articuladas entre os diversos países, sobretudo no caso da União Europeia.

Estas redes de imigração ilegal operam como verdadeiras associações criminosas, pondo em risco o funcionamento de várias instâncias dos Estados. Assim, é imprescindível que haja uma concertação de políticas a nível policial e judicial entre os estados europeus. Dado o aumento do número e da qualidade de documentos falsos, falsificados ou contrafeitos nas fronteiras, a Comissão Europeia propôs, à semelhança do que já é prática corrente nos Estados Unidos, a inserção de dados securizadores (biométricos) nos documentos de identificação europeus e nos vistos dos países signatários do Acordo de Schengen, de forma a dificultar esta utilização fraudulenta (Correio da Manhã, 22/10/2003). Assim, o novo passaporte electrónico português, com os dados biométricos inseridos, já começou a ser emitido, visando uma maior segurança e controlo dos viajantes.

Da mesma forma, os pedidos de visto com objectivos díspares daqueles para os quais são concedidos, sob falsos pretextos, são também utilizados por grupos do crime organizado, que transportam milhares de pessoas de uns países para outros, a troco de elevadíssimas quantias. O grau de perfeição revelado na organização do transporte de tantos milhares de pessoas, prova a elevada sofisticação de que dispõem estas associações criminosas que se dedicam a tirar rendimentos do tráfico de pessoas. Também o mercado negro que se cria em torno da angariação de mão-de-obra ilegal se afirma como uma actividade atractiva para as redes de imigração ilegal, que daí retiram facilmente avultados dividendos. Refira-se ainda que estas redes têm membros espalhados por todos os países da União Europeia (desde o país de origem, os de passagem e o de destino), membros estes que controlam toda a viagem, encontrando-se o "engajador" na maior parte das vezes no país de destino dos imigrantes, já bem inserido na sociedade e com relações estabelecidas com empregadores que utilizam mão-de-obra ilegal. Para além disso, estes engajadores têm, normalmente, as mesmas bases étnicas das vítimas exploradas, até porque, muitas vezes, os imigrantes ilegais, para além de todas as dificuldades em atravessar um processo ilícito, se vêem confrontados com dificuldades linguísticas.

Os vistos de turismo são os mais solicitados nas embaixadas e são mais utilizados para a entrada "ilegal" em Portugal, sendo os imigrantes transportados em *"minibus"* das ditas redes com cerca de 10 passageiros e deixados em sítios-chave de Lisboa, onde outros membros os esperam para os encaminhar em território nacional. Também são utilizados camiões, contentores ou vagões de comboios para o transporte dos imigrantes ilegais, sendo estes escoltados pelos engajadores que fazem o reconhecimento das áreas uns quilómetros mais à frente, de forma a evitar a sua detecção. Depois de encaminhados para locais de trabalho que os aguardam ou de abandonados à sua sorte e depois de lhes ter sido extorquida uma quantia em dinheiro pelos membros que os aguardam, os imigrantes recém-chegados acabam por ficar desamparados, com os vistos caducados, excedendo a permanência permitida e sem hipótese de renovação, uma vez que entram no mercado de trabalho de forma ilegal e se sujeitam a ser expulsos do país, se forem descobertos.

As redes criminosas operam com rotas bem definidas, sendo que as mais problemáticas, em termos de transporte de imigrantes ilegais para a União Europeia, são as que introduzem na União Europeia imigrantes oriundos do Oriente (Paquistão, Índia, África Central e China) e de África (Marrocos, África Ocidental e Austral), funcionando os países mediterrânicos como porta de entrada para a União Europeia e plataforma de distribuição para outros países. Também a rota terrestre dos Balcãs tem sido cada vez mais utilizada, graças à proximidade geográfica dos países da União Europeia e à instabilidade política que perpassa por toda a região. Por outro lado, a saída da Europa Central e Oriental, com partida habitual da Ucrânia e atravessando a Polónia como porta de entrada para a Europa Ocidental, tem sido utilizada com mais frequência nos últimos anos, dada a falta de legislação que regulamente este tipo de crime e o elevado nível de corrupção existente no funcionamento das instâncias estatais, além da falta de incentivos sentida por estes países, que nada ganham em implementar um verdadeiro controlo das fronteiras.

Já são do conhecimento dos grupos criminosos os pontos de passagem mais permeáveis à entrada na União Europeia. Assim, para a entrada de imigrantes oriundos da América do Sul, é utilizado, por exemplo, o aero-

128 *Imigração e Criminalidade – Caleidoscópio de Imigrantes Reclusos*

porto de Madrid, sendo que, após a entrada em espaço Schengen, pouco ou nenhum controlo a nível aéreo é efectuado, uma vez que a supressão das fronteiras internas está estabelecida, exceptuando casos pontuais em que é reactivado o controlo das fronteiras, por altura de acontecimentos esporádicos (o caso do casamento do príncipe de Espanha, o Rock in Rio e o Euro 2004, que fizeram restabelecer o controlo das fronteiras em Espanha e Portugal, respectivamente).

A competição de tarifas praticadas pelas companhias aéreas internacionais, a falta de formação dos funcionários das companhias no campo da falsificação documental e a proliferação de rotas internacionais, cada vez maior, além do conhecimento, por parte dos grupos criminosos, dos procedimentos adoptados à chegada de determinados aeroportos europeus pelas autoridades de fronteira que efectuam o controlo documental, proporcionam uma maior facilidade de utilização e com menores riscos, visto que, assim, o imigrante ilegal é instruído para seguir determinado percurso, sendo esporadicamente abordado por vários membros da rede criminosa que o controlam ao longo de todo o processo.

Por outro lado e visando despistar as autoridades, as rotas aéreas escolhidas pelos grupos criminosos para infiltrar os imigrantes ilegais, são de tempos a tempos alteradas, sendo escolhidas algumas rotas ilógicas e indirectas que apenas são detectadas após a entrada de inúmeros ilegais. Estas readaptações das rotas, que só depois de detectadas levam ao aumento do controlo em determinada área, ilustram o grau de operacionalidade e de organização da rede de troca de informações entre estes grupos criminosos.

> "Nessa data [95, princípio de 96], havia um transporte organizado muito preciso, com pontos de apoio, escalas de trânsito e chegada ao destino. A partir do momento que há capacidade de reacção das autoridades, a nível de Leste, nós verificamos que as formas organizadas de transporte de imigrantes se alteram profundamente. E alteram-se no sentido de terem alguma capacidade de defesa na forma como se organizam para não serem, *a priori*, identificadas."

> (Entrevista 5)

O *modus operandi* destas organizações começa normalmente nos países de origem onde os angariadores, através de anúncios nos jornais ou na Internet (cada vez mais utilizada), ou até verbalmente, prometem condições de vida e de trabalho muita acima das expectativas dos potenciais imigrantes. Estes angariadores trabalham geralmente com agências de viagens sediadas nos países de origem que tratam da documentação e viagem dos imigrantes ilegais a troco de elevadas quantias (que se situam entre os 1000€ e os 5000€). A variação dos preços prende-se com o recurso ou não às redes de auxílio à imigração ilegal, que operam em larga escala e que são muitas vezes incentivadas e encobertas por agências de viagens (Público, 4/4/2004). Estas agências de viagens dirigem-se frequentemente às embaixadas solicitando os vistos turísticos, sob o pretexto de viagens turísticas organizadas pelas mesmas, com base em documentos fictícios como a reserva de hotéis ou convites. Quanto aos documentos de viagem (passaportes, sobretudo), os imigrantes viajam com frequência com os seus próprios documentos, quando conseguem aceder a um visto obtido com base em declarações "fraudulentas" nas embaixadas. Em alternativa, são-lhes fornecidos documentos falsos ou contrafeitos, obtidos através da rede criminosa que os compra a preços avultados através de anúncios na Internet ou com recurso a falsificadores conhecidos.

O angariador contacta ou é contactado pelo engajador, que se encontra no país de destino dos imigrantes, combinando os pormenores, nomeadamente os pagamentos, rotas, meios de transporte e o fornecimento de contactos aos imigrantes. Normalmente, os contactos fornecidos são números de telemóvel ao qual corresponde, em geral, o diminutivo de um compatriota que se encarrega de esperar o imigrante em determinado local pré-estabelecido no país de origem. Na maior parte dos casos, o imigrante acaba por desconhecer a identidade de todos os membros do grupo criminoso, pois apenas lhe são fornecidos diminutivos e acaba por ir pagando a cada um dos membros, mediante as diversas etapas que vai percorrendo. Destaque-se a importância dos pontos de ligação estabelecidos ao longo de todo o percurso, locais utilizados pelos grupos mafiosos onde os imigrantes pernoitam em casas "seguras", ou pontos de travessia de fronteiras (no caso de utilização de rotas terrestres) ou determinados terminais de transporte (quando são utilizados vários meios de transporte (aéreos, terrestres e/ou marítimos), de forma a camuflar as rotas e a dificultar as investigações policiais.

Têm sido realizados diversos estudos sobre a insegurança e o crime, em que a relação de pertença étnica e o medo do crime têm sido variáveis analisadas. A grande generalidade das investigações indica que os sujeitos pertencentes a minorias étnicas são mais inseguros (Machado, 2004:46),

130 *Imigração e Criminalidade – Caleidoscópio de Imigrantes Reclusos*

até porque se encontram com frequência ilegalmente nos países onde vivem e se revelam vítimas fáceis destes grupos do crime organizado. As legalizações extraordinárias de imigrantes ilegais ocorridas em diversos países da União Europeia fomentaram, por exemplo, a actividade dos grupos criminosos que se dedicaram, para além da angariação e do processo da viagem (introduzindo novos imigrantes no país), à falsificação de contratos de trabalho e de documentos de instituições públicas, à angariação de cidadãos nacionais para casamentos de conveniência com os cidadãos ilegais, a troco de avultadas quantias, aproveitando-se da situação de fragilidade em que eles se encontram.

2.11. As máfias e o poder económico

> *Crime organizado: "Organização de grupos visando a prática de actividades económicas; laços hierárquicos ou relações pessoais que permitem que certos indivíduos dirijam o grupo; recurso à violência, à intimidação e à corrupção; branqueamento de lucros ilícitos".*

ZIEGLER, 1999

A criminalidade organizada tem vindo a aumentar, sobretudo nos estados europeus, sendo cada vez mais bem sucedida, uma vez que tem beneficiado dos novos meios tecnológicos disponíveis. Analisando, por exemplo, o caso do tráfico de pessoas, constata-se que a Internet tem servido para divulgar os atributos físicos das mulheres traficadas e disponíveis para "comércio", sendo que os autores destes crimes conseguem manter as suas identidades escondidas por detrás de alcunhas e de moradas falsas. Calcula-se que o número de vítimas do tráfico de seres humanos ronde os 2,4 milhões, de entre os 12,3 milhões de pessoas vítimas de trabalho forçado em todo o mundo (Troncho, 2006). Os lucros obtidos através destas actividades criminosas são avultadíssimos. A Organização Internacional do Trabalho (OIT) publicou o já mencionado relatório "Uma Aliança Global Contra o Trabalho Forçado" no qual especifica que os lucros obtidos com a exploração sexual forçada é um dos mais lucrativos, ascendendo aos 27,8 mil milhões de dólares anualmente, sem qualquer custo acrescido. A procura do lucro rápido implica o aparecimento da corrupção, ameaças físicas e chantagem, levando frequentemente os grupos criminosos a formas de actuação mais organizadas, com implicações na vida económica e social e inclusivamente com interferências na administração pública e na justiça. Estes grupos transformam-se em organizações económicas, com uma hierarquia bem definida e com a participação de elementos pertencentes a várias comunidades étnicas localizados em diversos países, de forma a facilitar a mobilidade e a organização das actividades. Criam, assim, uma carapaça de inacessibilidade à intervenção policial, que dificilmente consegue reunir provas suficientes que atinjam todos os elementos da cadeia, sobretudo os que se situam nas hierarquias mais elevadas.

> "Mas a questão da globalização acaba por adensar mais esta nova ideia de criminalidade ou de cenário de novo crime em Portugal. Porque também há o tipo de movimentação das chamadas "bolsas de imigrantes" ou "bolsas de grupos organizados" que estão permanentemente em movimento. Podem, de alguma forma, estar aqui um determinado período de tempo e dar origem a um determinado tipo de registo de crimes e depois sair do país, regressar, ou para Espanha, ou para França, e andar constantemente em movimento."

> (Entrevista 5)

Algumas destas organizações criminosas, pelo seu peso económico, histórico e organizacional controlam alguns países em termos das infra-estruturas mais básicas da vida quotidiana – a Rússia e alguns países africanos (Ziegler, 1999). A globalização da economia permitiu o estabelecimento de grupos criminosos transcontinentais organizados que se dedicam a actividades ilícitas lucrativas, não olhando a meios para atingir os fins, deslocalizando sedes de actividades para países onde a mão-de-obra é mais barata e onde a exploração laboral é mais facilmente levada a cabo. Segundo o já mencionado relatório publicado pela OIT, 12,3 milhões de pessoas são vítimas de trabalho forçado no mundo, 9,8 milhões das quais por parte de empresas e particulares. Os Estados e grupos militares rebeldes obrigam os restantes 2,5 milhões a trabalhar também (Troncho, 2006).

A violência é um dos requisitos necessários para a pertença a organizações criminosas. Estas, mediante a manipulação conseguida através de avultadas somas que fazem mover os mercados financeiros, conseguem corromper figuras políticas, conseguindo tornar-se numa ameaça para os governantes e os tribunais. A crença de que pertencem a um grupo étnico superior a outros mantém a confiança necessária para o sucesso de uma organização criminosa, como, por exemplo, a máfia italiana (Ziegler,

132 *Imigração e Criminalidade – Caleidoscópio de Imigrantes Reclusos*

1999). Por outro lado, a impunidade que advém da ambiguidade legislativa (dificultando a condenação dos actores principais destes crimes), leva a que haja uma proliferação destes grupos.

2.12. Análise dos perfis de actuação das redes criminosas por nacionalidade

Com o intuito de tentar caracterizar da forma mais objectiva possível a forma de actuação das redes criminosas consoante a nacionalidade, foi feito o levantamento de 27 declarações de testemunhas realizados nos anos de 2001 e 2002, de 5 processos-crime transitados em julgado. Estas declarações foram escolhidas aleatoriamente em processos-crime nos quais constasse, pelo menos, o crime de auxílio à imigração ilegal. Foram posteriormente agrupadas pelo local de origem da vítima. Assim, segue-se, em tabela, um resumo dos agrupamentos efectuados:

Impõe-se fazer uma ressalva, na análise deste quadro: os processos-crime envolvem redes cujos elementos exploram, normalmente, vítimas dos mesmos locais de origem. Assim, verifica-se uma aparente maioria de vítimas oriundas do Leste Europeu, não só por ter havido uma entrada muito numerosa destes cidadãos, a partir do ano de 2000, mas também porque as redes criminosas do Leste Europeu começaram a operar em força naquela mesma altura.

Assim, e após a análise das declarações recolhidas, consoante os agrupamentos efectuados, constata-se que as redes criminosas da <u>América Latina</u>, concretamente brasileiras, são constituídas por dois ou três elementos, normalmente familiares ou conhecidos, dos quais metade se encontra no Brasil e os restantes em Portugal, trocando com frequência as posições:

- angariam cidadãos de origem muito humilde, que saem pela primeira vez do Brasil, em busca de melhores condições de vida, através de anúncios nos jornais;
- cobram quantias elevadas às vítimas, ainda no Brasil, para iniciar a viagem para Portugal;
- prometem, ainda no país de origem, a legalização e um posto de trabalho bem remunerado em Portugal;
- organizam a chegada das vítimas a Portugal, através de agências de viagens, normalmente por Madrid, para evitar a confrontação com a polícia portuguesa;

TABELA 2.3. Agrupamento de declarações recolhidas, consoante o local de origem das vítimas

Local de origem, por agrupamento	País	Sexo	Escalão etário (à data do testemunho)
América Latina	Brasil	M	25-39
	Brasil	M	40-59
	Brasil	M	25-39
Leste Europeu	Bielorrússia	M	25-39
	Bielorrússia	M	25-39
	Moldávia	M	25-39
	Roménia	M	25-39
	Rússia	M	25-39
	Rússia	M	40-59
	Rússia	M	25-39
	Rússia	M	40-59
	Ucrânia	M	25-39
	Ucrânia	M	40-59
	Ucrânia	M	25-39
	Ucrânia	M	25-39
	Ucrânia	M	25-39
	Ucrânia	M	25-39
	Ucrânia	M	40-59
	Ucrânia	M	19-24
	Ucrânia	M	19-24
	Ucrânia	M	25-39
África PALOP	Angola	M	25-39
	Angola	M	25-39
	Angola	M	19-24
	Angola	M	25-39
	Guiné-Bissau	M	25-39
	S. Tomé e Príncipe	F	25-39

Fonte: Processos-crime do SEF, 2001-2002

- fornecem a documentação necessária às vítimas, bem como instruções detalhadas de como deverão responder aos elementos do Serviço de Estrangeiros e Fronteiras à chegada aos aeroportos, quando a entrada se faz por Portugal;
- juntam as vítimas em pequenos grupos para viajar de avião, com uma história de cobertura semelhante;

134 *Imigração e Criminalidade – Caleidoscópio de Imigrantes Reclusos*

- contactam o elemento da rede que se encontra em Portugal, o qual espera as vítimas no aeroporto e as transporta, de carro, para uma determinada localidade em Portugal, para trabalharem, cobrando novamente quantias em dinheiro (entre 350€ a 500€), pelos locais e contratos de trabalho, alojamento, alimentação e legalização;
- colocam muitas vítimas a residir em apartamentos exíguos, com poucas condições de habitabilidade e, no caso particular das vítimas do sexo masculino, a trabalhar na área da construção civil;
- fazem com que o elemento que transportou as vítimas do aeroporto para o local de trabalho seja aquele que estabelece contacto com o patrão, normalmente cidadão português (com frequência de origem africana), receba os pagamentos e os distribua pelas vítimas, retirando dividendos de cada uma, antes que ela tenha possibilidade de saber concretamente quais as condições em que trabalha;
- dispõem frequentemente de um angariador (normalmente brasileiro) que recorre aos serviços de outros cidadãos portugueses (advogados, solicitadores, empresários) também envolvidos em esquemas ilícitos, por forma a subtrair mais dinheiro às vítimas em troca da promessa da legalização que o próprio assegura estar a tratar.

Quando a vítima já se encontra mais ambientada e troca informações com outros cidadãos estrangeiros, vítimas de esquemas semelhantes, normalmente procura informar-se da sua situação documental junto das instâncias estatais e verifica que foi enganada.

De notar, ainda, que é frequente as vítimas de origem brasileira colaborarem com as instâncias policiais e não voltarem a saber do paradeiro nem de informações concretas sobre os elementos da rede que os enganaram.

Quanto às redes do <u>Leste Europeu</u>, a actuação processa-se de forma bastante mais organizada:

- o recrutamento das vítimas é efectuado através das inúmeras agências de viagem sediadas nos vários países de Leste, a maioria delas tendo já o contacto de um dos elementos dos muitos grupos criminosos de transporte de pessoas que surgiram em meados dos anos 90;
- são cobradas quantias no país de origem que rondam os 1500 USD por um "pacote" que inclui documentos, vistos, viagens e promessa de trabalho em Portugal;

- as vítimas são transportadas em "minibus", normalmente de 8 a 10 passageiros que não se conhecem e vão sendo largadas em pontos-chave do percurso Leste Europeu-Portugal, mediante as propostas previamente acordadas;
- ao longo do percurso, cada célula da rede vai sendo acompanhada por outros membros da rede, localizados em pontos estratégicos, que fazem protecção contra eventuais membros de outras redes, fazendo manter assim um respeito mútuo pelos negócios uns dos outros.

"Ao longo da deslocação, depois aparecem os funcionários, chamados *Raquets*. *Raquets* eram grupos de intervenção rápida, de índole criminosa, que abordavam as viaturas, normalmente pequenas viaturas (inicialmente grandes autocarros, mas depois chamadas pequenas viaturas), os minibus como lhes chamamos, em termos de calão nosso, particulares, portanto não identificados com qualquer tipo de empresa, que faziam transporte ao longo das estradas desde o cruzamento da fronteira no primeiro país Schengen, Áustria ou Alemanha, e que depois circulavam ao longo dos países do centro da Europa, Schengen também – estamos a falar sempre de Schengen – até chegarem eventualmente ao último destino, que é o canto da Europa, que é Portugal. Ao longo do percurso, havia então intervenção dos *Raquets* que, no fundo, abordavam as viaturas de transporte de imigrantes, com o intuito de recolher de forma violenta parte do dinheiro que eles transportavam. Este controlo era feito sistematicamente, ao longo da viagem. Curiosamente, hoje sabemos que este tipo de controle era exercido de acordo com a liderança dos grupos, ou seja, eram abertos canais para circulação, sobretudo há uns anos atrás, porque de facto eles vieram a diminuir, mas estavam criados e eram abertos canais para circulação das viaturas que pertenciam a determinado grupo. Essas viaturas eram controladas por indivíduos desse grupo. Digamos assim: se aparecesse outro grupo a querer controlar as viaturas, obviamente que, desde que houvesse referência do grupo a que pertenciam, já não havia cobrança.

– *Então estava tudo organizado?*

– Estava tudo perfeitamente definido, perfeitamente organizado. Isto parece uma coisa perfeitamente irreal, mas é verdade: eles sabiam a quem pertenciam as viaturas e os motoristas, por conta de quem estavam. Quando faziam transporte naquela viatura, era identificado o indivíduo, o cabeça, digamos assim, do grupo, e pronto, largavam e já não tocavam, por uma

Imigração e Criminalidade – Caleidoscópio de Imigrantes Reclusos

questão de respeito, de não interferência; um pouco como na droga, se quiser. Nos espaços da droga, para venda e distribuição da droga. "Eu não toco no teu espaço, tu não tocas no meu, estamos combinados". E se tocamos um no outro, há guerra, e muitas vezes houve, vimos por exemplo, cá em Portugal, algumas situações de encontros chamadas "strelcas" entre grupos, quando se desentendiam relativamente ao pagamento de uns para os outros. Houve uma famosa "strelca" do Estoril, que não foi nem mais nem menos do que provocada por um indivíduo que quis cobrar a um outro, porque esse outro tinha ido cobrar a outro. O terceiro indivíduo era pertença, entre aspas, do primeiro. Como o segundo foi cobrar-lhe, o primeiro quis tirar...

– E esse era de que nacionalidade?

– Era um grupo de, sobretudo, ucranianos, o que estava à cabeça tinha ligações ucranianas mas também tinha moldavos. Enquanto que o outro grupo era só de moldavos. O outro indivíduo que estava a ser apertado, estava a pagar ao primeiro grupo. Conclusão: como foi cobrado pelo segundo, fez queixa ao outro que o andava a cobrar e o primeiro foi exigir explicações e houve a tal cena da facada."

(Entrevista 4)

- a entrada pela fronteira processa-se aos fins de semana e de madrugada, para evitar eventuais controlos policiais, sendo as vítimas distribuídas em Portugal por várias cidades previamente acordadas com os membros da rede que as aguardam;
- em Lisboa, são conhecidos os pontos-chave de chegada destas vítimas junto às estações de comboio e rodoviárias principais. Ali, um membro da rede aborda os recém-chegados e transporta-os de imediato para o local onde vão trabalhar e viver;
- acontece também com frequência que, quando é a vítima que tem que estabelecer contacto telefónico com o membro da rede que deverá vir ao seu encontro, é largada à sua sorte sem saber para onde se dirigir ou é vítima da abordagem de membros de outras redes que aguardam recém-chegados sem destino e que os levam para locais isolados (casas de banho) para lhes extorquir o dinheiro que possuem, com actos de violência física;
- quando conseguem o contacto, são levados a fazer diversos percursos, passando por vários membros da rede, dos quais desconhecem as identidades, até chegarem ao destino final. Os documentos

de cada vítima são retidos pelo membro da rede que lhes exige novas quantias em dinheiro para os legalizar ou para lhes devolver os documentos;

- acontece também que as vítimas não fazem quaisquer perguntas, aceitando as condições propostas e começando de imediato a trabalhar. Ao fim de um tempo, quando questionam os membros da rede sobre a legalização ou os documentos, os membros da rede agridem as vítimas fisicamente, ameaçando-as ou às famílias no país de origem, chegando a dizer-lhes que as entregarão à polícia que, asseguram, é conivente com estes negócios ilícitos;
- estas vítimas de Leste, habituadas a regimes corruptos nos países de origem, não confiam na polícia local, raramente colaboram na identificação de membros da rede ou no desmantelamento destes esquemas e, após terem sido longamente exploradas e vítimas de redes criminosas, ou regressam aos países de origem sem nada, pior do que quando chegaram, ou juntam-se a outras redes, acabando por ingressar no mundo do crime;
- alguns conseguem furtar-se a estes esquemas após um longo período de exploração e, após as alterações verificadas na regulamentação de estrangeiros ilegais em Portugal, conseguem os documentos e permanecem em território nacional, a viver e a trabalhar condignamente;
- quando estas redes envolvem o tráfico de mulheres para fins de exploração sexual, o problema adensa-se, uma vez que elas são mantidas em cativeiro, isoladas do contacto social, sem conhecer a língua, sem documentos, sem possibilidade de recorrer a ajuda e levadas periodicamente de um local para outro, para evitar contactos prolongados;
- os membros destas redes de Leste são, com frequência, ex-membros de forças policiais ou de forças armadas, com conhecimentos de armas e artes marciais, fisicamente robustos e ameaçadores.

Na investigação levada a cabo sobre prostituição e tráfico de mulheres para fins sexuais em Portugal, os resultados preliminares apresentados por Madalena Duarte (Portugal Diário, 21/11/2006) permitem classificar as redes de tráfico de mulheres brasileiras de "artesanais", ao passo que as do Leste Europeu são "organizadas e violentas", conforme já foi referido no ponto 2.5. São já vários os grupos criminosos oriundos do Leste

138   *Imigração e Criminalidade – Caleidoscópio de Imigrantes Reclusos*

Europeu (sobretudo com elementos moldavos e ucranianos) que se encontram a cumprir pena de prisão por crimes de associação criminosa, rapto, extorsão, furto, roubo, posse ilegal de arma, auxílio à imigração ilegal e angariação de mão-de-obra ilegal, entre outros, cometidos em Portugal – o conhecido caso "Borman", julgado em 2002, e o "Grupo Ternapol", julgado em 2003, com cerca de 46 condenações cujas penas foram até aos 18 anos de prisão. Actuavam de forma muito organizada, angariando trabalhadores nos países de origem, providenciando os documentos de viagem necessários que lhes eram posteriormente subtraídos, para impossibilitar a fuga das vítimas. Estas eram colocadas em locais de trabalho previamente acordados, sendo-lhes subtraídos mensalmente percentagens dos salários, frequentemente com violência (Correio da Manhã, 03-01-2006).

No que se refere às redes africanas, concretamente dos PALOP, dificilmente poderão ser caracterizadas como redes criminosas. De qualquer forma, a imigração ilegal africana (oriunda dos PALOP) processa-se, segundo os testemunhos analisados, da seguinte forma:

- os cidadãos viajam normalmente munidos de um visto de turismo, a convite de um familiar que já se encontra em Portugal há algum tempo;
- é frequente viajarem com passaportes de familiares que já têm documentação em Portugal, de forma a facilitar a entrada em território nacional;
- ficam alojados com familiares ou em pensões com compatriotas (do mesmo país ou África PALOP) de quem obtiveram contactos, em condições relativamente deficientes e em locais sobrelotados, com outros africanos nas mesmas condições, por períodos de tempo variáveis, até conseguirem encontrar um emprego;
- encontram um local de trabalho por intermédio de familiares, compatriotas, ou empresas de trabalho temporário, sem ter que pagar, para tal, quantias em dinheiro. Estão conscientes, no entanto, de se encontrarem a trabalhar ilegalmente;
- os empregos que encontram são, normalmente, na área da construção civil, trabalhando em subempreitadas, ao dia ou à semana;
- normalmente são burlados pelos patrões, por compatriotas ou cidadãos portugueses que os encaminham para escritórios de advogados ou firmas de legalizações fictícias ou até firmas verdadeiras que, através de contratos "fantasma", lhes prometem a legalização a troco de avultadas somas;

- é comum os membros destas firmas deslocarem-se a bairros periféricos das grandes cidades, sobretudo os de Lisboa, com o intuito de angariarem mais clientes nas mesmas circunstâncias, prometendo a legalização a troco de somas em dinheiro;
- normalmente estas firmas fazem-se valer do contacto de um determinado cidadão oriundo de um país africano de língua oficial portuguesa para angariarem clientes, estabelecerem contactos e entrarem em bairros que se revelam com frequência perigosos;
- quando, *a posteriori* constatam que foram apenas burlados, nada fazem para repor a justiça, receando problemas com a polícia. No entanto, é frequente colaborarem com as polícias, quando solicitados;
- quando envolvidos em esquemas criminosos, estes cidadãos agem com reduzida violência e envolvem-se normalmente em esquemas de falsificação documental.

É necessário ter em atenção que existem outras redes africanas, não PALOP, a operar em Portugal, bastante mais organizadas e perigosas, com ligações ao mundo do crime, nomeadamente as redes da Nigéria que operam no tráfico de mulheres para fins de exploração sexual, e as ganesas, envolvidas em tráfico de drogas e auxílio à imigração ilegal. No entanto, não se sentem ainda muito os efeitos a nível de desmantelamento e condenação destas redes em Portugal, pelo que é bastante difícil estabelecer uma caracterização das mesmas.

"Não se esqueça também da Nigéria, tráfico de mulheres, a burla... nomeadamente a grande dificuldade que há na identificação das mulheres traficadas, com o crime organizado nigeriano... aquele crime organizado que tem extensões tentaculares à própria Rússia, isto a partir do momento, por exemplo, em que depois da queda do muro de Berlim, todos os projectos e relações que os países de África do Terceiro Mundo tinham com a ex-União Soviética, a nível de estudantes, bolseiros, etc... tudo isso foi aproveitado ao nível do crime organizado, para depois, a partir daí, terem os canais perfeitamente acessíveis para a instalação dos seus negócios, da droga... tudo isto tem que ser tomado em conta, embora a realidade nigeriana aqui, esteja a nascer, na minha perspectiva. Daqui a 4 ou 5 anos, a coisa estará mais complicada."

(Entrevista 5)

140 *Imigração e Criminalidade – Caleidoscópio de Imigrantes Reclusos*

No que respeita às redes já existentes (não apenas oriundas dos PALOP), foca-se frequentemente o problema das denominadas "segundas gerações" de imigrantes.

> "Em relação às segundas e terceiras gerações é complicado, não por serem estrangeiros, mas sim por estarem muitas vezes desintegrados da sociedade e do tipo de meio em que vivem, que são quase sempre bairros periféricos, com poucas condições económicas, sociais, etc. e que muitas vezes levam à marginalidade."

(Entrevista 7)

2.13. Um caso concreto – o desmantelamento da rede Bovan

Redes criminosas bem organizadas operam há alguns anos na Europa e em Portugal, como já foi referido. A abordagem e a análise de um caso concreto de uma série de crimes praticados e julgado em Portugal, com bastante impacto na sociedade portuguesa, o caso Bovan, permite verificar, na prática, como se processavam as acções criminosas.

O caso Bovan reporta-se a uma rede de criminosos do Leste Europeu, hierarquicamente organizada e com objectivos bem definidos, que operou em Portugal, em diversos pontos do país (nomeadamente Lisboa e Setúbal, região Centro e Ilhas), entre os anos de 1999 e 2003. Nestes locais, instalaram-se "células" da organização, com uma chefia própria e a distribuição de tarefas de diversa natureza e importância, executadas em nome e no interesse de todos os elementos do grupo, apesar de a liderança de toda a actividade se manter no país de origem, sob a superior orientação e chefia de um dos elementos. A organização, não obstante ser coordenada a partir da República da Moldávia, tinha pontos de angariação de emigrantes em outros Estados da ex-URSS, designadamente da Ucrânia e do Uzbequistão.

O núcleo central deste grupo já se encontrava estruturado e implantado há vários anos na Moldávia, país onde os seus elementos se dedicavam à prática de actos criminosos como extorsão, auxílio à imigração ilegal, roubo, lenocínio, homicídio e outros. Decidiram entretanto expandir-se para fora do território, estendendo a sua actuação a outros países, nomeadamente Portugal, assumindo um grupo transnacional, até porque as actividades criminosas a que se dedicavam implicavam movimentos internacionais.

A organização deste grupo foi sempre liderada a partir da Moldávia, não tendo sido possível, em sede de investigação pelas autoridades portuguesas, identificar e responsabilizar todos os seus membros, apesar da cooperação internacional estabelecida entre vários países intervenientes nesta operação.

> "...o processo Bovan motivou a abertura de um "Analitic Work File" no seio da Europol em Haia que foi até o primeiro "Analitic Work File" aberto por iniciativa de Portugal [tendo aderido ao projecto] países como Alemanha, Itália, Espanha, França (...), Áustria. (...) Soube-se ao nível de Itália que houve algumas operações e uma com grande impacto onde terão sido de alguma forma detidos alguns indivíduos da rede, embora (...) ao nível do topo da hierarquia da rede nunca se tivesse chegado lá."

> (Entrevista 4)

Após uma investigação que envolveu inúmeros elementos, meios e dedicação, o Ministério Público acusou 19 arguidos, todos do sexo masculino, com idades compreendidas entre os 24 e os 45 anos: 11 de nacionalidade moldava, 5 de nacionalidade ucraniana, 2 de nacionalidade russa e um oriundo da Geórgia, em processo comum e com audiência perante um Tribunal Colectivo. Destes, foram condenados 15 por crimes de associação criminosa, extorsão, auxílio à imigração ilegal e angariação de mão-de--obra ilegal.

A actividade exercida por este grupo enquadra-se na forma de actuação das redes do Leste Europeu. O plano de actuação em Portugal vinha, assim, já engendrado pelos líderes do grupo, desde a Moldávia, colocando os restantes elementos em locais estratégicos espalhados pelos diversos países europeus, cada qual com tarefas bem definidas. Este plano envolvia a prévia criação de um clima de terror entre os imigrantes do Leste Europeu que viajavam com destino à União Europeia, designadamente Portugal, fragilizando-os antes ou logo à chegada a Portugal e facilitando assim a subtracção de dinheiro ou outros valores aos mesmos. Sabendo das deficientes condições sócio--económicas dos países de Leste subsequentes ao desmembramento da ex--União Soviética e da oferta de mão-de-obra em Portugal em alguns sectores da actividade económica, designadamente da construção civil, este grupo exerceu uma actividade de recrutamento, introdução e colocação no mercado de trabalho clandestino dos imigrantes de Leste. Para além desta actividade, providenciou a entrada no nosso país de mulheres, nas mesmas condições dos outros imigrantes, destinadas especificamente ao exercício da prostituição, com o intuito de as explorar, obtendo proventos económicos dessa actividade, fazendo-lhes falsas promessas, ainda nos países de origem, de lhes arranjar profissões diferentes, designadamente domésticas.

Recorrendo a um clima de intimidação e terror, empregando a força física, ameaças e intimidação verbal de forma a evitar a resistência, aqueles indivíduos exigiam aos imigrantes o pagamento de determinadas quantias em dinheiro, mensalmente (um imposto) a troco de uma suposta "protecção", sendo os valores resultantes canalizados *a posteriori* para o topo da organização, no país de origem, a Moldávia. As ameaças feitas implicavam não só as ofensas à integridade física e morte dos imigrantes, mas também dos respectivos familiares nos países de origem. Com efeito, um dos métodos utilizados era, após a abordagem dos imigrantes em Portugal (se não fossem recrutados pela rede), por parte de um dos elementos, a tomada de conhecimento dos endereços dos imigrantes nos seus locais de origem e a comunicação posterior a outros elementos da organização nos respectivos países que visitavam os familiares dos imigrantes, dizendo-lhes que seriam assassinados caso houvesse recusa do pagamento em Portugal ou fosse feita alguma denúncia às autoridades portuguesas.

As actividades criminosas incluíam a colaboração de outros indivíduos não totalmente identificados, alguns sediados nos respectivos países de origem, e, designadamente, proprietários ou contactos de agências de viagem e turismo em vários países, convencendo e angariando cidadãos de países do Leste Europeu a viajarem para Portugal. Elcs prometiam aos futuros imigrantes em Portugal, seus compatriotas, que, uma vez em Portugal, lhes arranjariam um trabalho bem remunerado, compatível com a sua especialização e habilitação profissional, com a garantia de obterem autorização de permanência e de trabalho em território nacional. Também se processou a integração de um elemento novo na rede criminosa em Portugal, assim que os líderes se aperceberam de que o mesmo possuía vastos conhecimentos junto das agências de turismo russas e uzbeques, e que já há algum tempo vinha introduzindo, ilegalmente, em território nacional, imigrantes daquelas duas ex-Repúblicas Soviéticas, retirando dessa actividade avultados lucros. Assim, inicialmente, a abordagem feita a este elemento visou a exigência do pagamento de determinada quantia monetária por cada imigrante que introduzisse ilegalmente em Portugal. Posteriormente, e face à sua capacidade de recrutamento e introdução ilegal, em território nacional, de imigrantes, ele, de pleno acordo, foi integrado na organização, aderindo a todos os seus planos e objectivos.

Na mesma actividade, outros dos elementos visitavam regularmente países membros da UE, designadamente a Bélgica, Alemanha, Espanha e Portugal, controlando a angariação e colocação no espaço europeu da UE de imigrantes ilegais do Leste Europeu, fazendo contactos com os membros do grupo, colocados em locais estratégicos.

Em Portugal, havia outros membros da organização que geriam com especial incidência os negócios relativos à angariação de mulheres da Europa de Leste em situação ilegal, destinadas à prática da prostituição, bem como o controlo dessa actividade.

Depois de implantada em Portugal e já em pleno funcionamento, a organização introduziu o arguido Bovan em território nacional, com o intuito de proteger outros elementos da acção de outros grupos, tais como o grupo "Borman" (21 arguidos com um total de 144 anos e seis meses de prisão, dos quais 18 para o principal arguido – Público, 31 de Janeiro de 2003), o grupo "Sasha Sportsman" (grupo organizado do Leste que se dedicava a promover a imigração ilegal, extorsão, roubo e homicídio – Visão, 13-02--2003) ou "Casanova" (rede de angariação de mão-de-obra ilegal, falsificação e crime fiscal com mais de 3000 vítimas imigrantes ilegais de países de Leste e 5,5 milhões de euros de lucros ilícitos apurados – Diário de Notícias, 31/01/2004) – grupos esses já desmantelados pelas autoridades portuguesas e cujos elementos que restavam dessas redes pretendiam infiltrar-se nas zonas de actuação de uma das células da rede Bovan e assim subtrair dinheiro aos imigrantes de Leste que residiam e trabalhavam numa determinada zona do país.

As funções de chefia no âmbito do grupo foram assumidas a partir do exterior e, em Portugal, por um ou dois elementos com cargos hierárquicos mais altos na rede, em chefia comparticipada. Os restantes elementos, colocados nas respectivas células da organização, limitavam-se a cumprir as ordens das chefias, ora esperando e controlando as chegadas a Portugal dos imigrantes, ora obtendo as entregas de dinheiro dos mesmos, não apenas na altura da chegada a território nacional, mas também através do controlo das vítimas, através de visitas mensais aos seus locais de residência ou de trabalho, respectivos, procedendo às cobranças mensais, a cada um

144 *Imigração e Criminalidade – Caleidoscópio de Imigrantes Reclusos*

dos imigrantes que controlavam, de determinadas quantias. Tais cobranças abrangiam não apenas os imigrantes deliberadamente colocados pelo grupo em Portugal, mas também todos os outros imigrantes que residiam em localidades próximas dos primeiros.

O caso começou a ser investigado com base nas declarações de duas cidadãs de nacionalidade lituana angariadas no seu país de origem, com vista à prática de prostituição em Portugal. Estas mulheres tinham recorrido aos serviços de um casal, colaborador da rede criminosa Bovan, que recrutava potenciais imigrantes do Leste Europeu, com promessa de trabalho em Portugal, organizando as viagens em grupo por via terrestre. Foi--lhes prometido o trabalho de "lavagem de loiça" em Portugal. Depois de chegarem a território nacional, com mais oito imigrantes pertencentes ao grupo, estas mulheres foram conduzidas para uma cidade do Centro-Sul e ali "controladas" por indivíduos pertencentes a este grupo organizado de cidadãos provenientes de países do Leste Europeu. As suas vidas passaram a ser controladas e, dias mais tarde, foram levadas para uma casa de diversão nocturna onde foram obrigadas, sem escolha, a praticar actividades de alterne, recebendo quantias fixadas pela rede, sendo que os lucros revertiam para a organização. Perante o facto de ambas pouco falarem português e não estarem a dar lucros satisfatórios, foi-lhes comunicado mais tarde por outro elemento da rede que teriam que manter relações sexuais com os clientes e que, caso se recusassem, seriam vendidas a terceiros para prostituição.

Estas mulheres, juntamente com outra vítima da rede criminosa e com a ajuda de uma cidadã portuguesa, conseguiram ao fim de algum tempo fugir à actuação da rede e denunciar o caso às autoridades portuguesas, que deram início às investigações, culminando assim na detenção e posterior condenação de 15 arguidos. Apesar de tudo, a não comparência em tribunal da maioria das testemunhas e vítimas da acção do grupo, e a negação do conhecimento dos procedimentos criminosos por parte de outras em sede de julgamento, aparentemente por medo das retaliações quer contra si próprias, quer contra os familiares, proporcionaram as baixas penas aplicadas aos condenados, sendo a mais elevada de oito anos e meio para Bovan, procurado na Moldávia por envolvimento num caso de triplo homicídio.

2.14. Síntese

Os estudos nacionais e internacionais sobre o assunto *imigração e criminalidade* parecem demonstrar que não há uma correlação efectiva imigração-crime, mas sim uma série de razões que explicam o envolvimento de determinadas nacionalidades de estrangeiros e imigrantes no mundo do crime, consoante os países de acolhimento e as redes de imigração já criadas, entre outros factores.

> "Isto não quer dizer que a uma nacionalidade corresponda um determinado tipo de actuação. As máfias chinesas, como sabe, têm a sua própria forma de actuação, daí que estabelecermos uma relação entre nacionalidade e tipo de crime também não me pareça ser correcto, embora os números nos possam levar a isso. Eu acho que tem mais a ver com a forma de organização e, se atentarmos um pouco na história das organizações criminosas, todas elas passaram por vários estádios, por várias fases. (...) Agora isto tem a ver com as próprias organizações criminosas, independentemente de serem desta ou daquela nacionalidade."
>
> (Entrevista 6)

As desigualdades sociais reflectem-se nas condições de vida dos países periféricos, não só a nível económico e social, mas também no acesso ao conhecimento e à informação, o que se traduz numa forma de superioridade. O acesso às tecnologias é vedado a um grande número de cidadãos, cerceando-lhes a possibilidade de actuação no espaço internacional, quer a nível individual, quer a nível das instâncias estatais e governativas dos países mais desfavorecidos. Após uma série de ataques terroristas que minaram o mundo, a segurança passou a deter um papel principal em detrimento da privacidade, através da difusão de uma série de métodos de vigilância instalados pelos países mais ricos. A Internet, sendo um meio privilegiado de comunicação, permite que a sua utilização subversiva possa pôr em risco vidas humanas, pelo que foi legislada a penalização dos infractores. A Internet também se revela um meio privilegiado na organização de movimentos xenófobos e veículo de informação criminosa por parte de grupos organizados. Para além de ser possível camuflar identidades através das operações efectuadas pela Internet, as redes que praticam os crimes de auxílio à imigração ilegal e outros conexos, bem como outras actividades ilícitas, servem-se deste meio para pôr em prática um determinado número de acções necessárias à prática de tais crimes.

As redes criminosas são conhecidas por recrutar elementos com altos conhecimentos em informática, de forma a rentabilizar os meios tecnológicos actualmente disponíveis. Neste campo, as autoridades policiais têm-se

146 *Imigração e Criminalidade – Caleidoscópio de Imigrantes Reclusos*

empenhado em utilizar os meios tecnológicos disponíveis, nomeadamente para fins de vigilância electrónica e o desmantelamento de algumas redes criminosas que detectaram a operar através da Internet.

No que respeita aos crimes mais relacionados com a imigração, o crime de auxílio à imigração ilegal aumentou em Portugal desde que este se tornou participante no Espaço Schengen, beneficiando de uma maior prosperidade económico-social. O facto de passar a haver livre circulação no espaço Schengen permitiu às redes criminosas organizar um negócio muito lucrativo, especializando o *modus operandi* de angariação e distribuição de mão-de-obra clandestina e de mulheres para exploração sexual. O *modus operandi* utilizado pelas redes, que é adaptado consoante a nacionalidade de imigrantes traficados e as investigações desenroladas, dificulta a produção de prova. Quando estas redes são investigadas e levadas a tribunal, normalmente só os elementos hierarquicamente menos importantes na rede criminosa são condenados, perdurando assim os cérebros das organizações que, mais tarde, acabam por voltar a impor a sua actuação.

Os conceitos de auxílio à *imigração ilegal* e o *tráfico de pessoas* são confundidos com frequência, uma vez que as fronteiras entre a actuação das redes que se dedicam a ambos os crimes são bastante ténues. O lenocínio é um crime associado ao tráfico de seres humanos com muita frequência, pois uma grande parte dos indivíduos traficados são mulheres exploradas para fins sexuais. O *modus operandi* das redes de tráfico de seres humanos é muito semelhante ao usado pelas redes de auxílio à imigração ilegal, mas é um crime de mais difícil condenação, pelo carácter transnacional e internacional de que se reveste e pela mobilidade das vítimas, que são obrigadas a rodar de país em país, de forma a inviabilizar a sua fuga. A prova nas investigações destes crimes é sobretudo testemunhal, pelo que, mais uma vez, a dificuldade em encontrar vítimas disponíveis para o fazer é muito grande, até porque a protecção que lhes é concedida é muito reduzida.

Outro problema é que as redes de tráfico de seres humanos procuram vítimas cada vez mais jovens, fazendo aumentar os crimes de pedofilia e de propagação de doenças infecto-contagiosas, uma vez que não proporcionam às suas vítimas protecção, nem os cuidados médicos necessários. Há vários casos mediáticos de redes de tráfico de seres humanos que vêm sendo desmanteladas em vários países, actuando, cada uma, de forma muito organizada e específica, consoante os crimes conexos a que se dedica. Em Portugal, também já são conhecidos os perfis de actuação destas redes criminosas, apesar de os seus elementos raramente serem condenados, por falta de provas.

O crime de angariação de mão-de-obra ilegal está frequentemente associado ao de auxílio à imigração ilegal, uma vez que as suas vítimas são levadas a viajar ilegalmente para um país, abandonadas à sua sorte e posteriormente angariadas, já no país de destino, para trabalhar ilegalmente em diversos sectores laborais. A violência e as ameaças obrigam as vítimas ao silêncio perante as autoridades, visto carecerem de direitos pelo seu estatuto de ilegalidade e, muitas vezes, por lhes serem subtraídos os documentos de identificação.

O crime de falsificação de documentos também se encontra associado aos crimes praticados contra os imigrantes, visto ser um meio de camuflar as identidades e proporcionar um documento que permita atravessar as fronteiras de um país, ou um documento para residir e trabalhar legalmente em outro país. Diversos Estados têm vindo a adoptar medidas para a detecção de documentos falsos ou falsificados, nomeadamente os Estados-membros, que têm vindo a tentar implementar medidas uniformes de combate a este tipo de crime.

Os casamentos de conveniência revelam-se um meio de obtenção fraudulenta de documentos noutros países e têm vindo a ser usados por redes criminosas que estabelecem os contactos entre o imigrante e um autóctone interessado, retirando daí avultados lucros. Esta prática já se encontra criminalizada em alguns países, mas a prova é difícil de recolher. Em Portugal, são conhecidas as formas de actuação dos intervenientes nestes negócios, verificando-se um aumento de casamentos mistos nos últimos anos. Os casamentos de conveniência podem camuflar outras actividades criminosas mais perigosas, como o terrorismo e o próprio tráfico de seres humanos, quando as mulheres são traficadas para fins de exploração sexual e conseguem obter documentos através de um casamento fictício.

Em Portugal, já foram desmanteladas algumas redes criminosas bem organizadas (caso Borman, Sacha Sportman e Casanova), sendo o caso Bovan um dos que terminou com resultados positivos de investigações e com condenações efectivas. A rede em causa era liderada a partir da Moldávia e tinha elementos espalhados por toda a Europa, com tarefas bem definidas. Dedicava-se à prática de vários crimes relacionados com o fenómeno migratório. O *modus operandi* em tudo se assemelhava à actuação das redes de Leste, com uma organização detalhada, minuciosa e violenta. Após uma longa investigação, foram condenados 15 dos elementos da rede, apesar de os cérebros da organização terem ficado por identificar.

148   *Imigração e Criminalidade – Caleidoscópio de Imigrantes Reclusos*

Os grupos criminosos dedicados ao auxílio à imigração ilegal aumentaram durante este período de migração maciça para a União Europeia, fazendo despoletar uma série de acordos e tratados internacionais de combate à imigração ilegal e tráfico de seres humanos. A diversificação das nacionalidades de imigrantes em Portugal tornou-se mais evidente com a entrada em vigor da concessão das Autorizações de Permanência, sendo os imigrantes oriundos dos países de Leste os mais numerosos.

As redes de auxílio à imigração ilegal do Leste da Europa revelam-se bastante organizadas e representam um problema para Portugal que, inserido no espaço Schengen, se viu obrigado a adoptar medidas repressivas deste fenómeno. Os lucros provenientes de negócios ilícitos da imigração ilegal e tráfico de seres humanos atraem as redes que operam com grande organização e interferem na economia dos Estados. Os membros das redes criminosas têm um *modus operandi* bem estudado, com rotas bem definidas e pontos de passagem já escolhidos e readaptando-os com regularidade, de forma a despistar as autoridades policiais. A sua forma de actuação inclui outras actividades criminosas como a extorsão, ofensas à integridade física, sequestro, raptos e falsificação de documentos, entre outros.

A criminalidade organizada tem aumentado nos últimos anos, sobretudo na área do tráfico de seres humanos, cujos lucros ascendem anualmente aos 27,8 mil milhões de dólares. A actuação das redes criminosas é diferente consoante a nacionalidade predominante de cada grupo, sendo possível estabelecer características comuns nas redes brasileiras, do Leste Europeu e na forma de actuação da imigração ilegal africana (PALOP). A globalização da economia permitiu que estes grupos criminosos operassem a nível internacional, com uma hierarquia bem definida e com grande violência.

Os Estados-membros da UE, apercebendo-se desta realidade, têm tentado implementar medidas práticas de combate ao crime organizado, criando, por exemplo, o papel de Oficial de Ligação, responsável pelo estudo *in loco* da realidade de cada país de risco e reforçando os laços de cooperação internacional, sobretudo através da harmonização de procedimentos da criação de organismos de justiça nos diversos países e com uma coordenação centralizada.

> "O papel do Oficial de Ligação, basicamente é dar apoio e fazer a ponte de ligação entre Portugal e, no meu caso, Brasil. Sendo, neste momento, o Brasil um país de origem, de imigração ilegal e tráfico de seres humanos,

e Portugal um país de destino, o papel do Oficial de Ligação é estar junto da Embaixada ou do Consulado, ajudar a representação diplomática onde está inserido, dar o apoio necessário na parte consular e mais importante do que isso, diria eu, é estar junto das autoridades brasileiras. Portanto é um relacionamento directo com as polícias locais, tentar fazer ou participar em todos os fóruns em que sejam discutidos estes assuntos, mostrar a posição de Portugal e da União Europeia, reunir com os seus pares da União Europeia e os outros, enfim, polícias, normalmente, ou Oficiais de Ligação que tratam destas matérias e tentar de alguma forma ajudar a combater este tipo de fenómeno, seja preventivamente ou então, se não for possível, então que se façam acções e investigação conjuntas para que a informação flua de uma forma mais rápida onde tenha que ser necessária – cartas rogatórias e etc. – portanto a informação inicial que se possa trocar de uma forma mais célere de maneira a tentar combater o fenómeno de imigração ilegal e do tráfico de seres humanos. (...) Se as autoridades brasileiras antigamente consideravam que as mulheres brasileiras que vinham para Portugal eram todas forçadas, enganadas, não sabiam ao que vinham, vinham para trabalhar não sei onde, chegavam cá e eram amarradas ao pé da cama e forçadas, hoje em dia já têm a noção que não é bem assim."

(Entrevista 7)

3. OS RECLUSOS ESTRANGEIROS EM PORTUGAL

NOTA PRÉVIA

Existe um leque muito variado de crimes ligados aos reclusos estrangeiros em situação prisional. Para clarificar e tipificar estes crimes e os seus respectivos conteúdos, proceder-se-á a uma breve síntese explicativa por tipos de crime e por escalões de escolaridade.

TIPOS DE CRIME

Os tipos de crime que levaram cidadãos estrangeiros à situação de reclusão foram maioritariamente agrupados segundo as estipulações do Código Penal de 1995, mencionando-se também os crimes relativos ao Código Penal de 1982, consoante a altura em que os reclusos tenham dado entrada nos estabelecimentos prisionais. Da totalidade dos crimes incluídos nestes grupos (cuja lista detalhada é apresentada a seguir), alguns mereceram uma observação mais pormenorizada, constituindo crimes que foram individualizados do Código Penal ou de legislação avulsa, por se prenderem directamente com a imigração (tráfico de pessoas, lenocínio, extorsão, associação criminosa, organizações terroristas, associação de auxílio à imigração ilegal, auxílio à imigração ilegal).

Assim, e ao longo do presente capítulo, surgirão diferentes gráficos e notas explicativas referentes a 24 grupos/crimes, segundo a lista que se apresenta seguidamente:

Crimes contra a vida
Crimes contra a integridade física
Crimes contra a liberdade pessoal
Crimes contra a liberdade sexual
Crimes contra a autodeterminação sexual
Tráfico de pessoas
Lenocínio

152 *Imigração e Criminalidade – Caleidoscópio de Imigrantes Reclusos*

Crimes contra a honra
Crimes contra a propriedade
Crimes contra o património em geral
Extorsão
Falsificação de documentos
Falsificação de moeda, título de crédito e valor selado
Crimes de perigo comum
Associação criminosa
Organizações terroristas
Crimes contra a realização de justiça
Outros
Tráfico e outros crimes relacionados com drogas
Detenção ilegal de arma de defesa
Associação de auxílio à imigração ilegal
Auxílio à imigração ilegal
Angariação de mão-de-obra ilegal
Crime desconhecido do EP

Refira-se, ainda, que há crimes que apenas constam na lista de reclusos de 2005, facto este mencionado na lista detalhada. Também foram individualizados alguns crimes da legislação avulsa, para se poder estudar a hipótese de haver ou não correspondência específica de tais crimes com algumas nacionalidades.

Os dados estatísticos aqui apresentados baseiam-se maioritariamente nas listagens fornecidas pela DGSP e recolhidas a partir do Sistema de Informação Prisional (SIP). Uma nota para os "Crimes desconhecidos do EP" (Estabelecimento Prisional): estes crimes correspondem aos que nunca foram mencionados nos mandados de condução dos reclusos aos estabelecimentos prisionais. A DGSP informou que, por vezes, há cidadãos que são conduzidos aos estabelecimentos prisionais sem a menção relativa aos crimes que lhes são imputados, referindo apenas o tempo que deverão permanecer em reclusão; isto dificulta tanto o tratamento a dar ao recluso (nomeadamente nos cuidados a ter quanto à prevenção de suicídios), quanto o registo informático dos campos referentes a estes dados. Outras vezes, são apenas referidos os artigos do Código Penal correspondentes aos crimes imputados/cometidos aos/pelos futuros reclusos nos mandados emitidos pelos juízes, o que dificulta ou inviabiliza a sua especificação (uma vez que os funcionários que preenchem os formulários de recepção dos reclusos não são necessariamente licenciados em Direito e, por isso, conhecedores dos artigos do Código Penal). Por outro lado, também há casos em que são os próprios reclusos que informam os funcionários que os recebem dos crimes que lhes são imputados ou pelos quais foram condenados, sendo estes que passam a constar na lista da DGSP.

Lista detalhada dos crimes mencionados no presente capítulo:

Código Penal 1995 (e 1982):
Crimes contra as pessoas:

– Crimes contra a vida
Homicídio (art. 131.º C.P.95)
Homicídio art. 131 C.P.82
Homicídio na forma tentada
Homicídio por negligência (art. 137.º C.P. 95)
Homicídio por negligência art. 136 C.P.82
Homicídio privilegiado (art. 133.º C.P. 82)
Homicídio qualificado (art. 132.º C.P. 82)
Homicídio qualificado (art. 132.º C.P. 95)

– Crimes contra a integridade física
Maus tratos ou sobrecarga de menores, de incapazes ou do cônjuge
    art. 152 (Código Penal 95)
Ofensa à integridade física grave art. 144 (Código Penal 95)
Ofensa à integridade física qualificada art. 146 (Código Penal 95)
Ofensa à integridade física simples art. 143 (Código Penal 95)
Ofensas corporais agravadas art. 143 C.P.82
Ofensas corporais com dolo de perigo art. 144 C.P.82
Ofensas corporais simples art. 142 C.P.82
Ofensa à integridade física por negligência art. 148 (Código Penal
    95) (2005)

– Crimes contra a liberdade pessoal
Ameaça art. 153 (Código Penal 95)
Coacção art. 156 C.P.82
Coacção art. 154 (Código Penal 95)

Coacção grave art. 155 (Código Penal 95)
Escravidão art. 159 (Código Penal 95)
Rapto art. 160 (Código Penal 95)
Rapto art. 162 C.P.82
Rapto de menor art. 163 C.P.82
Sequestro art. 158 (Código Penal 95)
Sequestro art. 160 C.P.82
Crimes contra a liberdade e autodeterminação sexual

– Crimes contra a liberdade sexual
Abuso sexual de pessoa incapaz de resistência art. 165 (Código Penal
    95)
Coacção sexual art. 163 (Código Penal 95)
Violação art. 164 (código penal 95)
Violação art. 201 C.P.82

– Crimes contra a autodeterminação sexual
Abuso sexual de crianças art. 172 (Código Penal 95)
Actos homossexuais com adolescentes art. 175 (Código Penal 95
Abuso sexual de menores dependentes art. 173 (Código Penal 95)
    (2005)

– Tráfico de pessoas (art. 169 CP 95)

– Lenocínio
Lenocínio art. 170 (Código Penal 95)
Lenocínio e tráfico de menores art. 176 (Código Penal 95)

– Crimes contra a honra
Difamação art. 164 C.P.82
Difamação art. 180 (Código Penal 95)
Injúria art. 181 (Código Penal 95)
Injúrias art. 165 C.P.82

Crimes contra o património
– Crimes contra a propriedade
Abuso de confiança art. 205 (Código Penal 95)
Dano art. 212 (Código Penal 95)

Dano art. 308 C.P.82
Dano com violência art. 214 (Código Penal 95)
Dano qualificado art. 213 (Código Penal 95)
Furto art. 203 (Código Penal 95)
Furto art. 296 C.P.82
Furto de uso de veículo art. 208 (Código Penal 95)
Furto qualificado art. 204 (Código Penal 95)
Furto qualificado art. 297 C.P.82
Furto, roubo, abuso de confiança e burla (Código de Justiça Militar)
Roubo art. 210 (Código Penal 95)
Roubo art. 306 C.P.82 (2005)
Violência depois de subtracção art. 211 (Código Penal 95)
Furto, roubo, abuso de confiança e burla (Código de Justiça Militar)
    (2005)

– Crimes contra o património em geral
Abuso de cartão de garantia ou de crédito art. 225 (Código Penal 95)
Burla agravada art. 314 C.P.82
Burla art. 217 (Código Penal 95)
Burla art. 313 C.P.82
Burla informática e nas comunicações art. 221 (Código Penal 95)
Burla para obtenção de alimentos, bebidas ou serviços art. 220 (Códi-
    go Penal 95)
Burla qualificada art. 218 (Código Penal 95)
Burla relativa a trabalho ou emprego art. 222 (Código Penal 95)

– Extorsão
Extorsão art. 223 (Código Penal 95)
Extorsão art. 317 C.P.82
Extorsão de documento art. 318 C.P.82

Crimes contra a vida em sociedade
Crimes de falsificação

– Falsificação de documentos
Danificação ou subtracção de documento e notação técnica Art. 259
    (Código Penal 95)
Falsificação de documentos (art. 228.º CP 82)

Falsificação de documentos (art. 256.º CP 95)
Uso de documento de identificação alheio art. 261 (Código Penal 95)
Uso de documento de identificação alheio art. 235 C.P.82 (2005)
Falsificação de notação técnica (art. 258.º) CP 95 (2005)

– Falsificação de moeda, título de crédito e valor selado
Contrafacção de moeda art. 236 C.P.82
Contrafacção de moeda art. 262 (Código Penal95)
Passagem de moeda falsa art. 241 C.P.82
Passagem de moeda falsa art. 265 (Código Penal 95)
Passagem de moeda falsa de concerto com o falsificador art. 264 (Código Penal 95)
Contrafacção de selos, cunhos, marcas ou chancelas (art. 269.º CP 95) (2005)
Aquisição de moeda falsa para ser posta em circulação art. 266 (Código Penal 95) (2005)

– Crimes de perigo comum
Armas proibidas, engenhos ou substâncias explosivas art. 361 C.P.82
Armas, engenhos, materiais explosivas e análogas art. 260 C.P.82
Incêndio art. 253 C.P.82
Incêndios, explosões e outras condutas especialmente perigosas art. 272 (Código Penal 95)
Propagação de doença, alteração de análise ou de receituário art. 283 (Código Penal 95)
Substâncias explosivas ou análogas e armas Art. 275 (Código Penal 95)

Crimes contra a ordem e a tranquilidade públicas
– Associação criminosa
Associação criminosa art. 299 (Código Penal 95)
Associações criminosas art. 287 C.P.82
Associação criminosa art. 89 (Lei 15/2001)

– Organizações terroristas
Organizações terroristas art. 300 (Código Penal 95)
Terrorismo art. 301 (Código Penal 95)
Crimes contra o Estado

– Crimes contra a realização de justiça

Falsidade de depoimento ou declaração art. 359 (Código Penal 95)

Falso depoimento de parte art. 401 C.P.82

Falso testemunho, falsas declarações, perícia, interpretação ou tradução art. 402 C.P.82

Favorecimento pessoal art. 367 (Código Penal 95)

– Outros

Agravação art. 177 (Código Penal 95)

Alteração de receituário art. 275 C.P.82

Coacção de funcionários art. 384 C.P.82

Condução de veículo em estado de embriaguez art. 292 (Código Penal 95

Condução de veículo sem habilitação legal art. 2 (Dec.-Lei 2/98)

Condução de veículo sem habilitação legal n .º1 do art. 3 (Dec.-Lei 2/98) (2005)

Condução de veículo sem habilitação legal n.º 2 do art. 3.º (Dec.-Lei 2/98) (2005)

Condução perigosa de veículo rodoviário art. 291 (Código Penal 95)

Corrupção activa art. 374 (Código Penal 95)

Corrupção activa art. 423 C.P.82

Crime de emissão de cheque sem provisão art. 11 (Dec.-Lei 316/97)

Desobediência art. 348 (Código Penal 95)

Evasão art. 352 (Código Penal 95)

Introdução em casa alheia art. 176 C.P.82

Introdução em lugar vedado ao público art. 191 (Código Penal 95)

Ofensa a funcionário art. 385 C.P.82

Omissão de auxílio art. 200 (Código Penal 95)

Omissão de auxílio art. 219 C.P.82

Outros

Profanação de cadáver ou de lugar fúnebre art. 254 (Código Penal 95)

Receptação Art. 231 (Código Penal 95)

Receptação art. 329 C.P.82

Resistência e coacção sobre funcionário art. 347 (Código Penal 95)

Violação de proibições ou interdições art. 353 (Código Penal 95)

Falsas declarações art. 37 (Lei 12/91)

Fraude qualificada art. 104 (Lei 15/2001)

158   *Imigração e Criminalidade – Caleidoscópio de Imigrantes Reclusos*

Abuso de designação, sinal ou uniforme art. 307 (Código Penal 95) (2005)
Uso porte armas subs. eng. explosivos pirotécnicos em recintos púbs. art. 1 (Lei 8/97) (2005)
Peculato art. 375 (Código Penal 95) (2005)
Violação de domicílio (art. 190.º CP 95) – 2005
Falsidade informática art. 4 (Lei 109/91 (2005)
Coacção de funcionários art. 384 C.P.82 (2005)

* * *

Decreto-Lei n.º 15/93, de 22 de Janeiro (Tráfico e Consumo de Estupefacientes e de Substâncias Psicotrópicas

– Tráfico e outros crimes relacionados com drogas
Agravação art. 24 (Dec.-Lei 15/93)
Associações criminosas art. 28 (Dec.-Lei 15/93)
Consumo art. 40 (Dec.-Lei 15/93)
Conversão, transferência ou dissimulação de bens ou produtos art. 23 (Dec.-Lei 15/93)
Desobediência qualificada art. 33 (Dec.-Lei 15/93)
Incitamento ao uso de estupefacientes ou substâncias psicotrópicas art. 29 (Dec.-Lei 15/93)
Outras actividades ilícitas art. 21 (Dec.15/93)
Traficante consumidor art. 25 DL 430/83
Traficante consumidor art. 26 (Dec. Lei 15/93)
Tráfico de menor quantidade (art. 25 Dec Lei 15/93)
Tráfico de quantidades diminutas (art. 24.º Dec Lei 430/83)
Tráfico e actividades equiparadas (art. 23 DL 430/83)
Tráfico e consumo em lugares públicos ou de reunião art. 30 (Dec.-Lei 15/93)
Tráfico e outras actividades ilícitas (art. 21.º) Dec-Lei 15/93

* * *

– Detenção ilegal de arma de defesa
Detenção ilegal de arma de defesa art. 6 (Lei 22/97)

* * *

Decreto-Lei 244/98 de 8 de Agosto
– Associação de auxílio à imigração ilegal (art. 135 DL 244/98)
– Auxílio à imigração ilegal (134.º DL 244/98)
– Angariação de mão-de-obra ilegal (art. 136.º A Dec-Lei 4/2001)

* * *

– Crime desconhecido do EP

ANOS DE ESCOLARIDADE

Quanto às estatísticas referentes à escolaridade, os dados foram inicialmente individualizados mediante a contagem dos anos de escolaridade calculados para cada menção referida no item "Hab. Literárias" constante da tabela fornecida pela DGSP e posteriormente agrupados em 3 escalões: primário, secundário e superior, conforme a lista que se segue:

TABELA 3.1. **Habilitações literárias dos reclusos (critérios escolhidos)**

Hab. Literárias constantes na listagem cedida pela DGSP	Cálculo em anos de escolaridade	Agrupamento em escalões de escolaridade
Desconhecidas do EP	0 anos	Ensino Primnário
Analfabeto	0 anos	
1.º Ano (1.º Ciclo)	1 ano	
Sabe Ler e Escrever	2 anos	
2.º Ano (1.º Ciclo)	2 anos	
3.º Ano (1.º Ciclo)	3 anos	
4.º Ano (1.º Ciclo)	4 anos	
5.º ano (2.º Ciclo)	5 anos	
6.º ano (2.º Ciclo)	6 anos	
7.º ano (3.º Ciclo)	7 anos	
8.º ano (3.º Ciclo)	8 anos	
9.º ano (3.º Ciclo)	9 anos	Ensino Secundário
10.º ano (Ensino Secundário)	10 anos	
11.º ano (Ensino Secundário)	11 anos	
12.º ano (Ensino Secundário)	12 anos	
Curso Técnico-Profissional	12 anos	

160 *Imigração e Criminalidade – Caleidoscópio de Imigrantes Reclusos*

Frequência Universitária	13 anos	
Bacharelato	15 anos	
Licenciatura	16 anos	Ensino Superior
Mestrado	18 anos	
Doutoramento	23 anos	

Fonte: Tabela "Lista de reclusos por nacionalidade, sexo, idade e habilitações literárias, pena e crime a 31-12-2002 e 31-12-2005". Critérios escolhidos pela autora.

3.1. Introdução

O mundo em que vivemos tem sofrido alterações significativas ao longo dos últimos anos. A globalização da informação amplificou, de alguma forma, a percepção que se tem do mundo, evidenciando as diferenças e desigualdades entre os povos do mundo, no que respeita ao aspecto económico e sociocultural.

Com a progressiva melhoria das condições de viagem e das telecomunicações difundidas por quase todo o mundo, os fluxos migratórios oriundos de países mais desprovidos económica e socialmente foram-se fixando em países que ofereciam melhores condições de vida. Assim, países como Portugal, tradicionalmente "exportadores" de mão-de-obra barata, conheceram a nova realidade da imigração, sendo este um fenómeno ainda bastante recente. Com ele, surgiram novos problemas aos quais a sociedade portuguesa não se encontrava apta a responder: a inserção dos imigrantes no mercado de trabalho, a qualificação das suas credenciais profissionais, o seu alojamento, a sua integração na sociedade, etc.

A par das transformações sofridas em Portugal, como os recentes investimentos de capitais oriundos da União Europeia, utilizados sobretudo nas obras públicas e na construção civil, o mercado de trabalho português, abundante em ofertas de trabalho, deparou-se com falta de trabalhadores, o que veio reforçar os movimentos migratórios que se tinham começado a fazer sentir no início dos anos 90. Assistiu-se então a um novo fenómeno: a imigração ilegal, problema com o qual os outros países membros da União Europeia já se debatiam há alguns anos. "Os imigrantes clandestinos são a imagem mais crua do que é a Europa: uma zona rica onde se encontra trabalho, uma réplica das desigualdades económicas mundiais" (Wolton, 2004:167). Incapazes de resolver um problema tão complexo e que envolvia milhares de vítimas exploradas diariamente por redes criminosas difundidas a nível internacional, os países membros da União Europeia uniram esforços, tentando definir políticas de regulação da imigração no espaço europeu e políticas de combate à imigração ilegal.

Em Portugal, a realidade criminal, tema de eleição dos meios de comunicação social, como já foi anteriormente exposto, começou a proporcionar notícias de crimes relacionados com a imigração, envolvendo os próprios imigrantes, quer como vítimas, quer como transgressores. Com notícias apresentadas de uma forma pouco profunda e com dados escassos, a polémica foi instalada e é frequentemente substanciada pelo facto de a percentagem de reclusos estrangeiros em Portugal ser três vezes maior do que o número de imigrantes a residir legalmente em Portugal.

3.2. O panorama criminal em Portugal

O crime e as circunstâncias que o rodeiam e o fazem despoletar, como a violência, constituem um problema com o qual a sociedade se debate. Nos últimos anos, a criminalidade tem sido um dos temas de eleição dos meios de comunicação social e objecto de debate político e público, não por se afirmar como um fenómeno novo, mas por revelar a expectativa das grandes massas sobre o bom funcionamento da Justiça, no sentido de reforçar sentimentos de segurança. Não é isto que acontece sempre: o reverso da medalha aparece, em determinadas alturas, quando certo tipo de actuação criminosa é explorado, arrastando-se no tempo e provocando sentimentos gerais de insegurança, o que, de certa forma, fomenta a alteração de políticas criminais com o objectivo de sarar a ansiedade instaurada. Na verdade, este assunto há muito transpôs a esfera das instituições policiais e hoje, mais do que nunca, implica uma abordagem multi-institucional e comunitária.

Os debates sobre o crime nem sempre têm sido fundamentados com elementos objectivos e fidedignos que proporcionem a identificação das mais relevantes características e tendências da realidade criminal. Este facto leva, por vezes, ao despoletar de concepções alarmistas e desajustadas que implicam, consequentemente, a tomada de medidas urgentes e duras contra o crime (como por exemplo o endurecimento das penas de prisão relativamente aos crimes associados à droga, de que nos dá conta o estudo efectuado por Hugo de Seabra – Seabra, 1999).

A criminalidade pode ser encarada como uma resposta a determinadas tensões ou pressões sociais motivadas, entre outras, por razões de conflito étnico-cultural. Se estas tensões forem identificadas e posteriormente aprofundadas, poder-se-á mais facilmente vislumbrar algumas soluções e lutar de forma a prevenir determinado tipo de crimes. Caso contrário, poder-se-á cair num ciclo vicioso em que a insegurança dá lugar ao medo e à desconfiança e, consequentemente, à diminuição da sociabilidade e da solidariedade social (que, por seu lado, levará à intolerância, à generalização e, novamente, a tensões sociais).

Portugal apresenta uma estrutura de criminalidade semelhante à da maioria dos países da União Europeia, tendo, no contexto da Europa e da generalidade das sociedades "ocidentais", taxas pouco elevadas, apesar de as estatísticas da Justiça penal revelarem que o número de condenados entre 1992 e 2001 ter quase duplicado (mais 99,5%) (Seabra, 1999). No entanto, a incidência dos crimes contra bens patrimoniais, nas áreas metropolitanas de Lisboa e do Porto, é igual ou superior à incidência em algumas regiões dos países da União Europeia. Uma particularidade da sociedade portuguesa é a baixa incidência de ofensas corporais e de ameaças, comparativamente aos restantes países da União Europeia, havendo ao mesmo tempo uma incidência relativamente alta de homicídios voluntários. Na medida em que estes crimes contra a integridade das pessoas constituem indicadores dos níveis de conflituosidade existente, tal facto indica que "os menores níveis de conflituosidade da nossa sociedade tendem a traduzir-se, com mais frequência, em crimes mais violentos" (Ferreira, 1998).

Os dados da realidade criminal em Portugal são relativos e, por isso, corre-se o risco de se fazerem análises nem sempre tão consistentes como se impõe – ou seja, segundo Eduardo Viegas Ferreira (Ferreira, 1998), não se pode referir apenas uma realidade criminal, mas várias, devendo para tal ter-se em conta que o crime poderá ser encarado sob múltiplas perspectivas:

- os crimes que efectivamente provocaram vítimas;
- os crimes declarados em inquéritos de vitimação;
- os crimes participados às polícias;
- os crimes que vão a julgamento;
- os crimes com condenações;
- os crimes divulgados pela comunicação social;
- os crimes que nunca são divulgados.

Dado o contexto cultural português, em que ainda prevalece a tolerância relativamente a determinados tipos de crime (os que derivam do alcoolismo, por exemplo) e, de certa forma, a descredibilidade de que, por vezes, são alvo as instituições, é natural que apenas uma parte dos crimes cometidos em Portugal chegue ao conhecimento quer da Polícia, quer do Ministério Público, quer dos Tribunais (a exemplo do que aconteceu em 1994, ano em que apenas 28% do total dos crimes chegou ao conhecimento destas entidades – Ferreira, 1998). Para isso contribuirá o facto de frequentemente as vítimas se sentirem reticentes e até invadidas por sentimentos de vergonha e receio (nomeadamente no que diz respeito aos crimes sexuais), fruto do medo que sentem da exposição pública de aspectos íntimos e de uma provável futura exclusão social. Da mesma forma, muitas vítimas acabam por nunca participar os crimes de que são vítimas por receio de futuras represálias, uma vez que os agressores são, com frequência, familiares ou amigos muito próximos da família.

A partir das estatísticas existentes relativas aos crimes registados pelas autoridades policiais e do número de reclusos existentes, já é possível tentar traçar-se um perfil da criminalidade portuguesa entre os anos 90 e o início do século XXI. Apesar de tudo, deixa-se uma ressalva para todos os elementos que envolvem a problemática do crime e sem os quais pouco se poderá inferir, como refere Barra da Costa (Costa, 1999).

Além do mais, deve olhar-se com algum cuidado para a imagem da criminalidade portuguesa conseguida através do número de crimes registados pelas autoridades policiais, uma vez que ela difere da que se consegue obter através dos dados dos reclusos, já que uma parte substancial da criminalidade não chega a ser julgada ou não resulta em privação de liberdade dos arguidos. Assim, obtêm-se dois panoramas que, apesar de manterem as grandes linhas de incidência dos crimes, diferem entre si.

Na generalidade, entre os anos de 93 e 95, a maioria dos crimes que chegaram ao conhecimento da Polícia ou do Ministério Público revestiu a forma de acções contra o património (67%), seguida de crimes associados a uma maior violência contra as pessoas, incidindo sobre o ataque à integridade física ou psicológica das pessoas (22% do total de crimes registados pelas instituições policiais) e, por último, com menos de 11% dos registos, os crimes contra a vida em sociedade. Relativamente aos anos de 2003 e 2004, mantêm-se as tendências dos anos anteriores, constituindo os crimes contra o património, no ano de 2004, 57,3% – menos 0,7% do que no ano anterior (Relatório de Segurança Interna de 2004). No que respeita aos crimes contra as pessoas registados em 2004, eles constituíram 22,5% das participações a nível nacional, verificando-se um decréscimo de 6,3% relativamente ao ano anterior. Os crimes contra a vida em sociedade em

2004 revelaram um acréscimo de participações relativamente ao ano anterior, constituindo 11,1% da totalidade da criminalidade registada.

Assim, é possível constatar que os crimes contra o património se destacam, seguidos dos crimes contra as pessoas e dos crimes contra a sociedade. Relativamente aos crimes relacionados com estupefacientes, tem-se verificado, ao longo dos últimos anos, um número menor de registos e, ao mesmo tempo, um número mais elevado de reclusos condenados por estes crimes. Eventualmente será porque os crimes relativos a estupefacientes têm uma moldura penal bastante grande, obrigando os reclusos a permanecer vários anos na cadeia, não devendo esse número ser contabilizado em relação apenas ao ano anterior. No ano de 2004[32], o número de registos destes crimes é relativamente elevado, conforme se pode observar pelo gráfico 3.1.

GRÁFICO 3.1. **Crimes registados pelas autoridades policiais em 2004, por grandes categorias**

Fonte: Estatísticas da Justiça

---

[32] Foi escolhido o ano de 2004 para fazer a apresentação detalhada da criminalidade registada, uma vez que os dados disponíveis mais recentes se reportam a este ano. No entanto, em alguns gráficos são acrescentados dados de 2005, constantes do Relatório de Segurança Interna (RSI), de forma a completar, dentro dos dados disponíveis, a informação apresentada.

Em contrapartida, a partir de 2000 e até 2004, poder-se-ia inferir que houve um pequeno aumento da criminalidade em geral, segundo os crimes registados pelas autoridades policiais, apesar de pouco relevante e de manter as tendências anteriores. No ano de 2005, constata-se uma descida global da criminalidade com menos 22352 registos de crimes do que em 2004 (Relatório de Segurança Interna de 2005).

A tendência de prevalência dos crimes participados contra o património, crimes contra as pessoas e crimes contra a vida na sociedade, continua a manifestar-se na realidade criminal portuguesa, com o maior número de registos. Se atentarmos para o gráfico 3.2., poder-se-á concluir que no ano de 2004 os crimes contra o património continuam em primeiro lugar, constituindo 55,9 % do total dos crimes registados pelas autoridades policiais, seguidos dos crimes contra as pessoas (21,9%), dos crimes contra a vida em sociedade (10,9%) e dos crimes contra o Estado, com 1,3%. Não se verificou, portanto, qualquer alteração significativa relativamente aos anos anteriores. Em 2005, a tendência mantém-se, apesar de as percentagens variarem ligeiramente.

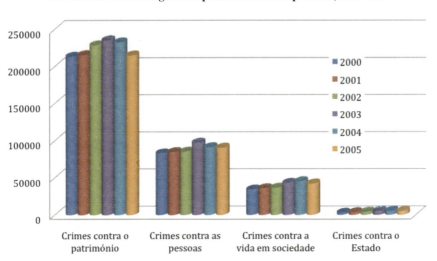

GRÁFICO 3.2. **Crimes registados pelas autoridades policiais, 2000-2004**

Fonte: Estatísticas da Justiça

Crimes contra o património

Sendo os crimes contra o património os que maior relevo têm assumido na realidade portuguesa, importa observar, segundo os dados disponíveis, o aumento / decréscimo do registo dos mesmos ao longo dos últimos anos.

GRÁFICO 3.3. **Crimes contra o património registados em Portugal, entre 1993 e 2004**

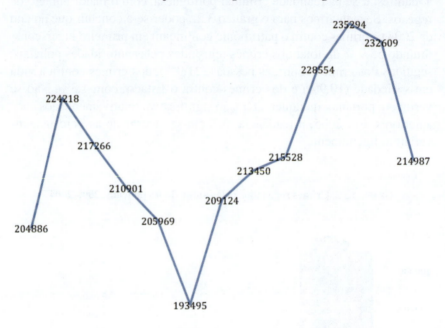

1993 1994 1995 1996 1997 1998 1999 2000 2001 2002 2003 2004 2005

Fonte: Estatísticas da Justiça

Verifica-se que, de uma forma geral, o registo de crimes contra o património tem demonstrado algumas oscilações ao longo dos anos em análise. De 2003 até 2005, constata-se um movimento de decréscimo dos registos dos crimes pertencentes a esta categoria.

Tomando em consideração os dados referentes aos crimes registados pelas autoridades policiais em 2004, é possível constatar que, nos crimes contra o património, se destacam os crimes contra a propriedade (97,1%), seguido dos crimes contra o património em geral (2,8%).

GRÁFICO 3.4 **Crimes contra o património registados em 2004**

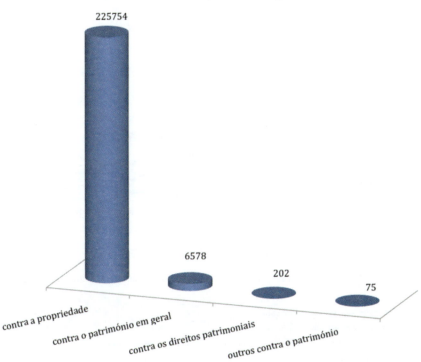

Total dos crimes registados contra o património: 232 609

Fonte: Estatísticas da Justiça

Dentro desta categoria de crimes, importa referir que o que mais relevo tem assumido, em termos de registos, é o do furto, incluído nos crimes contra a propriedade. Dentro da categoria dos furtos, o que mais tem sido denunciado tem sido o furto em veículo motorizado, como se pode verificar no gráfico n.º 3.5.

Relativamente aos crimes contra a propriedade registados em 2004 e conforme se pode constatar da análise do gráfico 3.6., destacam-se os furtos, nomeadamente furto em veículo motorizado (24,0%), furto de veículo

GRÁFICO 3.5. **Crimes contra a propriedade com mais registos em Portugal, entre 1993 e 2005**

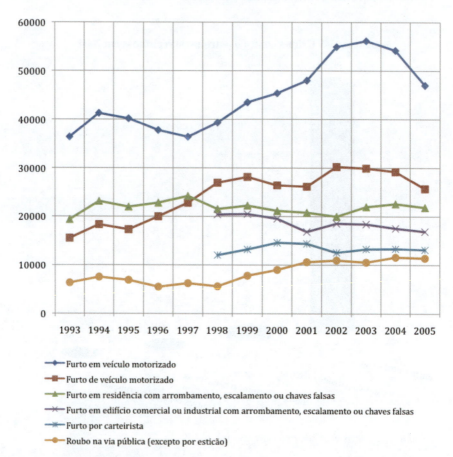

Fonte: GPLP e Estatísticas da Justiça

motorizado (12,9%) e furto em residência com arrombamento, escalonamento ou chaves falsas (10,0%). Com menor número de registos, encontram-se os furtos em edifício comercial ou industrial com arrombamento, escalonamento ou chaves falsas (7,8%), o furto por carteirista (5,9%) e furto/roubo por esticão (5,1%). Com menos significado individualizado surgem, por fim, outros furtos, dos quais é possível individualizar o furto em outros edifícios com arrombamento, escalonamento ou chaves falsas

(2,1%), o furto em estabelecimento de ensino com arrombamento, escalonamento ou chaves falsas (0,7%), o furto em supermercados (0,5%), e o furto, tráfico de obras de arte e outros bens culturais (0,1%), entre outros. Na categoria dos "Outros contra a propriedade" estão incluídos todos os tipos de roubos e danos contra o património cultural, destacando-se os crimes registados por abuso de confiança (1,3%) e outros roubos (1,1%).

GRÁFICO 3.6. **Crimes contra a propriedade registados em 2004**

- Furto em veículo motorizado
- Furto de veículo motorizado
- Furto em residência com arrombamento, escalamento ou chaves falsas
- Furto em edif. comercial ou industrial c/ arrombamento, escalamento ou chaves falsas
- Furto por carteirista
- Furto/roubo por esticão
- Outros furtos
- Roubo na via pública (sem esticão)
- Outro dano
- Outros contra a propriedade

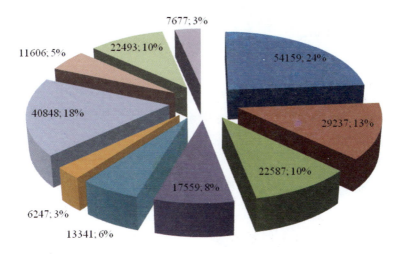

Fonte: GPLP

No que se refere aos crimes contra o património em geral (com 6578 registos em 2004), prevalecem as burlas não individualizadas (outras burlas) com 71,6%, burlas para obtenção de alimentos, bebidas ou serviços (15,5%), abuso de cartão de garantia ou de crédito (4,6%) e burla com fraude bancária (2,9%).

Uma chamada de atenção para o crime de extorsão, que aqui atinge uma percentagem de 2,2% de registos, verificando-se uma grande descida relativamente aos registos deste crime no ano de 2001, onde eles ocupavam 3,7%. Contudo, e segundo o Relatório de Segurança Interna de 2005, este foi um dos crimes cujos registos mais aumentaram de 2004 para 2005 (mais 19% das participações relativamente ao ano anterior. Em 2005, n=175 participações). Este é um dos crimes mais associados à comunidade imigrante, segundo a comunicação social, e será tratado com algum pormenor mais à frente.

Crimes contra as pessoas

Ainda durante este período e relativamente aos crimes contra as pessoas, destacam-se por importância, em ordem decrescente, os crimes contra a integridade física (61,4%), crimes contra a liberdade pessoal (20,0%), crimes contra a honra (12,2%) e os crimes contra a vida (2,3%).

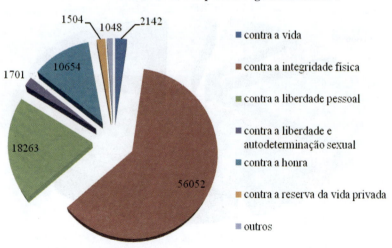

GRÁFICO 3.7. **Crimes contra as pessoas registados em 2004**

Fonte: GPLP

No que concerne aos crimes contra a integridade física, sobressaem os referentes à ofensa à integridade física voluntária simples (73,0%), maus tratos, sobrecarga de menores, incapazes ou do cônjuge (16,1%), assim como a ofensa à integridade física por negligência em acidente de viação (6,4%).

Os crimes contra a liberdade pessoal incidem sobretudo na ameaça e coacção (97,5%), enquanto os crimes contra a honra se referem essencialmente à difamação, calúnia e injúria (99,2%).

Crimes contra a vida em sociedade

Centrando agora a análise nos crimes contra a vida em sociedade, com 45222 registos em 2004, destacam-se, com 48,9% dos registos, os crimes contra a segurança das comunicações (com um número mais elevado de registos de crimes relativos à condução de veículo com taxa de álcool igual / superior a 1,2 g/l); 29,4% referem-se a crimes de falsificação, apresentando a contrafacção ou falsificação de moeda e passagem de moeda falsa 81,8% de registos e a falsificação de documentos, cunhos, marcas, chancelas, pesos e medidas e outros 12,4% de registos do total de crimes de falsificação.

GRÁFICO 3.8. **Crimes contra a vida em sociedade registados em 2004**

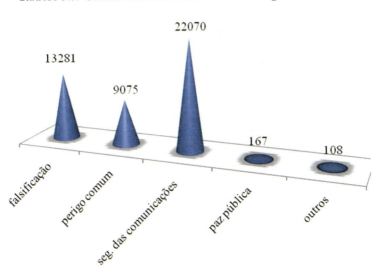

Fonte: GPLP

172 *Imigração e Criminalidade – Caleidoscópio de Imigrantes Reclusos*

Alguns crimes de falsificação, nomeadamente de documentos, têm sido amplamente divulgados pela imprensa, em associação a outros crimes relacionados com a imigração ilegal, o que é facilmente compreensível.

Em terceiro lugar, surgem os crimes de perigo comum (com 20,1% de registos), em que se destacam o incêndio /fogo posto em floresta, mata, arvoredo ou seara (com 59,9% de registos do total de crimes de perigo comum) e incêndio / fogo posto em edifício, construção ou meio de transporte (24,8% de registos do total de crimes de perigo comum), seguindo-se a detenção ou tráfico de armas proibidas (com 10,5% de registos do total de crimes de perigo comum).

Convém referir que todos estes crimes estão previstos no Código Penal (90,0% do total de crimes registados), evidenciando-se aqui um número significativamente maior do que em relação aos previstos na legislação avulsa, apesar de ambas as categorias revelarem aumentos.

GRÁFICO 3.9. **Crimes previstos no Código Penal e legislação avulsa, registados em 2001 e 2004**

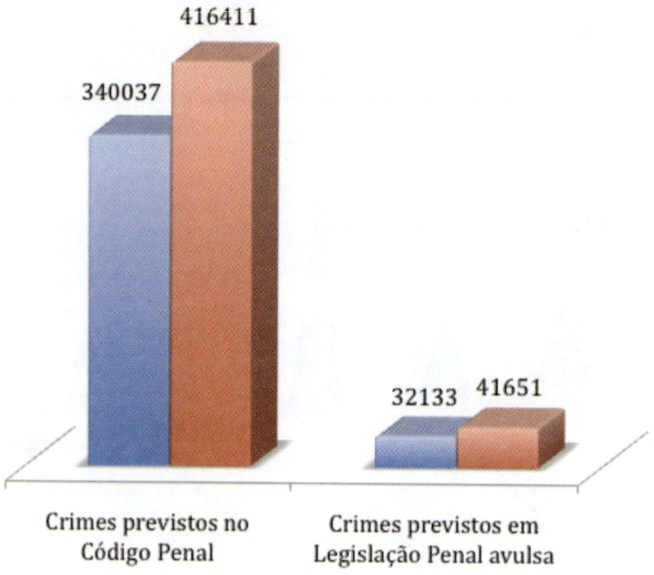

Fonte: Estatísticas da Justiça e GPLP

No que diz respeito aos crimes previstos em legislação avulsa (10,0% do total de crimes registados), destacam-se os crimes respeitantes à condução sem habilitação legal (44,0%), abuso de confiança fiscal (16,9%), outros crimes (13,7%), tráfico de estupefacientes (9,8%) e emissão de cheque sem provisão (4,0%).

Durante os anos de 1993 e 1995, os crimes mais registados (76% do total) abrangeram os furtos (45%), a emissão de cheques sem provisão (11%), as ofensas corporais voluntárias simples (10%), dano (5%) e ofensas corporais por negligência em consequência de acidente de viação (4%) (Ferreira, 1998).

GRÁFICO 3.10. **Os 10 crimes mais registados em Portugal, em 2004 e 2005**

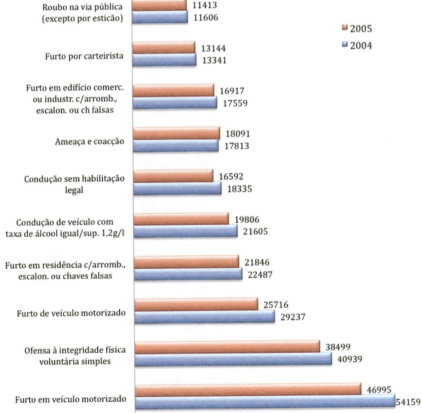

Fonte: Estatísticas da Justiça – GPLP e Relatório de Segurança Interna de 2005

174 *Imigração e Criminalidade – Caleidoscópio de Imigrantes Reclusos*

Se se observar o gráfico 3.10. dos crimes mais registados em 2004 e 2005, em Portugal, poder-se-á concluir que em 1.º lugar se encontra o furto em veículo motorizado, seguido da ofensa à integridade física voluntária simples, furto de veículo motorizado, furto em residência com arrombamento, escalonamento ou chaves falsas, confirmando-se assim que os crimes contra o património são os mais registados em 2004 e 2005.

Não se verificam alterações de fundo no panorama da criminalidade registada em Portugal nas últimas décadas, apesar de haver algumas flutuações no número de crimes. O Relatório de Segurança Interna de 2005 refere a descida de 5,5% do número de registos de crimes participados relativamente a 2004 (menos 22352 casos do que no ano anterior), demonstrando descidas em todos as grandes categorias de crimes: -7,6% de crimes contra o património; -0,7% de registos de crimes contra as pessoas, -6,3% de crimes contra a vida em sociedade, -1,9% de crimes contra o Estado e -3,9% de crimes previstos em legislação avulsa.

As áreas geográficas de maior incidência criminal, regra geral, e segundo Eduardo Viegas Ferreira (Ferreira, 1998), são essencialmente as áreas urbanas, onde a densidade populacional é mais elevada.

No entanto, este autor identifica no seu trabalho, a nível nacional, três grandes áreas de criminalidade, no período de tempo em estudo – anos 90:

- a primeira e a que apresentava uma incidência criminal superior à média nacional, diz respeito a Lisboa (constituindo 3,3 crimes por 100 habitantes residentes) e Faro;
- a segunda, cuja incidência é próxima da média nacional, é constituída pelo Porto, Setúbal, Açores, Madeira, Coimbra, Leiria, Bragança, Aveiro, Santarém, Braga, Viana do Castelo e Évora;
- a terceira, tendo incidência criminal inferior à média nacional, integra Portalegre, Vila Real, Viseu, Beja, Castelo Branco e Guarda.

De acordo com Eduardo Viegas Ferreira, a estrutura da criminalidade portuguesa nos anos 90 apresenta-se paritária à da maior parte dos países da União Europeia e dos países ditos ocidentais, onde predominam os crimes contra o património.

Em relação ao ano de 2001, as estatísticas da Justiça realçam uma concentração muito elevada de crimes registados junto às grandes áreas urbanas nacionais. Se se juntasse a área metropolitana do Porto à de Lisboa, chegar-se-ia à conclusão de que estas duas regiões, só por si, comportam cerca de 40,3% da criminalidade registada em 2001 (47,8% dos crimes contra o património e 42% dos crimes relativos a estupefacientes). No ano de 2005 (RSI 2005), destacam-se decréscimos assinaláveis em 14 distritos nas participações da criminalidade, relativamente a 2004, entre os quais Lisboa (-9,9%), Porto (-6,6%), Faro (-12,4%), e Beja (-14,2%). Os aumentos no registo da criminalidade participada centram-se em Coimbra (+5,9%), Viana do Castelo (+4,1%), Vila Real (+7,1%), Açores (+3,8%) e Braga (+2,8%).

De acordo com o Relatório Anual de Segurança Interna (RSI) de 2005, verificou-se, pelo segundo ano consecutivo, uma descida no valor global dos crimes participados (-5,5% em 2005 dos crimes registados pela GNR, PSP e PJ).

A criminalidade violenta regista uma descida de 3,7% relativamente ao ano anterior, bem como a criminalidade grupal (-5,4%) e delinquência juvenil (-0,3%).

Os valores da criminalidade registada em Portugal têm seguido uma tendência desde há alguns anos, apresentando taxas de criminalidade pouco elevadas no contexto europeu e ocidental. Assim, e apesar das dificuldades do tratamento estatístico dos dados registados pelos demais parceiros da União Europeia (RSI 2005:96 e 97), Portugal apresenta um *ratio* de 36,2 crimes por 1000 habitantes em 2005, valores bastante baixos quando comparados com os de outros países, conforme se pode observar através da análise do gráfico 3.11.

De notar que a abertura de fronteiras e o crescimento do fenómeno da imigração clandestina podem constituir factores favoráveis à criminalidade europeia e portuguesa, na medida em que poderão permitir o desenvolvimento de formas mais organizadas de actuação. Poder-se-á apontar, como exemplo, as redes de tráfico de seres humanos e de auxílio à imigração ilegal, bastante organizadas e que intimidam pela sua maneira de agir, dado o modo como se têm infiltrado nas sociedades europeias e portuguesa; a sua actuação tem sido dramática, não só pela miséria que causa nas vítimas, como também pela capacidade que tem de gerar fenómenos colectivos de insegurança na percepção das populações autóctones.

Em 2002, já foi associado o factor criminalidade ao da mobilidade e transnacionalidade dos grupos criminosos. Estas novas realidades exigem a adopção de medidas preventivas, de forma a evitar futuras consequências desastrosas. Tal como já foi referido anteriormente, importa identificar e gerir os fenómenos causadores de pressões sociais e desenvolver estruturas nacionais e comunitárias de integração e de controlo social. Só assim é possível combater o alarmismo e o sentimento de insegurança colectivo, assim como o descrédito do sistema de Justiça.

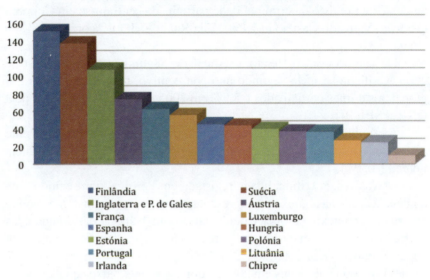

GRÁFICO 3.11. *Ratio* crimes/1000 habitantes em 2005

Fonte: RSI 2005

A imagem obtida através da análise dos dados da criminalidade participada difere da que é reflectida pelos reclusos, ficando-se com a impressão de que alguns tipos de crime assumem um protagonismo especial. Não se pode, no entanto, esquecer que há determinados crimes que têm tendência a ser mais sentenciados do que outros, ou então a provocarem penas mais duras. Apesar de as grandes linhas da criminalidade se manterem relativamente semelhantes numa e noutra imagens, as percentagens diferem bastante e, quando analisados os dados relativos aos reclusos portugueses e estrangeiros e aos dos estrangeiros individualmente (visto que não existem dados disponíveis da criminalidade participada por ou contra estrangeiros), as diferenças são ainda maiores, conforme se pode constatar através da análise da tabela 3.2. e do gráfico 3.12.

Assim, pela análise dos valores apresentados, podem retirar-se algumas conclusões:

1ª constatação – os crimes contra as pessoas e contra os valores e interesses da vida em sociedade resultam em condenações relativamente proporcionais aos crimes registados (apesar de aqui serem apresentadas condenações que não correspondem aos registos dos crimes, uma vez que estes valores se reportam ao mesmo ano), o que leva a supor que estes grupos englobam crimes em que a investigação é prioritária, bem orientada e, eventualmente, bem munida de recursos.

GRÁFICO 3.12. **Crimes registados e condenados em Portugal em 2004**

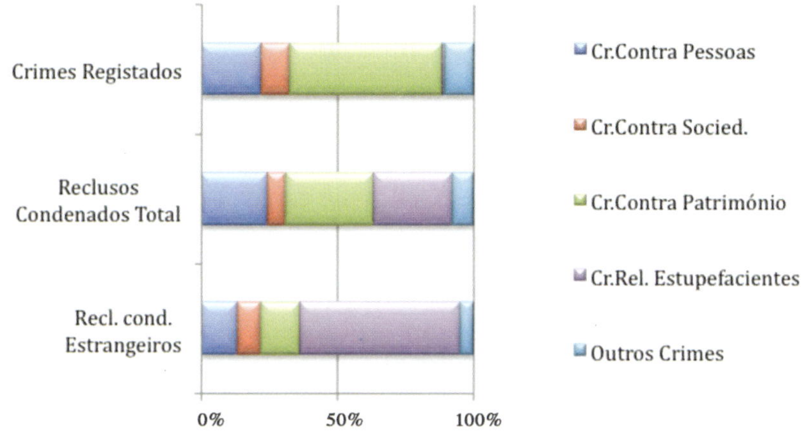

Fonte: DGSP, GPLP e Estatísticas da Justiça

2ª constatação – os crimes incluídos na categoria dos crimes contra o património apresentam muito mais registos dos que aqueles que resultam em condenações – mais ainda se as condenações forem relativas a cidadãos estrangeiros.

3ª constatação – os crimes registados relativos a estupefacientes são bastante inferiores aos valores dos reclusos condenados. As hipóteses explicativas centram-se, antes de mais, no elevado número de anos de pena aplicada aos autores destes crimes, resultando, de imediato, num maior número de reclusos ao longo do ano, logo numa proporção maior do que o seu número. Para além do mais, esta proporção toma valores muito mais altos se forem analisados os reclusos estrangeiros, o que de alguma forma se prende com as implicações internacionalizantes e globais que este tipo de crime mobiliza.

178   *Imigração e Criminalidade – Caleidoscópio de Imigrantes Reclusos*

TABELA 3.2. **Número de crimes registados, reclusos condenados portugueses e estrangeiros e reclusos condenados estrangeiros em 2004**

	Crimes contra as pessoas	Crimes contra vida socied.	Crimes contra património	Crimes relat. estupefacientes	Outros crimes	TOTAL
Crimes Registados	91 364	45 222	232 609	4 066	43 150	416 411
Reclusos Condenados – port. e estrangeiros	2 459	700	3 292	2 927	774	10 152
Reclusos Condenados estrangeiros	222	142	241	983	82	1321

Fonte: GPLP, Estatísticas da Justiça e DGSP

Se a análise se detiver nos números disponíveis, as constatações anteriores são ainda mais evidentes, sobretudo no que toca à discrepância de valores: os crimes contra o património são 70 vezes mais registados do que o número de reclusos (portugueses e estrangeiros) condenados pelos mesmos crimes (o mesmo se passa com os crimes contra os valores e interesses da vida em sociedade, 64 vezes mais registados; os outros crimes, 55 vezes mais registados e os crimes contra as pessoas, 37 vezes mais registados). Os crimes relativos a estupefacientes já apresentam apenas 1,4 vezes de diferença dos registados para os condenados.

De assinalar ainda o aumento do número de inquéritos registados pela Polícia Judiciária (PJ) pelos crimes de auxílio à imigração ilegal, cuja taxa de crescimento de 2004 para 2005 foi de 100% (2004 n=30 e 2005 n=60) e de tráfico de pessoas, cuja taxa de crescimento foi de 11,5% no mesmo período de tempo (2004 n=26 e 2005 n=29) (RSI 2005:176). Merece ainda um destaque no RSI 2005, na estatística apresentada pela PJ, o aumento de 19,45% de detenções de cidadãos estrangeiros relativamente a 2004 (694 num total de 2249).

Quanto aos processos investigados pelo SEF, num total de 307 em 2005, constata-se que os principais crimes investigados foram os de falsificação de documentos (42,9%, n=132), de auxílio à imigração ilegal (34,5%, n=106), de lenocínio (7,2%, n=22), de angariação de mão-de-obra ilegal (4,2%, n=13), de burla (2,9%, n=9), de extorsão (0,9%, n=3), de associação de auxílio à imigração ilegal (0,9%, n=3), de associação criminosa (0,9%, n=3) e outros (5,2%, n=16) (RSI 2005:234).

Apesar de se conseguir, através da análise destes dados, obter uma imagem global da criminalidade nacional, é necessário manter sempre um olhar crítico perante os dados disponíveis e deixar uma margem para os crimes que não chegam a ser conhecidos.

Se se fizer, por exemplo, uma comparação entre os grupos de crimes registados e os dados disponíveis dos reclusos condenados em anos aproximados, verificam-se algumas diferenças.

Ao fazer a leitura dos dados disponíveis referentes a 2002 (tendo no entanto em consideração que se trata do número de reclusos efectivamente condenados segundo o tipo de crime), pode inferir-se que também aqui as tendências atrás referidas se confirmam.

GRÁFICO 3.13. **Reclusos condenados por tipos de crime – 2002 e 2005**

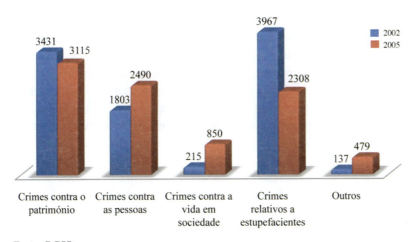

Fonte: DGSP

Uma chamada de atenção para os reclusos condenados por crimes relativos a estupefacientes e previstos em legislação penal avulsa que, contrariamente aos registados por esse mesmo crime (vide gráfico 3.1.), revelam uma tendência exactamente inversa. Quanto aos restantes crimes, mantêm-se as tendências relativamente semelhantes.

3.3. A imigração e o crime

Até ao presente momento, poucos trabalhos têm sido realizados que possam demonstrar a possibilidade de defender a equação <u>imigração</u> (sobretudo ilegal) / <u>crime</u>. Defende-se que a nacionalidade em nada interfere com a prática de qualquer crime e que o facto de haver associações é apenas fruto da ocasião, sendo a nacionalidade uma característica sem relação directa com o crime, como a cor dos olhos ou do cabelo.

> "... a criminalidade não tem uma componente étnica, (...) não há nenhum gene que determine conforme a etnia, ou conforme a religião, ou conforme a cultura, ou conforme a idade, ou conforme o sexo até, uma maior predisposição para a criminalidade"
>
> (Entrevista 3).

Por outro lado, outros conseguem fazer o elenco de alguns crimes mais cometidos por determinadas nacionalidades, apesar de esta não ser, provavelmente, a variável justificativa de um número maior de crimes.

> "Acho que principalmente a criminalidade associada (...) aos imigrantes de Leste, (...) o tipo de criminalidade violenta em que eles se envolviam, em relação às nacionalidades de Leste, ou seja, entre eles, foi algo para o qual a polícia portuguesa não estava preparada. Portanto, os sequestros, as agressões, as violações, as extorsões sistemáticas era algo que não existia na sociedade portuguesa e que, de uma hora para a outra, entre as comunidades de imigrantes de Leste aumentou de uma forma disparada. Em relação às segundas e terceiras gerações [de outras nacionalidades] é complicado mas não é por serem estrangeiros, mas sim por estarem muitas vezes desintegrados da sociedade e do tipo de meio em que vivem, que são quase sempre bairros periféricos, com poucas condições económicas, sociais e etc. e que muitas vezes levam à marginalidade. Mas só por isso, porque há portugueses que também estão nos mesmos bairros e que vivem os mesmos problemas, não mais do que isso. Há ainda a referir alguma criminalidade grave associada a brasileiros, em especial assaltos a carrinhas de valores".
>
> (Entrevista 7).

Se não forem contabilizados os crimes de falsificação de documentos e de uso de documento alheio (muito comuns em actividades relacionadas com a imigração ilegal), constata-se que grande parte dos imigrantes entrados ilegalmente procura inserir-se na sociedade de acolhimento, não se envolvendo em actividades criminosas, mas sim tentando por todas as formas legalizar a sua situação, trabalhando afincadamente e participando nos descontos estatais necessários. Uma parte destes imigrantes integra-se, no entanto, no mundo da prostituição que, não constituindo crime, poderá facilmente resvalar para tal (se envolver lenocínio, violência, etc.) e, particularmente no caso holandês, em actividades de tráfico de droga nas ruas (Engbersen e Leun, 2001).

3.4. Os reclusos estrangeiros em Portugal

3.4.1. O conceito de estrangeiro e de imigrante

> *"Se somos aventureiros da vida interior e estamos abertos ao mundo, então o estrangeiro em nós e no outro será acolhido"*
>
> ENRIQUEZ, 1998:40

A palavra "estrangeiro" tem a sua origem na palavra latina *extraneus* que significa estranho (Rocha, 2001: 21) e que posteriormente evoluiu para *extraneariu* (Porto Editora, 1952). Define-se por estrangeiro, na maior parte dos dicionários, o indivíduo que não é nacional do país onde mora ou se encontra[33]. É definido ainda como "aquele que é de uma nação diferente daquela em que está; o que não é nacional (...)" (Porto Editora, 1952).

Este conceito foi também tratado por Franz Kafka, numa perspectiva filosófica, referindo-se ao "estrangeiro em si", aquele que desenvolveu a ideia de uma consciência não natural, concomitantemente estranha e familiar, como se existisse uma consciência estrangeira dentro do próprio indivíduo, convivendo consigo próprio. Normalmente, o estrangeiro, para o ser, necessita de se deslocar espacialmente para ter esta condição. No caso do "estrangeiro em si", este desenvolve tal estado onde estiver, sofrendo

---

[33] http://www.maxwell.lambda.ele.puc-rio.br/cgibin/PRG_0599.EXE/3554.HTM?NrOcoSis=6470&CdLinP

182 Imigração e Criminalidade – Caleidoscópio de Imigrantes Reclusos

uma metamorfose interna. Relativamente a esta estranheza sentida dentro do indivíduo, Freud classifica-a de "a inquietante estranheza (Das Unleimliche)" (Enriquez, 1998:37).

Juridicamente, define-se *estrangeiro*, nos termos do art. 3.º do Decreto-Lei n.º 34/2003 de 25 de Fevereiro, da seguinte forma: "Para efeitos do presente diploma, considera-se estrangeiro todo aquele que não prove possuir a nacionalidade portuguesa". Logo, o indivíduo que possui a cidadania de outro Estado que não o português, é considerado, no presente trabalho, estrangeiro, exceptuando-se o apátrida, que não possui vínculo de cidadania com nenhum Estado.

A nacionalidade será então o vínculo que liga o indivíduo a um determinado Estado, a uma dada comunidade política, e não a determinada raça. Esta determinação é imprescindível, na medida em que será tida em conta para efeitos de aplicação do Direito Internacional. Neste sentido, o Direito de Estrangeiros tenta apresentar soluções para os múltiplos e complexos problemas que envolvem estes cidadãos (Grande Enciclopédia Universal, 2004).

Será necessário distinguir as noções de *estrangeiro* da de *imigrante*. Para a presente investigação, foi utilizado o conceito de estrangeiro, conforme se encontrava definido no Decreto-Lei 244/98, de 8 de Agosto, com as alterações introduzidas pelo Decreto-Lei 4/2001, de 10 de Janeiro e pelo Decreto-Lei 34/2003, de 25 de Fevereiro (agora revogados pela Lei 23/07 de 4 de Julho), da seguinte forma:

Artigo 2.º
Conceito de estrangeiro

Para efeitos do presente diploma, considera-se estrangeiro todo aquele que não prove possuir a nacionalidade portuguesa.

Quanto ao conceito de *imigrante* utilizado ao longo do presente estudo, refere-se a Lei 23/07, de 4 de Julho a *residente legal*, sendo o mesmo definido da seguinte forma:

Artigo 3.º, alínea p)
"Residente legal"

O cidadão estrangeiro habilitado com título de residência em Portugal, de validade igual ou superior a um ano.

Assim e segundo estas definições, ao longo do presente estudo, todo o imigrante será estrangeiro, mas nem todos os estrangeiros são imigrantes. A designação de *estrangeiro* pode abranger os turistas, passageiros em trânsito, e todo e qualquer indivíduo que se desloque para outro país sem o intuito de aí permanecer. Quanto a *imigrante*, pressupõe-se neste estudo a sua intenção de se deslocar para outro país (neste caso Portugal) e de aí estabelecer a sua vida por um período prolongado (residir, trabalhar, estudar, exercer direitos e deveres do país de acolhimento).

3.4.2. Panorâmica geral dos reclusos entre 1994 e 2005

A prática de alguns crimes tem sido associada à população imigrante, observando-se em alguns anos "o surgimento de uma quantidade assinalável de delinquentes de origem estrangeira no nosso país" (Costa, 1999). Na verdade, só há relativamente pouco tempo foi o estudo da criminalidade de estrangeiros e a comunidade de reclusos estrangeiros em Portugal abordado por vários investigadores portugueses (Seabra, 1999; Costa, 1999; Rocha, 2001; Seabra e Santos, 2006).

As estatísticas têm demonstrado que, entre os anos de 1994-1998 e 2000-2002, o número de reclusos estrangeiros tem aumentado nas cadeias portuguesas, conforme se pode observar no gráfico 3.14. Este crescimento tem acompanhado, em alguns anos, o aumento da população imigrante, para além de se caracterizar por uma maior diversidade nas nacionalidades dos reclusos, sobretudo nos últimos anos. Verificam-se, por outro lado, dois movimentos de diminuição do total do número de reclusos: o que se situa entre 1998 e 2000, e outro de constante descida, desde 2003 até ao presente.

Verifica-se, numa primeira leitura do gráfico 3.14, que a tendência de crescimento do número de reclusos estrangeiros em Portugal não apresenta um valor constante. Constatam-se, entre 1994 e 2005, dois períodos de aumento assinalável de reclusos estrangeiros: de 1994 para 1996 (uma subida de 67,4%) e de 2001 a 2005 (50,8%), sendo que este último aumento foi marcadamente acentuado pela entrada de reclusos oriundos do Leste Europeu (Moreira, 2005). Esta nova vaga contrapõe-se à imigração tradicional oriunda dos PALOP, que mantém ainda o maior número de reclusos estrangeiros, apesar de o volume destes imigrantes (entrados nos últimos anos) ter diminuído substancialmente. Entre os anos de 1996

184 *Imigração e Criminalidade – Caleidoscópio de Imigrantes Reclusos*

e 1999, verifica-se um movimento decrescente (menos 16,4%). É natural que as oscilações verificadas ao longo destes anos também se relacionem com possíveis mudanças na orientação governamental, que pode assumir em determinadas alturas facetas mais moralizadoras e educativas do que punitivas, ou ser até condicionada pelas estreitas relações históricas e económico-culturais mantidas com os PALOP (cujos reclusos ocupam o maior volume nos estabelecimentos prisionais portugueses) e com as directrizes da União Europeia (Seabra, 1999).

GRÁFICO 3.14. **Reclusos portugueses e estrangeiros – 1994-2005**

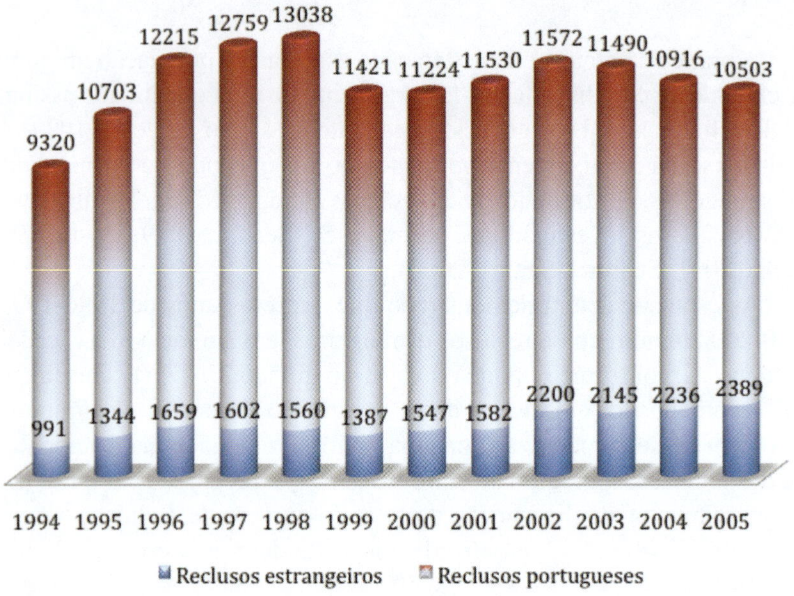

Fonte: DGSP, Rocha (2001), Seabra e Santos (2006)

Em comparação com o total de reclusos, podemos inferir da crescente representatividade de reclusos estrangeiros em relação aos portugueses (9,6% em 1994 para 18,5% em 2005). Naturalmente, tais dados não podem ser analisados apenas com base nesta contabilização, que engloba a totalidade dos reclusos estrangeiros presentes nos estabelecimentos prisionais, sem qualquer informação adicional.

Maria João Guia   185

TABELA 3.3. **Número total de reclusos, número de reclusos estrangeiros
e percentagem relativas ao total de reclusos 1994-2005**

	Número total de reclusos	Número de reclusos estrangeiros	% de reclusos estrangeiros
1994	10 311	991	9,6%
1995	12 047	1 344	11,2%
1996	13 874	1 659	12,0%
1997	14 361	1 602	11,2%
1998	14 598	1 560	10,7%
1999	12 808	1 387	10,8%
2000	12 771	1 547	12,1%
2001	13 112	1 582	12,1%
2002	13 772	2 095	15,2%
2003	13 635	2 145	15,7%
2004	13 152	2 236	17,0%
2005	12 889	2 386	18,5%

Fonte: Seabra e Santos (2006) de 1994-1998 e DGSP 1999-2005

Através dos dados dos reclusos estrangeiros, é também possível atribuir a determinadas nacionalidades uma maior ou menor importância na panorâmica criminal portuguesa. Esta importância é, no entanto, relativa, uma vez que se baseia apenas no número de reclusos presentes nos estabelecimentos prisionais. Não é feita, para já, qualquer distinção quanto aos reclusos efectivamente condenados (a cumprir pena de prisão); haverá certamente crimes punidos com pena suspensa ou indivíduos que não são contabilizados nas estatísticas prisionais, por motivos diversos, apesar de constarem nos números globais da criminalidade praticada por estrangeiros.

Analisando o número de reclusos estrangeiros por local de origem, constata-se desde logo o peso significativo que as nacionalidades referentes aos países africanos assumem no panorama geral, ao longo de todos os anos, de acordo com o gráfico 3.15.

Quanto aos dados mais recentes (2005), verifica-se que os reclusos oriundos de África ocupam 54,61% da totalidade dos reclusos estrangeiros, seguidos dos reclusos oriundos da Europa, com 25,77%, e dos países da América Latina, com 17,22%. Os outros países apenas ocupam 2,39%.

GRÁFICO 3.15. **Reclusos estrangeiros em Portugal, 1997-2005, por local de origem**

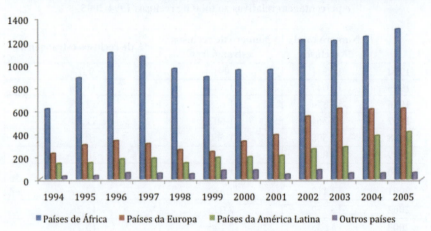

Fonte: Seabra (1999) – dados de 1997 e 1998; DGSP dados de 1999-2005

Se forem questionadas as nacionalidades de origem que constituem tão elevada percentagem de reclusos de África, verifica-se que são quase na totalidade pertencentes aos PALOP. Segundo Hugo de Seabra (1999), constata-se uma grande preponderância de cidadãos oriundos dos PALOP, ao longo de vários anos, em reclusão em Portugal por crimes relacionados com estupefacientes. Sendo este crime, durante o período analisado por este autor, fortemente punido pelo sistema jurídico português, tal facto implica que se tenha verificado um rápido crescimento relativo, nos primeiros anos após o despoletar do fenómeno, seguido de uma suavização, devido ao crescimento total absoluto e ao efeito de retenção dos principais infractores (Seabra, 1999). De referir ainda que em Julho de 2001 foi despenalizado o consumo de droga e posse para consumo próprio, resultando na diminuição de infracções à legislação em matéria de droga já em 2000, apesar de se registar um aumento das infracções à legislação em matéria de droga relacionada com a *cannabis* (Relatório Anual 2005: A evolução do fenómeno da droga na Europa).

Se for feita uma separação entre os reclusos oriundos de África e os reclusos oriundos dos PALOP, verifica-se que estes têm mantido um número bastante alto ao longo dos últimos anos, como se pode constatar no gráfico 3.16., o que é natural, uma vez que eles constituem o maior grupo de estrangeiros em Portugal desde os anos setenta do século passado.

Gráfico 3.16. **Reclusos dos PALOP em Portugal**

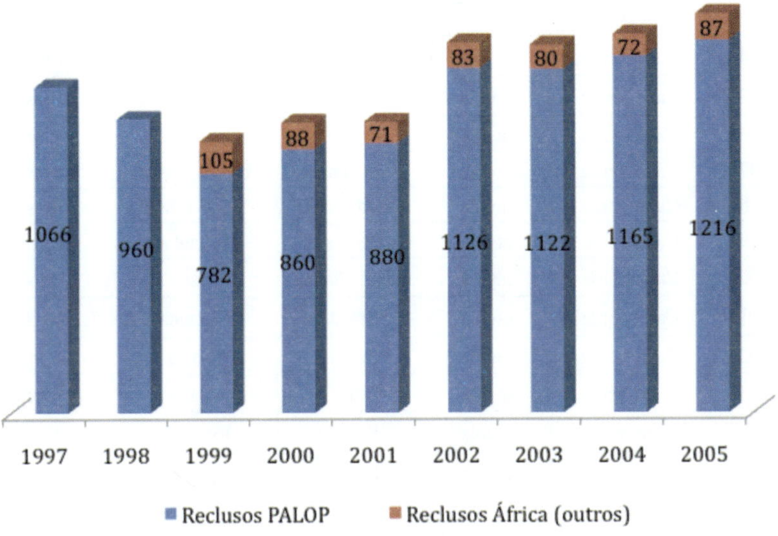

Fonte: Estatísticas da Justiça, Seabra e Santos (2006) e DGSP

Nota: Os dados de 1997 e 1998 referem-se a reclusos oriundos de África, não sendo possível especificar PALOP

Se o estudo se detiver nas nacionalidades com maior número de reclusos, há várias conclusões que se podem retirar, conforme se pode depreender da análise da tabela 3.4.

Uma primeira nota tem a ver com a elevada representação dos reclusos oriundos dos PALOP e do Brasil. Estes constituem igualmente a maior parcela de residentes em território nacional oriundos, sobretudo, de ex-colónias portuguesas. O mesmo se passou em outros países e este facto é apresentado como uma das explicações para a grande representação de algumas nacionalidades de estrangeiros reclusos.

"Obviamente se o número de cidadãos estrangeiros aumenta de um momento para o outro, é previsível também que a criminalidade aumente."

(Entrevista 6).

188   *Imigração e Criminalidade – Caleidoscópio de Imigrantes Reclusos*

TABELA 3.4. **As 5 nacionalidades mais representadas no total de reclusos – 1994-2005**

	1ª	2ª	3ª	4ª	5ª
1994	Cabo Verde	Angola	Espanha	Brasil	Moçambique
1995	Cabo Verde	Angola	Espanha	Guiné-Bissau	Brasil
1996	Cabo Verde	Angola	Espanha	Guiné-Bissau	Brasil
1997	Cabo Verde	Angola	Espanha	Guiné-Bissau	Brasil
1998	Cabo Verde	Angola	Espanha	Guiné-Bissau	Brasil
1999	Cabo Verde	Angola	Guiné-Bissau	Espanha	Brasil
2000	Cabo Verde	Angola	Guiné-Bissau	Espanha	Brasil
2001	Cabo Verde	Angola	Brasil	Espanha	Guiné-Bissau
2002	Cabo Verde	Angola	Brasil	Espanha[36]	Ucrânia[34]
2003	Cabo Verde	Angola	Brasil	Espanha	Ucrânia
2004	Cabo Verde	Angola	Brasil	Espanha	Guiné-Bissau
2005	Cabo Verde	Angola	Brasil	Espanha	Guiné-Bissau

Fonte: Santos, T. e Seabra, H. 2006 (1994-1998) e DGSP (1999-2005)

Quanto às nacionalidades mais representativas, verifica-se que as tendências por continente se mantêm, sendo que os reclusos de Cabo Verde e Angola se mantêm desde 1994 com maior representatividade no universo de reclusos estrangeiros. Os reclusos espanhóis, apesar de man-

---

[34] Esta ordenação teve como base os dados constantes na tabela intitulada "Lista de Reclusos por nacionalidade, sexo, idade, habilitações literárias, pena e crime a 31-12-2004" fornecida pela DGSP em 20 de Setembro de 2005. Nela constavam 125 reclusos espanhóis e 123 reclusos ucranianos. Estes dados não são coincidentes com aqueles que deram origem à tabela da página 20 de Santos T. e Seabra H. (2006), cuja fonte foi: "Estatísticas da Justiça, Gabinete de Política Legislativa e Planeamento do Ministério da Justiça 1994-2003", da qual constavam para o mesmo ano 122 reclusos espanhóis e 130 reclusos ucranianos. Apesar de não haver diferenças estatisticamente significativas, esta diferença provoca a alteração entre os 4º e 5º lugares dos reclusos mais numerosos no ano de 2002. Esta discrepância prende-se com o facto de os dados fornecidos pela DGSP de 2002 terem sido enviados ao GPLP uns meses após o final daquele ano. O maior lapso temporal com que a presente análise foi feita permitiu que fossem corrigidas algumas imprecisões, nomeadamente no que respeita aos reclusos espanhóis, que são maioritariamente de etnia cigana e cuja nacionalidade é, por vezes, difícil de apurar, visto serem naturais de uma zona fronteiriça. Não se deve, pois, olhar para a compilação estatística dos dados como algo estanque, mas sujeito a pequenas diferenças que podem vir a provocar alterações nas tabelas, como é o caso.

terem ao longo deste período uma representação elevada, tiveram, a partir de 1999, menor representação no universo dos reclusos estrangeiros, tendo os reclusos da Guiné-Bissau e do Brasil (estes últimos, a partir de 2001) tomado o 3.º lugar de maior representatividade. A novidade no ano de 2003, com fase incipiente em 2002 (*vide* nota 33 de rodapé na página anterior), prende-se com a elevada representatividade dos reclusos oriundos da Ucrânia, com tendência para decréscimo nos anos posteriores, o que acompanha de alguma forma a curva de entradas de cidadãos ucranianos em Portugal em 2001 e 2002 (que chegou a ser a maior comunidade estrangeira em Portugal no ano de 2003, ultrapassando a tradicional imigração para Portugal oriunda de Cabo Verde) e o decréscimo nos anos seguintes.

TABELA 3.5. **Principais 6 nacionalidades mais representadas do total de reclusos estrangeiros, 1999-2005 com percentagem de estrangeiros e do total de reclusos**

	1999		2000		2001		2002		2003		2004		2005	
	% estr	% total	% estr	% total	% estr	% total	% estr	% total	% estr	% total	% estr	% total	% estr	% total
Cabo Verde	30,0	3,2	25,3	3,1	30,7	3,7	30,5	4,6	31,6	4,9	33,8	5,7	32,9	6,1
Angola	15,0	1,6	17,6	2,1	15,0	1,8	13,4	2,0	11,9	1,8	10,6	1,8	9,7	1,8
Guiné--Bissau	6,0	0,6	7,8	0,9	6,0	0,7	5,8	0,9	5,2	0,8	5,0	0,4	5,1	1,0
Espanha	5,9	0,6	5,9	0,7	6,4	0,8	5,8	0,9	5,8	0,9	5,5	0,9	5,6	1,0
Brasil	4,9	0,5	5,1	0,6	6,9	0,8	7,4	1,1	6,8	1,0	8,2	1,4	8,5	1,6
Ucrânia	n.d.	n.d.	n.d.	n.d.	5,0	0,6	6,2	0,9	5,8	0,9	4,5	0,8	3,6	0,7

Fonte: DGSP

3.4.3. Análise comparativa dos reclusos estrangeiros em 2002 e 2005

As páginas seguintes vão centrar-se na análise estatística dos reclusos estrangeiros nos anos de 2002 e de 2005, tendo por base as tabelas intituladas "Lista de Reclusos por Nacionalidade, Sexo, Idade, Habilitações Literárias, Pena e Crime a 31-12-2002", recebida a 20 de Setembro de 2005, e "Lista de Reclusos por Nacionalidade, Sexo, Idade, Habilitações Literárias, Pena e Crime a 31-12-2005", recebida a 20 de Janeiro de 2006, da

190   *Imigração e Criminalidade – Caleidoscópio de Imigrantes Reclusos*

Direcção Geral dos Serviços Prisionais. Não foi possível fazer uma análise mais pormenorizada da entrada/permanência/saída dos reclusos estrangeiros constantes na tabela de 2002, uma vez que não foi possível aceder aos dados necessários.

A análise contempla um total de 4589 indivíduos, repartidos por dois anos.

TABELA 3.6. **Número de reclusos estrangeiros em estudo, em 2002 e 2005**

Anos	N.º de indivíduos
2002	2 200
2005	2 389

Fonte: DGSP

No lapso temporal que separa aqueles dois anos, é possível vislumbrar um aumento de 189 reclusos estrangeiros nas cadeias portuguesas, o que indica um aumento significativo.

Estão representadas, nos dois anos em análise, 111 nacionalidades, das quais destacamos três grandes grupos:

TABELA 3.7. **Reclusos estrangeiros por local de origem, em 2002 e 2005**

2002		2005	
Região (n.º países)	N.º de indivíduos	Região (n.º países)	N.º de indivíduos
CPLP (7)*	1 284 (58,4%)	CPLP (7)*	1 424 (59,6%)
Europeus (37)	639 (29,0%)	Europeus (37)	615 (25,7%)
Asiáticos (12)	39 (1,8%)	Asiáticos (12)	46 (1,9%)

Nota: Os CPLP incluem os reclusos oriundos dos 5 países pertencentes aos PALOP, Brasil e Macau.

Fonte: DGSP e cálculos da autora.

Quanto ao sexo, verificamos uma clara preponderância do masculino, destacando-se um aumento entre os dois anos (1987 reclusos do sexo masculino em 2002, para 2162 em 2005). O sexo feminino não revela alterações significativas, havendo apenas um aumento de 14 reclusas entre os dois anos.

GRÁFICO 3.17. **Reclusos estrangeiros, por sexos, em 2002 e 2005**

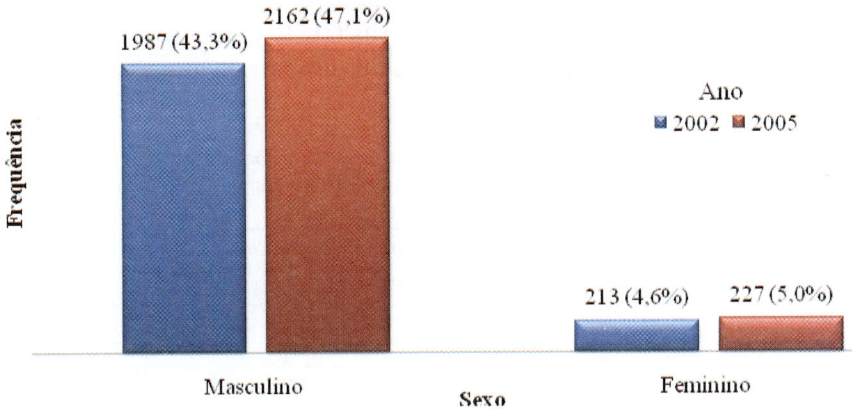

Fonte: DGSP

Relativamente aos grupos etários de reclusos (portugueses e estrangeiros), o mais representativo é o que integra indivíduos entre 25 e 39 anos (53,6%), destacando-se dos restantes, apesar da descida constante ao longo dos anos, conforme se pode constatar através da análise da tabela 3.8., a seguir apresentada. De seguida, surge o grupo etário entre os 40 a 59 anos com (27,4%) e que evidencia uma tendência para aumentar ao longo dos anos. Em terceiro lugar, aparece o grupo dos jovens entre os 19 e os 24 anos, cuja percentagem é de 14,5%, também com uma tendência para a diminuição.

Esta ordenação de grupos etários nem sempre revestiu este formato. Tomando em atenção a tabela 3.8., poder-se-á constatar que em 1996 o grupo dos indivíduos entre 19 e 24 anos era mais representativo do que o dos de 40 a 59 anos. Poderá concluir-se que há uma tendência para o aumento da idade média dos reclusos ao longo dos anos.

Parece poder concluir-se que houve uma alteração nas idades dos reclusos, em geral; estes dados são importantes quando comparados com os de reclusos estrangeiros, uma vez que o cenário destes difere ligeiramente do dos portugueses.

Os reclusos portugueses e estrangeiros encontram-se maioritariamente nos escalões de idades que se situam entre os 25 e os 39 anos de idade, seguidos dos que se situam entre os 40 e os 59 anos e, finalmente, dos 19-24 anos. Em quarto lugar, os reclusos portugueses são maioritariamente

192   *Imigração e Criminalidade – Caleidoscópio de Imigrantes Reclusos*

pertencentes aos escalões de idade situados nos 60 ou mais anos e, por fim, os jovens de 16-18 anos. Quanto aos estrangeiros, esta tendência é inversa, sendo os reclusos estrangeiros mais jovens (16-18 anos) mais numerosos do que os que se situam nos escalões etários dos 60 e mais anos.

TABELA 3.8. **Reclusos existentes em 31 de Dezembro por escalões etários, entre 1996 e 2005**

	1996	1997	1998	1999	2000	2001	2002	2003	2004	2005
TOTAL	13 874	14 361	14 598	12 808	12 771	13 112	13 772	13 635	13 152	12 889
De 16 a 18 anos	224	219	243	200	330	280	326	189	131	146
De 19 a 24 anos	2 724	2 590	2 531	2 051	1 976	2 054	2 134	2 134	1 944	1 871
De 25 a 39 anos	8 200	8 576	8 969	7 535	7 271	7 413	7 771	7 540	7 175	6 905
De 40 a 59 anos	2 410	2 628	2 793	2 698	2 852	3 020	3 199	3 393	3 469	3 532
60 e mais anos	316	348	335	324	342	345	342	379	433	435

Fonte: DGSP

    Analisando as idades dos reclusos estrangeiros apenas, verifica-se que a idade média é de 32,93 anos em 2002 (com um desvio padrão de 9,4) e 33,7 anos para 2005 (com um desvio padrão de 9,6). A maioria dos reclusos (1353 reclusos – 62% – em 2002 e 1371 – 57,4% – em 2005), encontra-se na faixa etária dos 25-39 anos. No que respeita à faixa etária dos 40-59 anos, de 2002 para 2005 há um aumento significativo. Não se observou diferença estatística nos restantes escalões de idade.

    Quanto aos anos de escolaridade, constata-se que a maioria dos reclusos estrangeiros (545 24,8% – em 2002 e 541 – 22,6% cm 2005) apenas possui 4 anos de escolaridade. Destacam-se, seguidamente, em ambos os anos, os reclusos com 6 anos de escolaridade. Em terceiro lugar, no ano de 2002 surgem os reclusos com 12 anos de escolaridade (10,2% do total de 2002), ao passo que em 2005 constatamos que são os reclusos com 2 anos de escolaridade que ocupam o 3.º lugar (com 9,3% do total de 2005). De assinalar que no ano de 2002 consta um recluso com 23 anos de escolaridade (Doutoramento).

GRÁFICO 3.18. **Reclusos portugueses e estrangeiros em 2005, por escalões de idade**

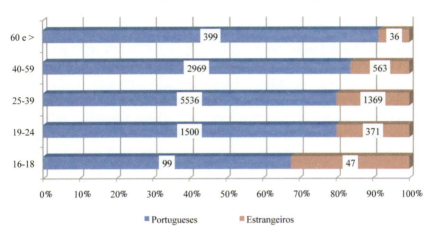

Fonte: DGSP

GRÁFICO 3.19. **Reclusos estrangeiros, por escalões de idade, em 2002 e 2005**

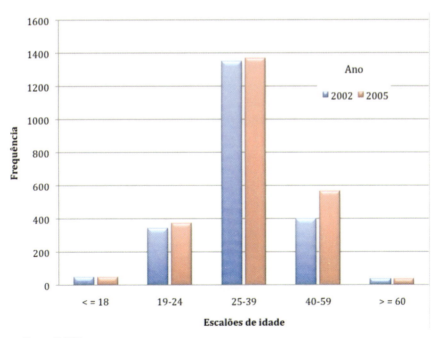

Fonte: DGSP.

De forma a facilitar a percepção destes dados, os anos de escolaridade foram agrupados em escalões de ensino (primário, secundário e superior).

Verifica-se, assim, que os reclusos, em ambos anos em análise, frequentaram, em maior número, o ensino secundário. Em segundo lugar, e com uma pequena diferença, são em maior número os reclusos com o ensino primário. Por último, em número bastante inferior, surgem os reclusos com frequência ou conclusão do ensino superior. As diferenças de género não são relevantes, uma vez que o número de reclusas é bastante inferior ao número de reclusos do sexo masculino, não tendo havido grandes aumentos de um ano para o outro. No entanto, verifica-se que o número de reclusas com o ensino primário, em ambos os anos, é superior ao número de reclusos com as mesmas habilitações, com tendência para aumentar em 2005, conforme se pode constatar da análise das tabelas 3.9. e 3.10.

GRÁFICO 3.20. **Reclusos estrangeiros, por anos de escolaridade, em 2002 e 2005**

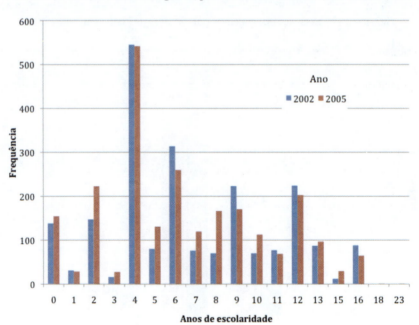

Fonte: DGSP.

GRÁFICO 3.21. **Reclusos estrangeiros, por escalões de ensino, em 2002 e 2005**

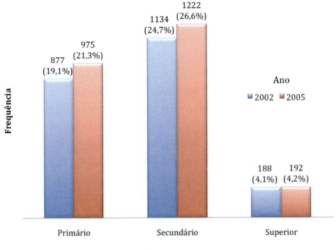

Fonte: DGSP e cálculos da autora.

TABELA 3.9. **Reclusos estrangeiros do sexo masculino, em 2002 e 2005**

Reclusos do sexo masculino		
Ano	*2002*	*2005*
E. Primário	783 – 39,4%	858 – 39,7%
E. Secundário	1039 – 52,3%	1130 – 52,3%
E. Superior	164 – 8,3%	174 – 8,0%
Total	1987 – 100%	2162 – 100%

TABELA 3.10. **Reclusos estrangeiros do sexo feminino, em 2002 e 2005**

Reclusos do sexo feminino		
Ano	*2002*	*2005*
E. Primário	94 – 44,1%	117 – 51,5%
E. Secundário	95 – 44,6%	92 – 40,5%
E. Superior	24 – 11,3%	18 – 7,9%
Total	213 – 100%	227 – 100%

Fonte: DGSP e cálculos da autora.

Quanto ao estatuto jurídico dos reclusos, não se encontrava disponível qualquer informação explicitando a qualidade jurídica em que cada estrangeiro se encontra em Portugal. Foi, no entanto, possível com base nos dados da Direcção Geral dos Serviços Prisionais (DGSP) relativos aos reclusos estrangeiros em 2002 e 2005, constituir a hipótese de os estrangeiros que assinalaram um distrito e/ou concelho de residência em Portugal serem os residentes, logo, os imigrantes cujos dados devem ser analisados em separado dos não residentes, os estrangeiros. No entanto, esta hipótese pode conter uma margem de desvio considerável, uma vez que não foi possível aceder ao estatuto legal dos reclusos estrangeiros, mas tão só às indicações colhidas aquando do ingresso dos mesmos nos estabelecimentos prisionais, sendo certo que muitos dos que não indicaram distrito ou concelho de residência podem ser imigrantes ilegais. Assim, foi possível verificar que os reclusos estrangeiros presentes nos estabelecimentos prisionais em Portugal são maioritariamente residentes (1429 em 2002, o que constitui 64,95% da totalidade e 1576 em 2005, o que equivale a 65,97% da totalidade), conforme se pode observar através do gráfico 3.22., havendo um aumento significativo de reclusos residentes de 2002 para 2005.

GRÁFICO 3.22. **Reclusos estrangeiros residentes e não residentes, em 2002 e 2005**

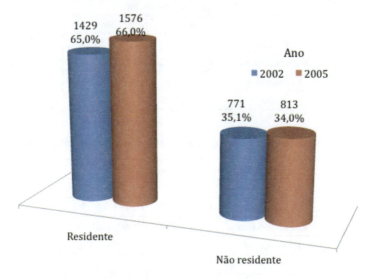

Fonte: DGSP e cálculos da autora.

De notar que um grande número destes reclusos estrangeiros (imigrantes e não imigrantes) são reclusos sem condenação: 1068 no ano de 2002, o que constitui 48,5% da totalidade e 1041 em 2005, o que equivale a 43,6% da totalidade dos reclusos estrangeiros.

É, contudo, necessário apreciar com maior precisão os dados anteriormente referidos. Se observarmos o número de reclusos portugueses, estrangeiros e imigrantes referidos constantes na tabela 3.11., constata-se que há realidades diferentes quando se especifica o número de condenados e de não condenados. Assim, quanto aos totais, verifica-se que a percentagem de reclusos portugueses, em 2005, atinge os 81,5% da totalidade de reclusos, constituindo os reclusos estrangeiros 6,3% e os reclusos imigrantes 12,2% (o que, somado, resulta nos 18,5% de população reclusa estrangeira). No entanto, verifica-se que a percentagem de condenações dos reclusos nacionais aumenta em relação aos números totais (85,9% em 2005) e que a dos não condenados diminui substancialmente (65,8% em 2005). Quanto aos reclusos estrangeiros e aos imigrantes, o movimento é inverso, havendo taxas de não condenados bastante mais altas do que de condenados, no mesmo ano (condenados em 2005 – estrangeiros: 4,4% e imigrantes: 9,3%. Não condenados em 2005 – estrangeiros: 12,4% e imigrantes 21,8%). Este movimento acentua-se quando comparados os dados de 2002 com os de 2005, verificando-se um aumento maior nas taxas dos não condenados estrangeiros (de 8,5% em 2002 para 12,4% em 2005) e dos imigrantes (16,8% em 2002 e 21,8% em 2005), ao passo que a taxa dos reclusos portugueses não condenados sofre um decréscimo (74,7% em 2002 e 65,8% em 2005).

TABELA 3.11. **N.º de reclusos portugueses, estrangeiros e imigrantes, condenados e não condenados, em 2002 e 2005**

	2002				2005			
	Total	**Port.**	**Estr.**	**Imigr.**	**Total**	**Port.**	**Estr.**	**Imigr.**
Total	13 772	11 572	771	1 429	12 889	10 503	813	1 576
Condenados	9 553	8 421	414	718	9 845	8 464	436	912
Não Conden.	4 219	3 151	357	711	3 044	2 003	377	664

Fonte: DGSP

Quanto aos distritos de origem destes reclusos, que passaremos a denominar de imigrantes, eles situam-se sobretudo nas áreas de Lisboa, Setúbal e Faro, como se pode constatar da observação do gráfico 3.23.

GRÁFICO 3.23. **Reclusos estrangeiros residentes, por distrito de residência, em 2002 e 2005**

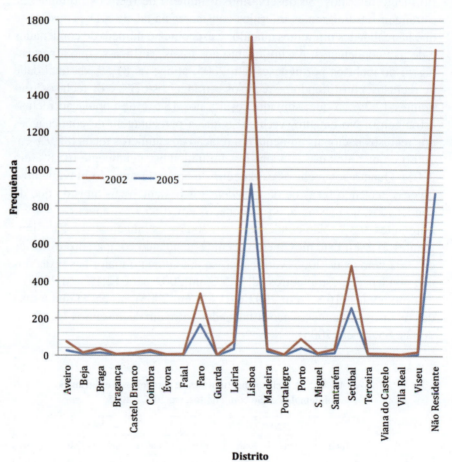

Fonte: DGSP e cálculos da autora.

Constata-se ainda um aumento significativo, de 2002 para 2005, de fixação de imigrantes nos distritos de Aveiro e Lisboa. Este aumento não será, com certeza, alheio aos distritos com maior aumento de fixação de imigrantes

Maria João Guia 199

nos últimos anos, o que, por sua vez, também coincide com os locais de implantação de grande número de empresas de construção civil, conforme se tentará verificar mais à frente. Apesar de o número não ser significativo, evidenciam-se também aumentos de 2002 para 2005 nos reclusos imigrantes cujos distritos de residência indicados são Leiria, Santarém, Porto e Braga. Também se constatam decréscimos nos reclusos oriundos da Madeira e do distrito de Coimbra.

No que diz respeito às condenações, constata-se que de 2002 para 2005 os reclusos estrangeiros (imigrantes e não residentes) se encontram em maior número (51,5% em 2002 para 56,4% em 2005) do que o número de reclusos não condenados, apesar de o seu número ser bastante alto, conforme se pode verificar no gráfico 3.24.

GRÁFICO 3.24. **Reclusos estrangeiros condenados e não condenados, em 2002 e 2005**

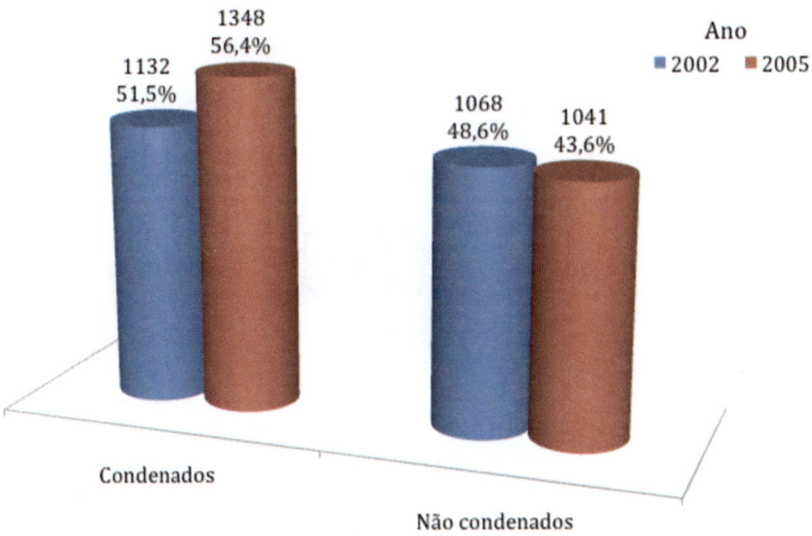

Fonte: DGSP

Quando condenados, as penas respectivas variam entre os zero e os 300 meses (vide gráfico 3.25.), sendo a média global de 2002 e de 2005 de 76,16 meses (77,58 para 2002 e 74,96 para 2005). Segundo o teste de "t student" (significância de 5%), não há diferenças significativas no tempo de condenações de um ano para o outro (valor – p=0,15). No entanto, con-

siderando as penas acima dos 50 meses, há uma diferença ao nível de 1%
que se traduz numa descida significativa do número de meses das penas
de condenação, apesar de ter aumentado o número de condenados. A diferença mais relevante situa-se nas penas entre os 50 meses (4,2 anos) e os
75 meses (6,2 anos), tendo aumentado de 385 reclusos com esta pena em
2002 para 555 em 2005.

GRÁFICO 3.25. **Pena em meses dos reclusos estrangeiros condenados, em 2002 e 2005**

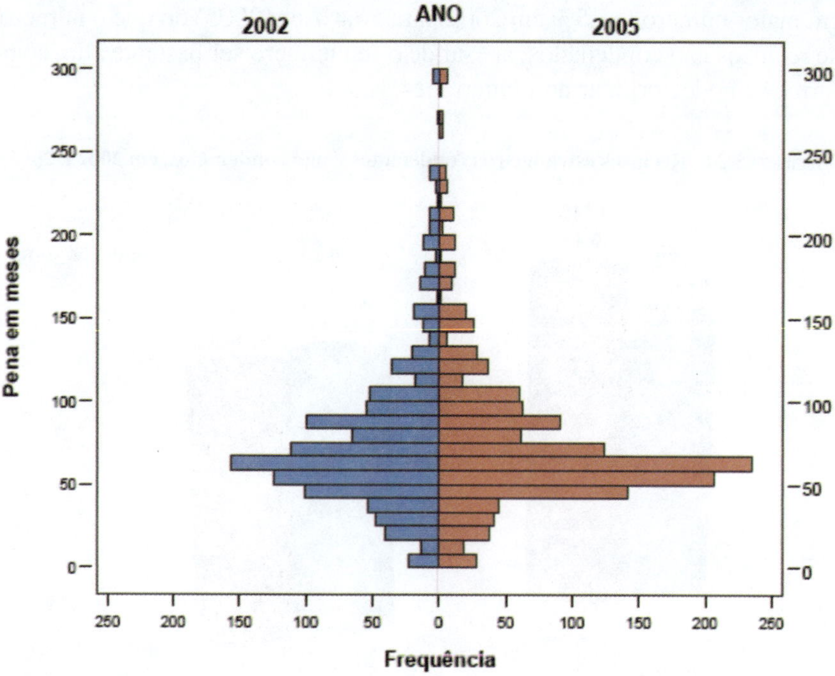

Fonte: DGSP

Quanto aos crimes que resultaram em condenações (vide gráfico
3.26.), verificam-se diferenças estatisticamente significativas ao nível de
5% de subidas nos crimes de tráfico e outros crimes relacionados com drogas (de 644 em 2002 para 760 em 2005), os crimes contra a propriedade
(de 242 em 2002 para 294 em 2005), os crimes contra a integridade física
(de 27 para 51), outros (de 45 para 119), falsificação de documentos (de 47

para 93). Refiram-se igualmente alguns crimes que, apesar de não revelarem grande expressão numérica, em termos globais, mais do que triplicaram do ano de 2002 para 2005: falsificação de moeda, título de crédito e valor selado (de 6 para 21), detenção ilegal de arma de defesa (de 22 para 69), lenocínio (de 0 para 6).

GRÁFICO 3.26. **Reclusos estrangeiros condenados, por tipos de crime, em 2002 e 2005**

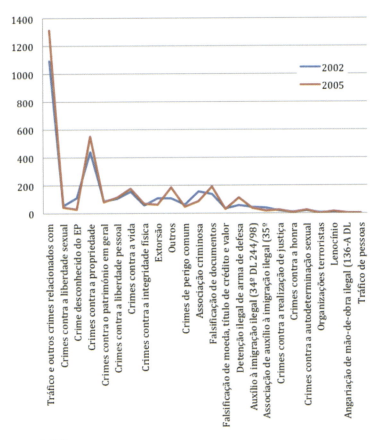

Fonte: DGSP

Se a análise se detiver nos crimes que resultaram em condenações, por género, também se encontram diferenças relevantes. Uma primeira nota para a elevada representação dos crimes praticados por elementos do sexo masculino: 91,9% dos crimes praticados por estrangeiros que resultaram em condenações em 2002, foram praticados por cidadãos do sexo masculino, e 92,4% em 2005.

Se se analisarem as percentagens relativas aos crimes cometidos por cidadãos dos sexos masculino e feminino, verifica-se que as grandes tendências se mantêm, excepto no crime de tráfico e outros crimes relacionados com drogas, conforme se pode verificar através da análise da tabela 3.12. É no entanto necessário ter em atenção que estas diferenças se verificam em termos percentuais, porque em termos absolutos mantêm a preponderância as condenações do sexo masculino. De assinalar, também, a preponderância de condenações de elementos do sexo feminino nos crimes contra o património em geral, em 2002 (baixando em 2005) e nos crimes de lenocínio, falsificação de moeda , título de crédito e valor selado e de auxílio à imigração ilegal, todos estes, em 2005, com percentagens de condenações mais altas do que os reclusos do sexo masculino.

Verifica-se que muitos dos crimes com condenação foram apenas cometidos por reclusos estrangeiros do sexo masculino, em ambos os anos em análise, como os crimes contra a integridade física, crimes contra a liberdade sexual, crimes contra a autodeterminação sexual, extorsão, tráfico de pessoas, crimes contra a honra, crimes de perigo comum, associação de auxílio à imigração ilegal e angariação de mão-de-obra ilegal, conforme se pode verificar da análise da tabela 3.12. Note-se ainda que o crime de organizações terroristas não contempla nenhum recluso condenado. Casos ainda de relevo são os dos crimes em que não consta nenhuma condenação em 2002 mas que já figuram na tabela de 2005 (extorsão, associação criminosa, falsificação de moeda, título de crédito e valor selado e lenocínio, para o sexo feminino / lenocínio, angariação de mão-de-obra ilegal e tráfico de pessoas, para o sexo masculino).

A maior parte dos reclusos condenados praticou apenas um crime, em ambos os anos em análise, conforme se pode constatar da análise do gráfico 3.27. No ano de 2005, continuam a ser em maior número os reclusos condenados apenas por um crime, apesar de se afirmar uma tendência para o aumento do número de crimes pelos quais os reclusos se encontram a cumprir pena.

Maria João Guia · 203

TABELA 3.12. **Percentagem dos crimes com condenações a reclusão, por género**

	2002		2005	
	Sexo		Sexo	
	Masculino	**Feminino**	**Masculino**	**Feminino**
TOTAL [35]	1 301 (100%)	114 (100%)	1 699 (100%)	139 (100%)
Crimes contra a vida	7,5%	3,5%	6,6%	4,3%
Crimes contra a integridade física	2,1%	-	3,0%	-
Crimes contra a liberdade pessoal	3,6%	0,9%	3,3%	2,2%
Crimes contra a liberdade sexual	3,0%	-	1,9%	-
Crimes contra a autodeterminação sexual	1,0%	-	0,9%	-
Tráfico de pessoas	-	-	0,1%	-
Lenocínio	-	-	0,2%	1,4%
Crimes contra a honra	0,1%	-	0,4%	-
Crimes contra o património em geral	2,7%	4,4%	2,4%	2,2%
Extorsão	2,9%	-	1,9%	0,7%
Falsificação de documentos	3,4%	2,6%	5,2%	2,9%
Falsificação de moeda, título de crédito e valor selado	0,5%	-	1,1%	1,4%
Crimes de perigo comum	2,5%	-	1,8%	-
Associação criminosa	2,4%	-	2,2%	0,7%
Organizações terroristas	-	-	-	-
Crimes contra a realização de justiça	0,8%	0,9%	0,9%	0,7%
Outros	3,4%	0,9%	6,9%	0,7%
Tráfico e outros crimes relacionados com drogas	42,7%	78,0%	38,8%	72,7%
Detenção ilegal de arma de defesa	1,6%	0,9%	4,0%	0,7%
Associação de auxílio à imigração ilegal	0,6%	-	0,8%	-
Auxílio à imigração ilegal	1,0%	0,9%	0,7%	1,4%
Crime desconhecido do EP	0,2%	-	-	-
Angariação de mão-de-obra ilegal	-	-	0,2	-

Fonte: DGSP e cálculos da autora.

---

[35] Os números totais constantes nesta tabela não coincidem com o número total de reclusos condenados constantes noutros gráficos. Esta discrepância deve-se ao facto de a cada recluso não coincidir necessariamente apenas um crime. Nesta tabela figuram os crimes que mereceram condenações, logo irão ser contabilizados mais do que uma vez os elementos masculinos ou femininos que os cometeram.

GRÁFICO 3.27. **Número de crimes praticados pelos reclusos estrangeiros condenados, em 2002 e 2005**

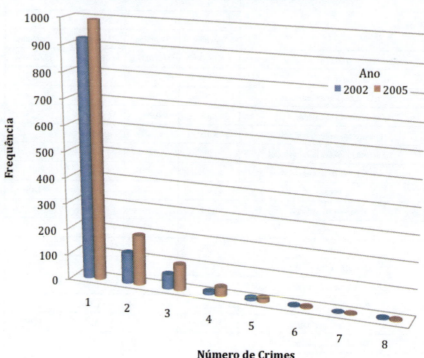

Fonte: DGSP

Em jeito de conclusão, é necessário fazer duas ou três distinções. Apresentar-se-á, então, uma tabela para cada uma delas, por forma a melhor visualizar as diferenças que podem conter as análises estatísticas isoladas e como estas podem diferir consoante os dados que se procurem.

Relativamente às nacionalidades mais representativas, o número absoluto de reclusos estrangeiros presentes nos estabelecimentos prisionais portugueses poucas alterações sofreu, de 2002 para 2005, sendo as mais flagrantes o aumento do número de reclusos de origem venezuelana, brasileira e romena e a descida do número de reclusos angolanos, ucranianos e moldavos, conforme se pode constatar da análise da tabela 3.13.

TABELA 3.13. **Número total de reclusos em 2002 e 2005,
por nacionalidades mais representadas**

	2002		*2005*	
TOTAL	**2 200**		**2 389**	
1.º	Cabo Verde	646 (29,4%)	Cabo Verde	787 (32,8%)
2.º	Angola	280 (12,7%)	Angola	234 (9,8%)
3.º	Brasil	164 (7,5%)	Brasil	203 (8,5%)
4.º	Espanha	125 (5,7%)	Espanha	133 (5,6%)
5.º	Ucrânia	123 (5,6)	Guiné-Bissau	124 (5,2%)
6.º	Guiné-Bissau	114 (5,2%)	Venezuela	117 (4,9%)
7.º	Moldávia	101 (4,6%)	Roménia	93 (3,9%)
8.º	S. Tomé e Prínc.	56 (2,5%)	Ucrânia	88 (3,7%)
9.º	Roménia	54 (2,5%)	Moldávia	55 (2,3%)
			Holanda	55 (2,3%)
10.º	França	40 (1,8%)	S. Tomé e Prínc.	54 (2,3%)
11.º	Rússia	37 (1,7%)	França	37 (1,6%)
12.º	Colômbia	33 (1,5%)	Colômbia	30 (1,3%)
13.º	Venezuela	31 (1,4%)	Rússia	26 (1,1%)
			Marrocos	26 (1,1%)

Fonte: DGSP e cálculos da autora.

Se a análise se detiver nos reclusos condenados e a cumprir efecti-vamente pena, verifica-se que as principais tendências da tabela anterior se mantêm, encontrando-se os reclusos oriundos de Cabo Verde, Angola e Brasil em maior número nos estabelecimentos prisionais portugueses, mantendo mais ou menos as mesmas percentagens de representatividade relativamente ao total dos reclusos estrangeiros, conforme se pode verifi-car através da análise da tabela 3.14. As percentagens de condenações são quase todas mais altas do que as do número total de reclusos estrangeiros das principais nacionalidades, apesar de haver pouca diferença.

Se a análise se centrar nos reclusos não condenados, verificam-se já mais alterações, quer na ordem das nacionalidades, quer nas próprias percentagens, que diferem substancialmente em algumas nacionalidades constantes da tabela do total de reclusos estrangeiros, conforme se pode constatar através da análise da tabela 3.15. Talvez os casos mais emble-máticos sejam os dos reclusos ucranianos e moldavos não condenados em 2002, bem como a entrada de nacionalidades não constantes nas mais representativas do total de reclusos estrangeiros em 2002 (Rússia) e 2005 (Holanda e Marrocos).

TABELA 3.14. **N.º de reclusos condenados (residentes e não residentes) em 2002 e 2005, por nacionalidades mais representadas**

	2002		*2005*	
TOTAL	**1132**		**1348**	
1.º	Cabo Verde	390 (34,5%)	Cabo Verde	488 (36,2%)
2.º	Angola	165 (14,6%)	Angola	137 (10,2%)
3.º	Brasil	92 (8,1%)	Brasil	101 (7,5%)
4.º	Guiné-Bissau	63 (5,6%)	Venezuela	72 (5,3%)
5.º	Espanha	58 (5,1%)	Espanha	68 (5,0%)
6.º	S. Tomé e Prínc.	35 (3,1%)	Guiné-Bissau	66 (4,9%)
7.º	Ucrânia	26 (2,3%)	Ucrânia	47 (3,5%)
8.º	Venezuela	23 (2,0%)	Moldávia	40 (3,0%)
9.º	Moldávia	21 (1,9%)	Roménia	39 (2,9%)
10.º	Colômbia	20 (1,8%)	S. Tomé e Prínc.	34 (2,5%)
11.º	Moçambique	16 (1,4%)	França Colômbia Holanda	18 (1,3%) 18 (1,3%) 18 (1,3%)
12.º	Holanda Rússia	13 (1,2%) 13 (1,2%)	Rússia	17 (1,3%)
13.º	Itália	11 (1,0%)	Marrocos	6 (0,4%)

Fonte: DGSP e cálculos da autora.

Efectuando uma análise comparativa das nacionalidades mais representativas nestes dois anos em análise e com as várias diferenciações (número total de reclusos, número de condenados e de não condenados), verificam-se ordenações diferentes, sendo que há nacionalidades de reclusos que inclusivamente desaparecem das tabelas dos 10 mais condenados (Rússia em 2002), conforme se pode verificar através da análise da tabela 3.16.

TABELA 3.15. **Número de reclusos não condenados em 2002 e 2005, por nacionalidades mais representadas**

	2002		2005	
TOTAL	**1068**		**1041**	
1.º	Cabo Verde	256 (24,0%)	Cabo Verde	299 (28,7%)
2.º	Angola	115 (10,8%)	Brasil	102 (9,8%)
3.º	Ucrânia	97 (9,1%)	Angola	97 (9,3%)
4.º	Moldávia	80 (7,5%)	Espanha	66 (6,3%)
5.º	Brasil	72 (6,7%)	Roménia	54 (5,2%)
6.º	Espanha	67 (6,3%)	Guiné-Bissau	58 (5,6%)
7.º	Guiné-Bissau	51 (4,8%)	Venezuela	45 (4,3%)
8.º	Roménia	50 (4,7%)	Ucrânia	41 (4,0%)
9.º	Rússia	24 (2,3%)	Holanda	37 (3,6%)
10.º	S. Tomé e Prínc.	21 (2,0%)	Marrocos S. Tomé e Prínc.	20 (1,9%) 20 (1,9%)
11.º	França	14 (1,3%)	França	19 (1,8%)
12.º	Colômbia	13 (1,3%)	Moldávia	15 (1,4%)
13.º	Itália	12 (1,1%)	Colômbia	12 (1,2%)

Fonte: DGSP e cálculos da autora.

TABELA 3.16. **Lista de nacionalidades mais representadas no total de reclusos condenados e não condenados em 2002 e 2005, por ordem decrescente**

	2002			2005		
	Total	**Condenados**	**Não cond.**	**Total**	**Condenados**	**Não cond.**
1.º	Cabo Verde	Cabo Verde	Cabo Verde	Cabo Verde	Cabo Verde	Cabo Verde
2.º	Angola	Angola	Angola	Angola	Angola	Brasil
3.º	Brasil	Brasil	Ucrânia	Brasil	Brasil	Angola
4.º	Espanha	Guiné-Bissau	Moldávia	Espanha	Venezuela	Espanha
5.º	Ucrânia	Espanha	Brasil	Guiné--Bissau	Espanha	Roménia
6.º	Guiné-Bissau	S. Tomé e Prínc.	Espanha	Venezuela	Guiné--Bissau	Guiné--Bissau
7.º	Moldávia	Ucrânia	Guiné--Bissau	Roménia	Ucrânia	Venezuela
8.º	S. Tomé e Prínc.	Venezuela	Roménia	Ucrânia	Moldávia	Ucrânia
9.º	Roménia	Moldávia	Rússia	Moldávia Holanda	Roménia	Holanda

10.º	França	Colômbia	S.Tomé e Prínc.	S. Tomé e Prínc.	S. Tomé e Prínc.	Marrocos S. Tomé e Princ.
11.º	Rússia	Moçambique	França	França	França Colômbia Holanda	França
12.º	Colômbia	Holanda Rússia	Colômbia	Colômbia	Rússia	Moldávia
13.º	Venezuela	Itália	Itália	Rússia Marrocos	Marrocos	Colômbia
	2 200	1 132	1 068	2 389	1 348	1 041

Fonte: DGSP

No que respeita à hipótese formulada (de separar a análise dos reclusos imigrantes da dos reclusos estrangeiros, com base nos dados fornecidos pela DGSP), a primeira constatação tem a ver com a relativa semelhança nas nacionalidades mais representadas nas tabelas já apresentadas. Por outro lado, verifica-se uma maior representação de nacionalidades já presentes nas tabelas anteriores, mas que assumem agora um lugar de maior destaque, conforme se pode verificar pela análise da tabela 3.17.

TABELA 3.17. **Número de reclusos imigrantes condenados em 2002 e 2005, por nacionalidades mais representadas**

	2002		*2005*	
TOTAL		718		912
1.º	Cabo Verde	339 (47,2%)	Cabo Verde	453 (49,7%)
2.º	Angola	133 (18,5%)	Angola	122 (13,4%)
3.º	Guiné-Bissau	52 (7,2%)	Guiné-Bissau	58 (6,4%)
4.º	S. Tomé e Prínc.	31 (4,3%)	Brasil	48 (5,3%)
5.º	Brasil	29 (4,0%)	Ucrânia	36 (3,9%)
6.º	Ucrânia	20 (2,8%)	S. Tomé e Prínc.	31 (3,4%)
7.º	Moldávia	15 (2,1%)	Moldávia	30 (3,3%)
8.º	França	13 (1,8%)	Roménia	26 (2,8%)
9.º	Espanha	12 (1,7%)	Rússia	13 (1,4%)
10.º	Rússia	10 (1,4%)	Espanha	10 (1,1%)
11.º	Roménia	2 (0,3%)	França	10 (1,1%)

Fonte: DGSP e cálculos da autora.

Assim, em 2002, as dez nacionalidades apresentadas na tabela 3.17. constituem 91% da totalidade de reclusos residentes condenados e em 2005 90,6%, podendo constituir a base de trabalho para a hipótese do estudo dos reclusos imigrantes.

3.4.4. Caracterização e comparação dos reclusos imigrantes em Portugal em 2002 e 2005 – principais nacionalidades

Os estudos que têm vindo a ser desenvolvidos sobre a imigração e o crime baseiam-se sobretudo em estatísticas da Justiça. No entanto, é necessário olhar com alguma cautela para as estatísticas e análises efectuadas a partir destes dados. É geralmente mais bem aceite que os trabalhos sobre este tema baseados em estatísticas dos reclusos condenados são mais fidedignos do que os que se baseiam na criminalidade registada e participada. Isto deve-se ao facto de muitos dos crimes registados não chegarem sequer a seguir o percurso da Justiça até às barras dos tribunais, ficando-se apenas pelo registo. Quanto aos dados dos reclusos condenados, estes pressupõem uma investigação, factos apurados, um julgamento e uma condenação proferida. No entanto, também se poderão levantar questões sobre a possibilidade de calcular taxas de criminalidade através das estatísticas dos reclusos. Naturalmente, o desejável seria conseguir reunir todos os dados e analisá-los detalhadamente. Não sendo, actualmente, ainda possível fazê-lo, recolheram-se e analisaram-se os dados dos reclusos estrangeiros em Portugal, nos anos de 2002 e 2005.

Assim sendo, procedeu-se à análise dos dados estatísticos das nacionalidades mais representativas presentes nos estabelecimentos prisionais portugueses. Aquelas foram escolhidas com base nas tabelas anteriormente expostas, em termos de representatividade total e de representatividade do número de reclusos residentes condenados. Os dez países escolhidos foram os que constam do seguinte gráfico:

GRÁFICO 3.28. **Nacionalidades de reclusos estrangeiros totais (círculo externo) e reclusos residentes estudados (círculo interno), por nacionalidade, em 2005**

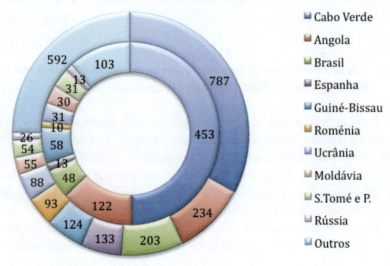

Fonte: DGSP

Nota explicativa:

Foi escolhida uma metodologia de estudo essencialmente descritiva para este subcapítulo. A sua leitura poderá, por vezes, tornar-se um pouco repetitiva ao passar de uma nacionalidade para a outra. No entanto, tal facto permite que se faça a leitura individualizada de cada uma das nacionalidades sem que seja necessário folhear todo o capítulo em busca das necessárias explicações para cada um dos gráficos e dos pontos em análise.

Procedeu-se, pois, a uma compactação dos dados mais importantes, de forma a poderem estabelecer-se comparações entre as diversas nacionalidades que serão seguidamente apresentadas.

Assim, o esquema textual de análise de cada nacionalidade que poderá ser consultado no presente capítulo será o seguinte:

– Análise geral.
– Os reclusos residentes.

É necessário, ainda, encarar os gráficos apresentados com algum cuidado, uma vez que os crimes foram todos contabilizados, quer tenham sido cometidos em conjunto ou não com outros crimes. Assim, o número de crimes não corresponderá ao total do número de reclusos. Para além do mais, os dados adicionais apresentados não se reportam aos reclusos como seres individuais, mas à aproximação do perfil dos que cometeram um determinado tipo de crime, através de médias dos dados individuais colhidos na fonte. De qualquer forma, para facilitar a compreensão do texto, os números são apresentados como que reportando-se a reclusos.

Sempre que surgir a menção "n", esta é relativa ao número absoluto; quanto à menção "$\overline{X}$", esta reporta-se à média.

3.4.4.1. Análise geral

Os reclusos estrangeiros das dez nacionalidades escolhidas seguem os padrões da generalidade dos reclusos estrangeiros, no que respeita à sobre-representação do sexo masculino e da pouca representatividade das reclusas. A excepção encontra-se no caso das reclusas cabo-verdianas que evidenciam um aumento de 2002 para 2005 e no das reclusas brasileiras, romenas e espanholas, apesar do decréscimo de 2002 para 2005, conforme se pode observar na tabela 3.18.

TABELA 3.18. **Distribuição dos reclusos por género e por nacionalidade, em 2002 e 2005**

	Masculino		Feminino	
País de origem dos reclusos	**2002**	**2005**	**2002**	**2005**
Cabo Verde	608	722	38	65
Angola	270	229	10	5
Brasil	118	177	46	26
Espanha	107	117	18	17
Ucrânia	119	87	4	<3
Guiné-Bissau	108	121	6	3
São Tomé e Príncipe	53	52	3	<3
Moldávia	100	53	<3	<3
Roménia	33	78	21	15
Rússia	36	25	<3	<3

Fonte: DGSP

212 *Imigração e Criminalidade – Caleidoscópio de Imigrantes Reclusos*

Quanto às condenações, constata-se que metade das nacionalidades relativas a reclusos (cabo-verdianos, angolanos, brasileiros, guineenses e são-tomenses) apresenta uma percentagem acima dos 50%, quer em 2002 quer em 2005, apesar de subsistir uma percentagem considerável de estrangeiros não condenados, que poderão estar incluídos numa das seguintes categorias: a aguardar trânsito em julgado, julgamento, extradição; ser indocumentado ou inimputável. As restantes nacionalidades, maioritariamente do Leste Europeu (Ucrânia, Moldávia, Roménia, Rússia) e de Espanha, conforme se pode constatar através da análise da tabela 3.19., apresentam percentagens baixas de condenações em 2002. Em 2005 todas estas nacionalidades de reclusos, à excepção dos romenos, já evidenciavam percentagens de condenações superiores a 50%. Este facto está relacionado com a nova vaga de estrangeiros vindos do Leste Europeu, acusados de crimes pouco comuns em Portugal em 2002. Em 2005, já o sistema judicial se encontra mais preparado para julgamentos dos casos em apreço. Este assunto será mais aprofundado de seguida, aquando da análise da criminalidade por nacionalidade.

TABELA 3.19. **Percentagem de condenações dos reclusos (totais) por nacionalidade, em 2002 e 2005**

	Condenados	
País de origem dos reclusos	**2002**	**2005**
Cabo Verde	60,4%	62,0%
Angola	58,9%	58,5%
Brasil	56,1%	56,4%
Espanha	46,4%	50,7%
Ucrânia	21,1%	53,4%
Guiné-Bissau	55,3%	53,2%
São Tomé e Príncipe	62,5%	62,9%
Moldávia	20,8%	72,7%
Roménia	7,4%	41,9%
Rússia	35,1%	65,4%

Fonte: DGSP e cálculos da autora.

Quanto à distinção entre estrangeiros e imigrantes, importa analisar as diferenças no número de condenados e a evolução do ano de 2002 para 2005. Assim, e conforme se pode observar na tabela 3.20., diminuiu, a nível geral, o número de condenações dos estrangeiros, de 2002 para 2005, à excepção do caso dos reclusos espanhóis, ucranianos, moldavos e romenos. Aumentou, no mesmo espaço temporal, o número de condenações dos reclusos imigrantes, excepto no caso dos angolanos e espanhóis. De assinalar ainda o aumento do número de imigrantes não condenados oriundos de Cabo Verde, Brasil, Guiné-Bissau e Roménia, que, em alguns dos casos ultrapassa o número de condenados.

TABELA 3.20. **Reclusos estrangeiros e imigrantes, condenados e não condenados, por nacionalidades, em 2002 e 2005**

	Estrangeiros				*Imigrantes*			
	Condenados		N. condenad.		Condenados		N. condenad.	
Países de origem – reclusos	2002	2005	2002	2005	2002	2005	2002	2005
Cabo Verde	51	35	21	17	339	453	235	282
Angola	32	15	17	14	133	122	98	83
Brasil	63	53	39	31	29	48	33	71
Espanha	46	58	61	62	12	10	6	4
Ucrânia	6	11	29	4	20	36	68	37
Guiné-Bissau	11	8	4	6	52	58	47	52
São Tomé e Príncipe	4	3	<3	<3	31	31	20	19
Moldávia	6	10	16	<3	15	30	64	14
Roménia	<3	13	31	30	<3	26	19	24
Rússia	3	4	7	<3	10	13	17	7

Fonte: DGSP

No que respeita às idades dos estrangeiros e dos imigrantes condenados, verifica-se que a média de idades dos estrangeiros é ligeiramente superior à dos imigrantes, apesar de haver algumas excepções, conforme se pode depreender da análise da tabela 3.21. Este facto prende-se com o perfil do imigrante, cuja idade é normalmente a do início de vida laboral. A nível geral, verifica-se também um aumento das idades, de 2002 para 2005, quer dos estrangeiros, quer dos imigrantes.

214 *Imigração e Criminalidade – Caleidoscópio de Imigrantes Reclusos*

TABELA 3.21. **Média de idades dos reclusos estrangeiros
e imigrantes condenados, em 2002 e 2005**

	Estrangeiros		*Imigrantes*	
País de origem dos reclusos	**2002**	**2005**	**2002**	**2005**
Cabo Verde	35,0	36,5	33,5	35,2
Angola	31,4	33,5	30,6	31,9
Brasil	35,3	36,8	33,0	34,2
Espanha	35,0	39,0	40,1	40,2
Ucrânia	33,2	35,8	31,1	33,4
Guiné-Bissau	32,9	31,5	30,8	32,1
São Tomé e Príncipe	36,0	31,3	27,8	34,0
Moldávia	30,2	34,8	29,0	30,2
Roménia	41,0	32,9	34,0	24,3
Rússia	23,7	35,7	29,9	32,5

Fonte: DGSP e cálculos da autora.

Analisando as médias de anos de escolaridade, constata-se uma relativa semelhança entre as médias dos reclusos estrangeiros e dos reclusos imigrantes, exceptuando o caso dos imigrantes espanhóis, cuja média de anos de escolaridade é bastante inferior à dos estrangeiros. Verifica-se ainda uma semelhança entre as médias de anos de escolaridade dos reclusos oriundos do Leste Europeu (Rússia, Moldávia e Ucrânia), mais altas do que as dos restantes reclusos e uma semelhança entre as médias de anos de escolaridade dos reclusos de alguns países africanos (oriundos de Cabo Verde, São Tomé e Príncipe e Guiné-Bissau) e de Espanha, cujas médias se revelam as mais baixas.

Dos reclusos residentes, a maior parte vive no distrito de Lisboa, em ambos os anos, com tendência para um aumento no ano de 2005. O distrito de Santarém é o segundo mais indicado pelos reclusos cabo-verdianos residentes, seguido do de Faro, Leiria e Terceira que, apesar de terem poucos reclusos, revelam aumentos significativos.

TABELA 3.22. Média de anos de escolaridade dos reclusos estrangeiros e imigrantes condenados, em 2002 e 2005

País de origem dos reclusos	Estrangeiros		Imigrantes	
	2002	2005	2002	2005
Cabo Verde	4,6	4,0	4,6	4,7
Angola	7,1	6,5	7,1	7,1
Brasil	8,6	8,4	8,2	7,6
Espanha	6,8	7,8	5,0	3,0
Ucrânia	7,8	8,5	9,9	9,8
Guiné-Bissau	5,7	5,6	7,1	6,5
São Tomé e Príncipe	4,7	9,0	5,4	5,1
Moldávia	11,0	8,0	11,5	8,6
Roménia	10,0	7,4	9,0	6,4
Rússia	13,0	8,2	7,9	8,9

Fonte: DGSP e cálculos da autora.

3.4.4.2. Tipos de crime por nacionalidades

3.4.4.2.1. Os reclusos cabo-verdianos

No que respeita aos crimes pelos quais os reclusos cabo-verdianos se encontram em Estabelecimentos Prisionais, verifica-se que são maioritariamente relativos a tráfico e outros crimes relacionados com drogas, seguidos dos crimes contra a propriedade, ambos com aumentos de 2002 para 2005, conforme se pode depreender da análise do gráfico 3.29.

Dos reclusos cabo-verdianos residentes, foi isolada a variável dos condenados e não condenados. Assim, os imigrantes condenados ocupam 52,5% e 61,6% da totalidade dos reclusos cabo-verdianos residentes em 2002 e em 2005 (residentes condenados 2002 = 339 e 2005 = 453), verificando-se um aumento, quer no número de reclusos residentes, quer no de residentes condenados.

Da análise dos tipos de crimes praticados pelos reclusos imigrantes cabo-verdianos, verifica-se que o principal crime é relativo ao tráfico e outros crimes relacionados com drogas, com um aumento significativo de 2002 (n=225) para 2005 (n=314). Constata-se ainda o aumento da média de idades dos reclusos residentes que praticaram este crime ($\overline{X}$=33,1 em 2002 e $\overline{X}$=35,6 em 2005).

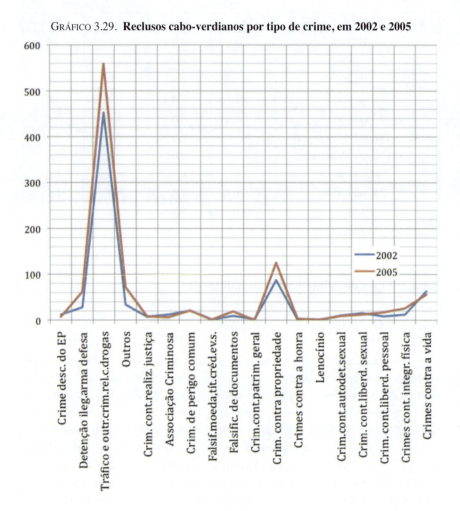

GRÁFICO 3.29. **Reclusos cabo-verdianos por tipo de crime, em 2002 e 2005**

Fonte: DGSP

Seguidamente, e por ordem decrescente, surgem os crimes contra a propriedade que, apesar de não se traduzirem num aumento tão grande como o crime anteriormente referido, revelam um número alto (n=51 em 2002 e n=68 em 2005), bem como um aumento da média da idade de quem os pratica ($\overline{X}$=27,6 em 2002 e $\overline{X}$=28,7 em 2005). Os crimes contra a vida evidenciam uma descida (n=46 em 2002 e n=40 em 2005), mas mantêm

GRÁFICO 3.30. **Reclusos residentes cabo-verdianos condenados por tipo de crime, em 2002 e 2005**

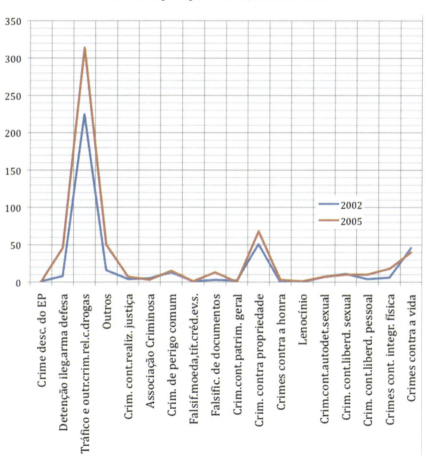

Fonte: DGSP

o aumento da média de idades dos reclusos ($\overline{X}$=38,3 anos em 2002 e $\overline{X}$=39,2 em 2005). Há ainda aumentos, em determinados crimes, para mais do quíntuplo de um ano para o outro, como a detenção ilegal de arma de defesa (n=8 em 2002 e n=46 em 2005) apresentando aqui um decréscimo da média de idades ($\overline{X}$=36,9 em 2002 e $\overline{X}$=34,7 em 2005). Também houve aumentos para o quádruplo do número de crimes como a falsificação de documentos (n=3 em 2002 e n=13 em 2005), acompanhando a subida da média das idades dos reclusos ($\overline{X}$=34,7 em 2002 e $\overline{X}$=38,9 em 2005). Verifica-se o triplo dos crimes contra a integridade física (n=6 em 2002 e n=18 em 2005) e um aumento da média de idades dos reclusos ($\overline{X}$=31,7 em 2002 e $\overline{X}$=35,3 em 2005).

Quantos aos crimes mais frequentemente associados à imigração, verifica-se que, para além da de falsificação de documentos já referido, apenas houve uma condenação de residente cabo-verdiano por crime de lenocínio em 2005, recluso este situado na faixa etária acima dos 60 anos de idade.

No que respeita às médias das idades, verificam-se duas grandes oscilações: um aumento na média de idades dos reclusos cabo-verdianos residentes condenados por crimes contra a autodeterminação sexual ($\overline{X}$=43,7 em 2002 e $\overline{X}$=50,1 em 2005) e uma diminuição na média de idades dos condenados por crimes contra a liberdade pessoal ($\overline{X}$=41,5 em 2002 e $\overline{X}$=30,2 em 2005).

3.4.4.2.2. Os reclusos angolanos

No que respeita aos crimes pelos quais os reclusos angolanos se encontram em Estabelecimentos Prisionais, verifica-se que são maioritariamente relativos a crimes contra a propriedade, com uma diminuição de 2002 para 2005. Constata-se ainda que os crimes contra a integridade física, contra a autodeterminação sexual, os crimes previstos na categoria "Outros" e o crime de auxílio à imigração ilegal revelaram um aumento de 2002 para 2005, conforme se pode verificar da análise do gráfico 3.31.

Dos reclusos residentes, a maior parte vive no distrito de Lisboa, em ambos os anos, com um decréscimo em 2005. O distrito de Setúbal é o segundo mais indicado pelos reclusos angolanos residentes, seguido do de Faro, Aveiro, Coimbra e Santarém, todos com decréscimo, de 2002 para 2005, à excepção de Coimbra, que revelou um ligeiro aumento.

Da análise dos tipos de crimes praticados pelos reclusos imigrantes angolanos condenados, através do gráfico 3.32., verifica-se que o principal crime é contra a propriedade, com um ligeiro decréscimo de 2002 (n=67) para 2005 (n=61).

GRÁFICO 3.31. **Reclusos angolanos por tipo de crime, em 2002 e 2005**

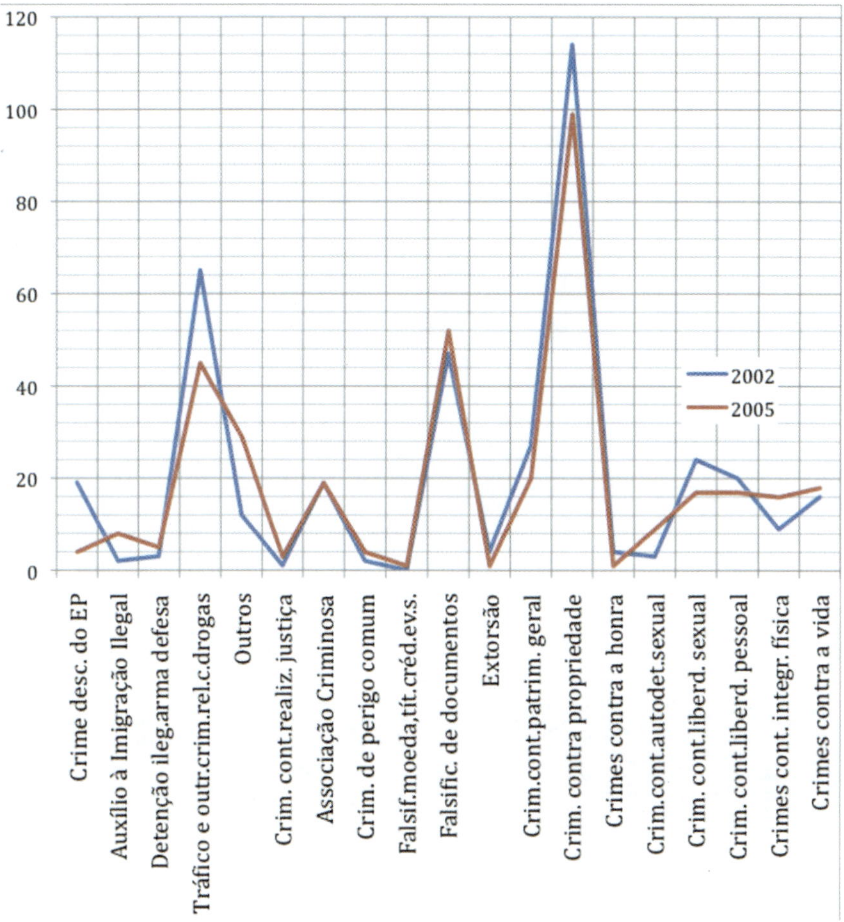

Fonte: DGSP

Constata-se a manutenção da média de idades dos reclusos residentes que praticaram este crime, com um ligeiro aumento ($\overline{X}$=29,3 em 2002 e $\overline{X}$=29,7 em 2005) e da média de anos de escolaridade (2002 $\overline{X}$ = 6,7 anos e 2005 $\overline{X}$ =6,8 anos de escolaridade.

Seguidamente, e por ordem decrescente, surgem os crimes de falsificação de documentos, que revelaram um acréscimo do número de condenações (n=14 em 2002 e n=18 em 2005), bem como um acréscimo da média da idade de quem os pratica ($\overline{X}$=31,2 em 2002 e $\overline{X}$=36,1 em 2005) e da média de anos de escolaridade (2002 $\overline{X}$=8,4 e 2005 $\overline{X}$=9,4).

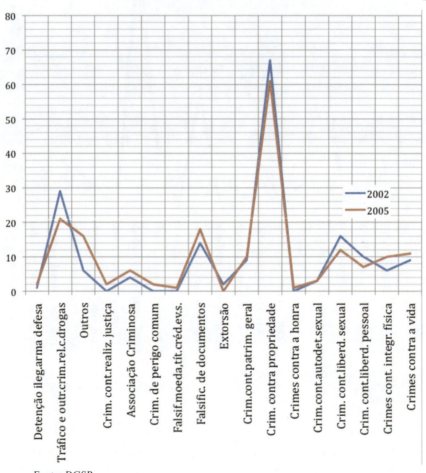

GRÁFICO 3.32. **Reclusos residentes angolanos condenados por tipo de crime, em 2002 e 2005**

Fonte: DGSP

Os crimes contra a liberdade sexual evidenciam uma descida (n=16 em 2002 e n=12 em 2005), mas mantêm o aumento da média de idades dos reclusos ($\overline{X}$=27,4 anos em 2002 e $\overline{X}$=31,1 em 2005) e um decréscimo dos anos de escolaridade (2002 $\overline{X}$=6,9 e 2005 $\overline{X}$=6,4).

A nível geral, não há grandes oscilações no número de crimes de 2002 para 2005, merecendo no entanto menção especial os aumentos dos crimes contra a integridade física (2002 n=6 e 2005 n=10), o aumento da média de idades dos reclusos (2002 $\overline{X}$=28 e 2005 $\overline{X}$=30,8 anos) e o decréscimo da média dos anos de escolaridade, de 7,8 para 6,1. Também os crimes previstos na alínea "outros" revelam um aumento (2002 n=6 e 2005 n=16). Quanto aos decréscimos, de assinalar o dos crimes contra a liberdade pessoal (2002 n=10 e 2005 n=7), acompanhado de um decréscimo da média de anos de escolaridade (2002 $\overline{X}$=7,7 e 2005 $\overline{X}$=5,6) mas com um aumento da média de idades (2002 $\overline{X}$=27,7 e 2005 $\overline{X}$=31,4).

Assinale-se ainda a subida significativa da média de idades dos reclusos condenados por crimes contra o património em geral (2002 $\overline{X}$=33,4 para 2005 $\overline{X}$=37,7) e pelo crime de detenção ilegal de arma de defesa (2002 n=34 e 2005 n=41 anos).

Quantos aos decréscimos, assinalam-se os crimes contra a autodeterminação sexual, com uma descida da média de idades dos reclusos (2002 $\overline{X}$=46,3 e 2005 $\overline{X}$=37,3).

Quanto aos crimes mais frequentemente associados à imigração, verifica-se que, para além dos crimes de falsificação de documentos já referidos, apenas houve duas condenações de residentes angolanos por crime de extorsão em 2002.

3.4.4.2.3. Os reclusos brasileiros

No que respeita aos crimes pelos quais os reclusos brasileiros se encontram em Estabelecimentos Prisionais, verifica-se que são maioritariamente relativos a tráfico e outros crimes relacionados com drogas, com tendência para diminuir de 2002 para 2005. Contrariamente, os crimes contra a propriedade revelam uma grande tendência para aumentar de 2002 para 2005, atingindo quase os mesmos valores que os crimes de tráfico e outros relacionados com drogas.

GRÁFICO 3.33. **Reclusos brasileiros por tipo de crime, em 2002 e 2005**

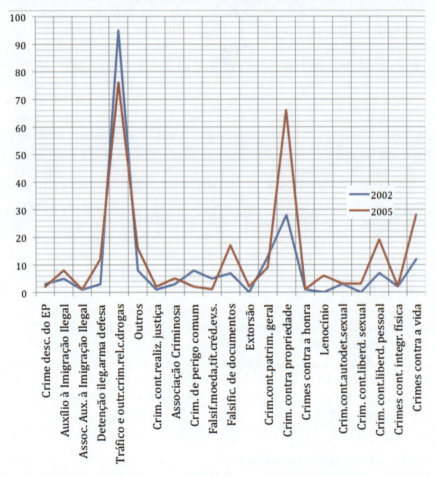

Fonte: DGSP

Dos reclusos residentes, a maior parte é residente no distrito de Lisboa, em ambos os anos, com um aumento no ano de 2005. O distrito de Setúbal é o segundo mais indicado pelos reclusos brasileiros residentes, seguido dos do Porto, Faro, Leiria, Santarém e Madeira que, apesar de terem poucos reclusos, revelam aumentos, à excepção do Porto.

Da análise dos tipos de crimes praticados pelos reclusos imigrantes brasileiros, verifica-se que foi mais vezes condenado é o crime contra a propriedade, com um aumento significativo de 2002 (n=8) para 2005 (n=22). Constata-se ainda o aumento da média de idades dos reclusos residentes que praticaram este crime ($\overline{X}$=24,2 em 2002 e $\overline{X}$=29,2 em 2005) e a diminuição da média de anos de escolaridade (2002 $\overline{X}$= 9,6 anos e 2005 $\overline{X}$=7,9).

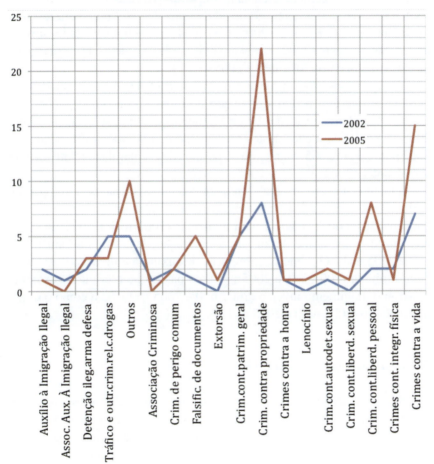

GRÁFICO 3.34. **Reclusos residentes brasileiros condenados por tipo de crime, em 2002 e 2005**

Fonte: DGSP

Seguidamente, e por ordem decrescente, surgem os crimes previstos na alínea "outros" que duplicaram de 2002 para 2005 (n=5 em 2002 e

224 *Imigração e Criminalidade – Caleidoscópio de Imigrantes Reclusos*

n=10 em 2005), bem como um aumento da média da idade de quem os pratica ($\overline{X}$=27,2 em 2002 e $\overline{X}$=33,3 em 2005) e dos anos de escolaridade (2002 $\overline{X}$=5,6 e 2005 $\overline{X}$=7,7). Os crimes contra a liberdade pessoal quadriplicaram, apesar do número reduzido de condenações (n=2 em 2002 e n=8 em 2005), verificando-se uma descida abrupta na média de idades dos reclusos condenados por este crime ($\overline{X}$=40 anos em 2002 e $\overline{X}$=28,4 anos em 2005) e uma ligeira descida na média de anos de escolaridade (2002 $\overline{X}$=8 e 2005 $\overline{X}$=7,2). A detenção ilegal de arma de defesa também teve um ligeiro aumento (2002 n=2 e 2005 n=3), tendo as médias das idades sofrido um grande aumento (2002 $\overline{X}$=34 e 2005 $\overline{X}$=46) e os anos de escolaridade um ligeiro aumento (2002 n=7 e 2005 n=9,7).

No que respeita ao crime de tráfico e outros relacionados com drogas, verifica-se que tem pouco significado no universo das condenações dos reclusos brasileiros residentes, com 5 condenações em 2002 e apenas 3 em 2005. A média de idades destes reclusos desceu de 40 anos de idade em 2002 para 30 em 2005, mantendo-se os anos de escolaridade relativamente semelhantes (2002 $\overline{X}$=7,2 e 2005 $\overline{X}$=7,7).

Quanto aos crimes mais frequentemente associados à imigração, verifica-se que o crime de falsificação de documentos foi o que teve mais condenações, com tendência para aumentar (2002 n=1 e 2005 n=5). As condenações por crime de auxílio à imigração ilegal diminuíram (2002 n=2 e 2005 n=1). O crime de associação de auxílio à imigração ilegal também diminuiu (2002 n=1 e 2005 n=0), ao passo que o crime de extorsão mostrou o movimento inverso (2002 n=0 e 2005 n=1), bem como o crime de lenocínio (2002 n= 0 e 2005 n=1).

3.4.4.2.4. Os reclusos espanhóis

No que respeita aos crimes pelos quais os reclusos espanhóis se encontram em Estabelecimentos Prisionais, verifica-se que são maioritariamente relativos a tráfico e outros crimes relacionados com drogas, com um aumento de 2002 para 2005. Seguem-se os crimes contra a propriedade, com uma diminuição de 2002 para 2005. Quantos aos restantes crimes, não apresentam grande relevância. Saliente-se apenas o aumento dos crimes por falsificação de documentos, que aumentaram.

GRÁFICO 3.35. **Reclusos espanhóis por tipo de crime, em 2002 e 2005**

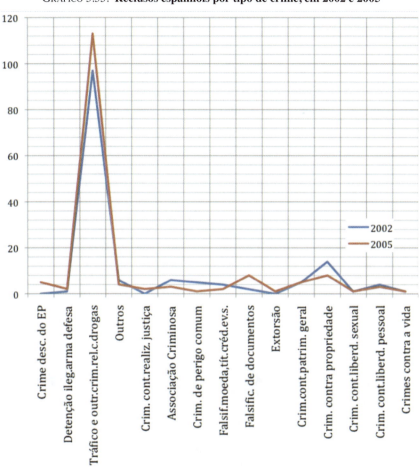

Fonte: DGSP

Os reclusos residentes são em número muito diminuto e distribuem-se pelo país pelos distritos de Braga, Lisboa, Aveiro e outros por outros distritos.

Da análise dos tipos de crimes praticados pelos reclusos espanhóis imigrantes, apesar do seu número diminuto, verifica-se que os mais condenados são os crimes de tráfico e outros relacionados com drogas (2002 n=5 e 2005 n=4) e crimes contra a propriedade (2002 n=4 e 2005 n=3). Quanto aos crimes de tráfico e outros relacionados com droga, as médias dos anos de escolaridade situam-se entre os 2,8 e 1 ano de escolaridade, e as idades pelos 39,8 e 39,5 anos. No que respeita aos crimes contra a propriedade, a média de anos de frequência de escolaridade situa-se entre os 6,5 em 2002 e os 0,6 anos em 2005, tendo-se verificado uma grande diminuição. A média de idades encontra-se nos 35 anos em 2002 e nos 26,7 em 2005.

GRÁFICO 3.36. **Reclusos espanhóis residentes condenados por tipo de crime, em 2002 e 2005**

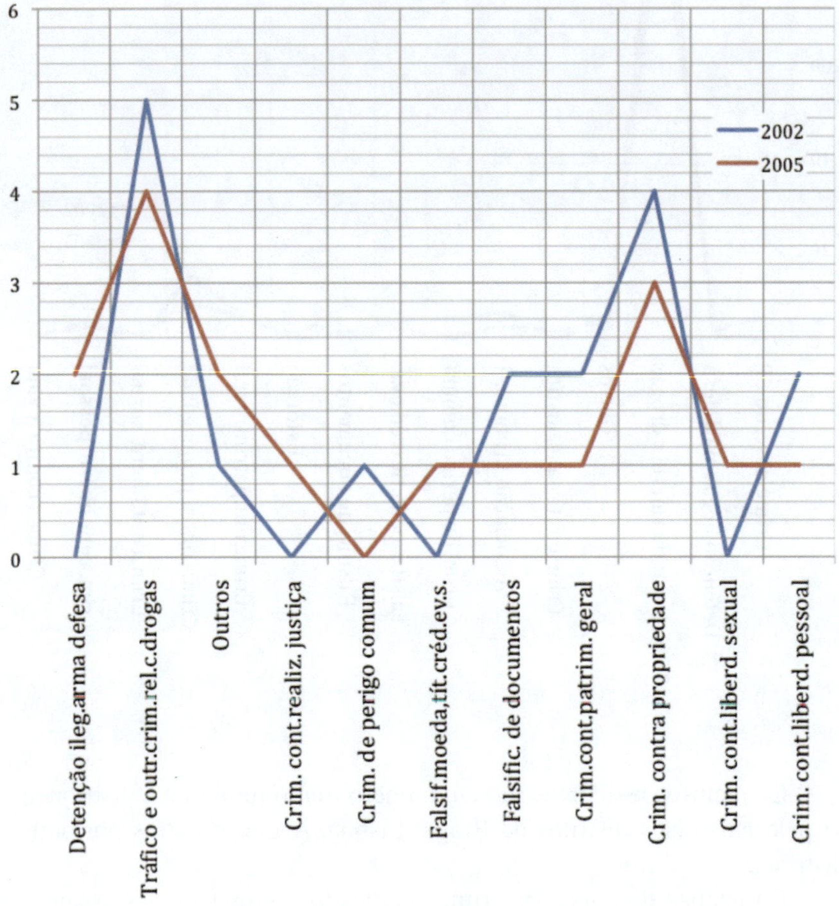

Fonte: DGSP

Todos os outros crimes se dividem por uma e outra categorias sem grande representatividade em nenhuma delas, conforme se pode observar

Maria João Guia

no gráfico 3.36. Quanto aos crimes mais frequentemente associados à imigração, não houve grande relevância no que respeita aos reclusos residentes condenados.

3.4.4.2.5. Os reclusos ucranianos

No que respeita aos crimes pelos quais os reclusos ucranianos se encontram em Estabelecimentos Prisionais, verifica-se que são maioritariamente relativos a crimes de extorsão, com uma diminuição (2002 n=44 e 2005 n=15). Seguidamente e revelando todos tendência para diminuir de 2002 para 2005, surgem os crimes de associação criminosa (2002 n=32 e 2005 n=10), crimes contra a propriedade (2002 n=23 e 2005 n=16), crimes contra a liberdade pessoal (2002 n=15 e 2005 n=7), crimes de associação de auxílio às imigração ilegal (2002 n=10 e 2005 n=6) e de auxílio à imigração ilegal (2002 n=10 e 2005 n=5). Com aumentos de 2002 para 2005, encontram-se os crimes contra a vida (2002 n=19 e 2005 n=28), crimes contra a integridade física (2002 n=7 e 2005 n=9), falsificação de documentos (2002 n=1 e 2005 n=9) e tráfico e outros crimes relacionados com drogas (2002 n=1 e 2005 n=16).

Dos reclusos residentes, o maior número é oriundo dos distritos de Faro e Lisboa, em ambos os anos, constando-se um aumento da fixação em Faro no ano de 2005. Os distritos de Aveiro, Porto, Braga, Santarém e Leiria são os mais indicados após Faro e Lisboa, havendo reclusos oriundos de outros distritos.

Da análise dos tipos de crimes praticados pelos reclusos imigrantes ucranianos, verifica-se que o mais vezes condenado é o crime contra a vida, com um aumento significativo de 2002 (n=6) para 2005 (n=11). Constata-se ainda um aumento da média de idades dos reclusos residentes que praticaram este crime ($\overline{X}$=31,2 em 2002 e $\overline{X}$=33,4 em 2005) e um aumento da média de anos de escolaridade (2002 $\overline{X}$= 5,2 anos e 2005 $\overline{X}$=8,3).

Seguidamente, e por ordem decrescente, surgem os crimes de extorsão, que diminuíram de um ano para o outro (2002 n=9 e 2005 n=5). As médias de idades dos reclusos condenados por este crime aumentaram de um ano para o outro, situando-se nos 28,9 anos em 2002 e nos 35 anos em 2005. Quanto aos anos de escolaridade dos reclusos condenados por este crime, verificou-se um movimento inverso (2002 $\overline{X}$=13,7 anos e 2005 $\overline{X}$=10,6 anos).

GRÁFICO 3.37. **Reclusos ucranianos por tipo de crime, em 2002 e 2005**

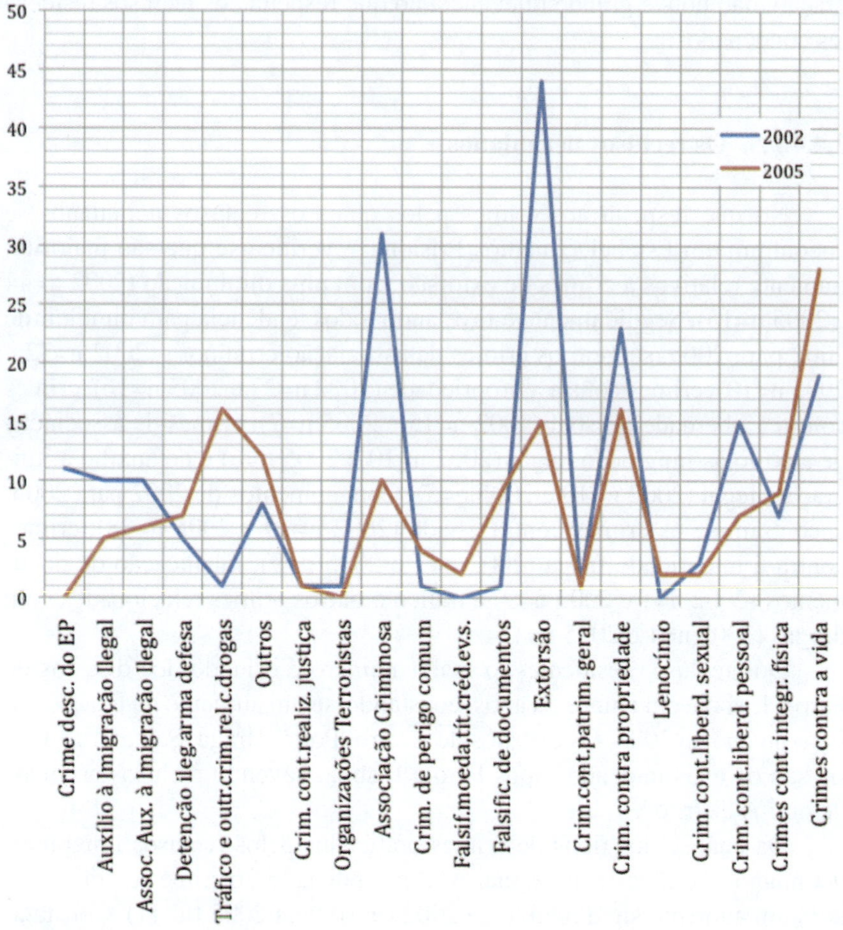

Fonte: DGSP

Quase todos os outros crimes que resultaram em condenações dos residentes demonstraram tendência para aumentar: crimes contra a propriedade (2002 n=2 e 2005 n=8), cuja média de idades se situou nos 31 anos em 2002 e nos 30,5 em 2005, e média de anos de escolaridade com tendência para aumentar de 6 anos de média em 2002 para 10,4 anos em 2005. Os crimes contra a integridade física revelam aumentos (2002 n=2 e 2005 n=5), uma diminuição da idade média dos reclusos (de 41,5 anos em 2002 para 31,8 anos em 2005) e um ligeiro aumento na média de anos de escolaridade (de 11 anos em 2002 para 12,4 anos de frequência em 2005). O crime de associação criminosa também aumentou (2002 n=3 e 2005 n=5), havendo uma descida da média das idades (2002 $\overline{X}$=37 anos e 2005 $\overline{X}$=33,2 anos) e da escolaridade (2002 $\overline{X}$=12,7 anos e 2005 $\overline{X}$=10 anos). Quanto aos crimes de auxílio à imigração ilegal e associação de auxílio à imigração ilegal, ambos revelaram aumentos de 2002 para 2005; em ambos os casos, as médias das idades subiram e em ambos se sentiu uma descida dos anos de frequência de escolaridade.

GRÁFICO 3.38. **Reclusos ucranianos residentes condenados por tipo de crime, em 2002 e 2005**

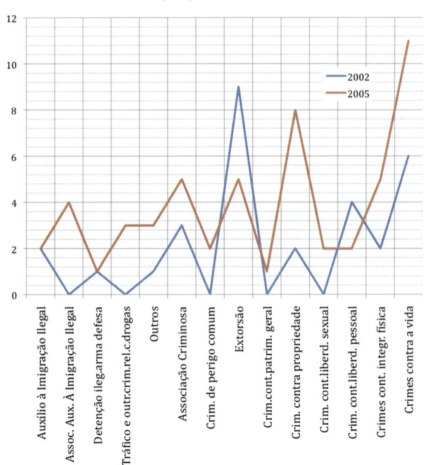

Fonte: DGSP

3.4.4.2.6. Os reclusos guineenses

No que respeita aos crimes pelos quais os reclusos guineenses se encontram em Estabelecimentos Prisionais, verifica-se que são maioritariamente relativos a crimes de tráfico e outros relacionados com drogas (2002 n=59 e 2005 n=59), e crimes contra a propriedade, com aumentos (2002 n=29 e 2005 n=49). Seguidamente e revelando todos aumentos de

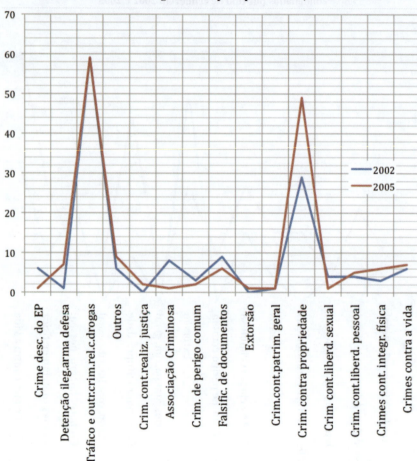

GRÁFICO 3.39. **Reclusos guineenses por tipo de crime, em 2002 e 2005**

Fonte: DGSP

2002 para 2005, surgem os crimes previstos na alínea "outros" (2002 n=6 2005 n=9), crimes contra a vida (2002 n=6 e 2005 n=7) e detenção ilegal de arma de defesa (2002 n=1 e 2005 n=7). Com decréscimos, surgem os crimes de falsificação de documentos (2002 n=9 e 2005 n=6), os crimes de associação criminosa (2002 n=8 e 2005 n=1) e os crimes desconhecidos do EP (2002 n=6 e 2005 n=1).

GRÁFICO 3.40. **Reclusos guineenses residentes condenados por tipo de crime, em 2002 e 2005**

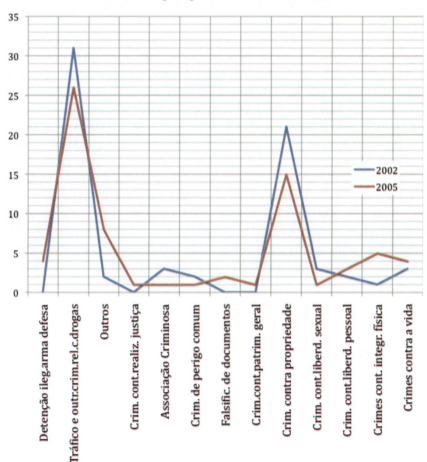

Fonte: DGSP

232   *Imigração e Criminalidade – Caleidoscópio de Imigrantes Reclusos*

Dos reclusos residentes, o maior número é oriundo do distrito de Lisboa, em ambos os anos, com o aumento da fixação. A seguir, os distritos de Setúbal, Faro e Porto são os mais indicados, havendo reclusos oriundos de outros distritos.

Da análise dos tipos de crimes praticados pelos reclusos imigrantes guineenses, verifica-se que o mais condenado é o crime de tráfico e outros relacionados com drogas, com decréscimos de 2002 (n=31) para 2005 (n=26). Constata-se ainda o aumento da média de idades dos reclusos residentes que praticaram este crime ($\overline{X}$=34,1 em 2002 e $\overline{X}$=35,7 em 2005), bem como o aumento da média de anos de escolaridade (2002 $\overline{X}$= 7,1 anos e 2005 $\overline{X}$=6,3).

Seguidamente e por ordem decrescente, surgem os crimes contra a propriedade, cujas condenações aumentaram de um ano para o outro (2002 n=15 e 2005 n=21). As médias de idades dos reclusos condenados por este crime diminuíram de um ano para o outro, situando-se nos 24,3 anos em 2002 e nos 23,9 anos em 2005. Quanto aos anos de escolaridade, verificou-se também uma ligeira descida (2002 $\overline{X}$=7,2 anos e 2005 $\overline{X}$=7,0 anos).

Quase todos os outros crimes que resultaram em condenações dos residentes demonstraram aumentos: crimes previstos na categoria "outros" (2002 n=2 e 2005 n=8), cuja média de idades se situou nos 30 anos em 2002 e nos 35,1 em 2005, e média de anos de escolaridade com aumentos de 6,5 anos em 2002 para 7,7 anos em 2005. Os crimes contra a integridade física revelam aumentos (2002 n=1 e 2005 n=5), uma diminuição na idade média dos reclusos e na média de anos de escolaridade. Os crimes contra a vida também aumentaram (2002 n=3 e 2005 n=4), com médias de idades também mais altas em 2005 (2002 $\overline{X}$=35,3 e 2005 $\overline{X}$=37,7) e menos anos de frequência de escolaridade (2002 $\overline{X}$=7,7 e 2005 $\overline{X}$=6).

3.4.4.2.7. Os reclusos são-tomenses

No que respeita aos crimes pelos quais os reclusos são-tomenses se encontram em Estabelecimentos Prisionais, verifica-se que são maioritariamente relativos a crimes de tráfico e outros relacionados com drogas, com decréscimos de 2002 para 2005, e crimes contra a propriedade, com aumentos de um ano para o outro. Constata-se ainda que os crimes contra a liberdade pessoal, contra a vida e os previstos na categoria "outros" revelaram um aumento de 2002 para 2005.

GRÁFICO 3.41. **Reclusos são-tomenses por tipo de crime, em 2002 e 2005**

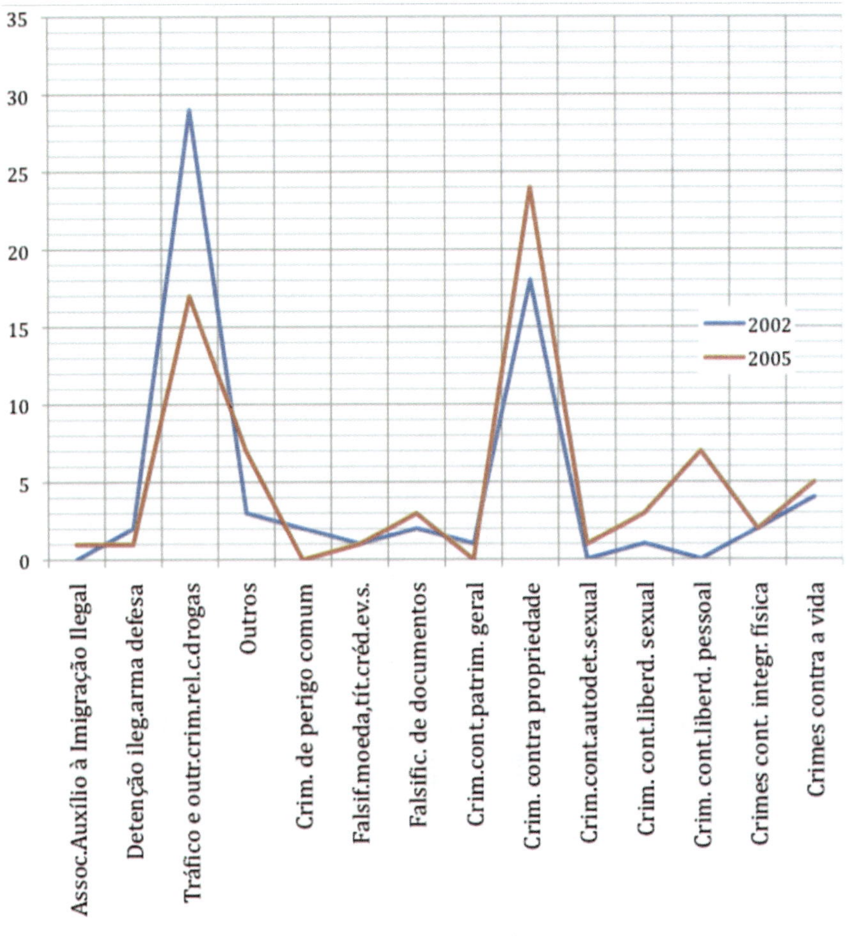

Fonte: DGSP

Dos reclusos residentes, a maior parte é pertencente ao distrito de Lisboa, em ambos anos, com um decréscimo no ano de 2005. O distrito de Setúbal é o segundo mais indicado pelos reclusos são-tomenses residentes, seguido do de Faro, Aveiro, Leiria e Madeira, estes últimos quatro com muito pouca relevância.

Da análise dos tipos de crimes praticados pelos reclusos imigrantes são-tomenses condenados, verifica-se que o principal crime é de tráfico e outros relacionados com drogas e crimes contra a propriedade, ambos com um ligeiro decréscimo de 2002 para 2005.

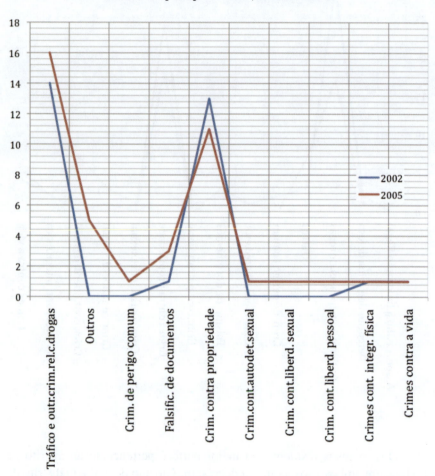

GRÁFICO 3.42. **Reclusos são-tomenses residentes condenados por tipo de crime, em 2002 e 2005**

Fonte: DGSP

Constata-se um aumento da média das idades dos reclusos residentes condenados por estes dois crimes – tráfico e outros relacionados com drogas (2002 n=28,9 anos e 2005 n= 37 anos) e crimes contra a propriedade (2002 $\overline{X}$=25,1 anos e 2005 $\overline{X}$=30,3 anos). Quanto à média de anos de escolaridade, mantêm-se mais ou menos idênticos nestes dois crimes: tráfico e outros relacionados com drogas (2002 $\overline{X}$=4,7 anos e 2005 $\overline{X}$=4,1 anos) e crimes contra a propriedade (2002 $\overline{X}$=5,9 anos e 2005 $\overline{X}$=5,2 anos).

Seguidamente, e por ordem decrescente, surgem os crimes previstos na alínea "outros", com um aumento.

A falsificação de documentos surge imediatamente depois, com um aumento de um ano para o outro. Quanto aos restantes crimes, são pouco relevantes em termos numéricos, conforme se pode observar no gráfico 3.42.

3.4.4.2.8. Os reclusos moldavos

No que respeita aos crimes pelos quais os reclusos moldavos se encontram em Estabelecimentos Prisionais, verifica-se que são maioritariamente relativos a crimes de associação criminosa, com decréscimos (2002 n=45 e 2005 n=19). Seguidamente e revelando todos decréscimos de 2002 para 2005, surgem os crimes de extorsão (2002 n=42 e 2005 n=20), crimes contra a liberdade pessoal (2002 n=28 e 2005 n=11), crimes desconhecidos do EP (2002 n=16, 2005 n=0), crimes contra a integridade física (2002 n=12 e 2005 n=3) e crimes contra a vida (2002 n=8 e 2005 n=7). Com aumentos, encontram-se os crimes contra a propriedade (2002 n=16 e 2005 n=18).

No que respeita aos crimes directamente relacionados com a imigração, apesar de diminuírem, o número de crimes de extorsão, de auxílio à imigração ilegal (2002 n=13 e 2005 n=9) e de associação de auxílio à imigração ilegal (2002 n=18 e 2005 n=7), são bastante mais altos do que os da média dos reclusos estrangeiros.

Dos reclusos residentes, o maior número é oriundo dos distritos de Lisboa, Faro e Setúbal em ambos os anos, com uma diminuição da fixação em todos os distritos, acompanhando a diminuição do número de reclusos.

Da análise dos tipos de crimes praticados pelos reclusos imigrantes moldavos, verifica-se que o mais vezes condenado é o crime de extorsão, com um aumento significativo de 2002 (n=9) para 2005 (n=13). Constata-se ainda o aumento da média de idades dos reclusos residentes que praticaram este crime ($\overline{X}$=28,5 em 2002 e $\overline{X}$=31,1 em 2005) e a diminuição da média de anos de escolaridade (2002 $\overline{X}$= 11,9 anos e 2005 $\overline{X}$=8,7).

GRÁFICO 3.43. **Reclusos moldavos por tipo de crime, em 2002 e 2005**

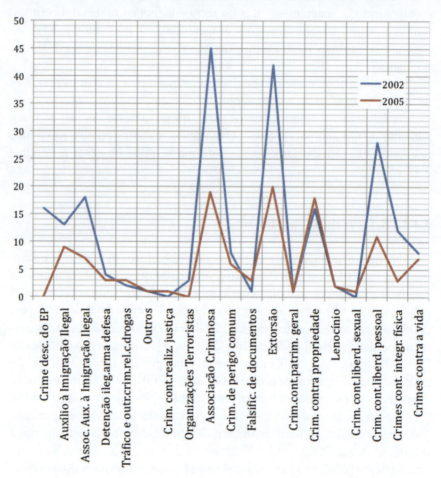

Fonte: DGSP

Seguidamente, e por ordem decrescente, surgem os crimes de associação criminosa, que aumentaram de um ano para o outro (2002 n=3 e 2005 n=10). As médias de idades dos reclusos condenados por este crime aumentaram de um ano para o outro, situando-se nos 27,3 anos em 2002 e nos 29,0 anos em 2005. Quanto aos anos de escolaridade dos reclusos condenados por este crime, verificou-se um movimento inverso (2002 $\overline{X}$ =10,0 anos e 2005 $\overline{X}$=9,7 anos).

GRÁFICO 3.44. **Reclusos moldavos residentes condenados por tipo de crime, em 2002 e 2005**

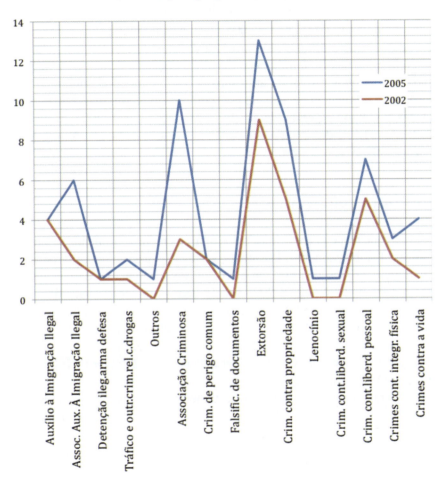

Fonte: DGSP

Quase todos os outros crimes que resultaram em condenações dos residentes demonstraram aumentos: crimes contra a propriedade (2002 n=5 e 2005 n=9), cuja média de idades se situou nos 24,2 anos em 2002 e nos 27,7 anos em 2005, e média de anos de escolaridade com descidas de 12,4 anos de média em 2002 para 8,9 anos em 2005. Os crimes contra a liberdade pessoal revelam aumento (2002 n=5 e 2005 n=7), uma diminuição da idade média dos reclusos (de 30,8 anos em 2002 para 30,6 anos em 2005) e uma ligeira diminuição da média de anos de escolaridade (de 12,6 anos em 2002 para 11,3 anos em 2005). Os crimes contra a vida também aumentaram (2002 n=1 e 2005 n=4), havendo uma subida da média das idades e uma diminuição da média de anos de escolaridade. Quanto aos crimes de auxílio à imigração ilegal e associação de auxílio à imigração ilegal, ambos revelaram aumentos de 2002 para 2005; em ambos, as médias de frequência de anos de escolaridade diminuiu, mas a média das idades aumentou no crime de auxílio à imigração ilegal (2002 $\overline{X}$=26,2 e 2005 $\overline{X}$=31,5) e diminuiu no crime de associação de auxílio à imigração ilegal (2002 $\overline{X}$=38,5 e 2005 $\overline{X}$=32,5).

3.4.4.2.9. Os reclusos romenos

No que respeita aos crimes pelos quais os reclusos romenos se encontram em Estabelecimentos Prisionais, verifica-se que são maioritariamente relativos a crimes contra a propriedade, com aumentos, destacando-se dos restantes (2002 n=21 e 2005 n=52). Seguidamente e revelando todos aumentos de 2002 para 2005, surgem os crimes de tráfico e outros relacionados com drogas (2002 n=1 e 2005 n=13), crimes contra o património em geral (2002 n=3 e 2005 n=12), crimes de associação criminosa (2002 n=1, 2005 n=9), crimes contra a liberdade pessoal (2002 n=0 e 2005 n=9) e extorsão (2002 n=0 e 2005 n=6).

No que respeita aos crimes directamente relacionados com a imigração, apesar do reduzido número de crimes, verifica-se um aumento nas condenações dos crimes de extorsão, auxílio à imigração ilegal, associação de auxílio à imigração ilegal e angariação de mão-de-obra ilegal.

Dos reclusos residentes, o maior número é oriundo dos distritos de Lisboa, Faro, Setúbal e Viseu, com tendência para o aumento da fixação em Lisboa e Setúbal.

Da análise dos tipos de crimes praticados pelos reclusos imigrantes romenos, verifica-se que o mais vezes condenado é o crime contra a propriedade, com um aumento significativo de 2002 (n=1) para 2005 (n=19), conforme se pode verificar da análise do gráfico 3.46. Constata-se ainda a descida da média de idades dos reclusos residentes que praticaram este crime, bem como a diminuição da média de anos de escolaridade.

GRÁFICO 3.45. **Reclusos romenos por tipo de crime, em 2002 e 2005**

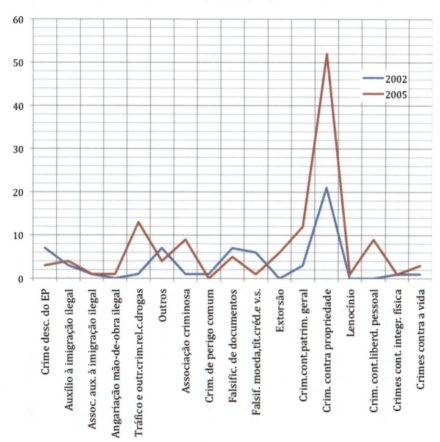

Fonte: DGSP

Seguidamente, e por ordem decrescente, surgem os crimes contra a liberdade pessoal e os crimes contra a vida. As médias de idades dos reclusos condenados por crimes contra a liberdade pessoal em 2005 situa-se nos 24,2 anos e a média de anos de frequência de escolaridade situam-se nos 8,5 anos. Quanto aos reclusos condenados por crimes contra a vida, as médias de idades em 2005 rondam os 29 anos e a média de anos de escolaridade situa-se nos 10 anos.

GRÁFICO 3.46. **Reclusos romenos residentes condenados por tipo de crime em 2002 e 2005**

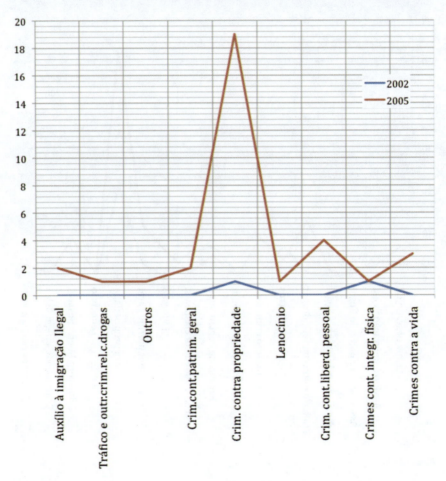

Fonte: DGSP

3.4.4.2.10. Os reclusos russos

No que respeita aos crimes pelos quais os reclusos russos se encontram em Estabelecimentos Prisionais, verifica-se que são maioritariamente relativos a crimes de extorsão, com decréscimos (2002 n=9 e 2005 n=7). Seguidamente, surgem os crimes contra a propriedade, com tendência para aumentar de 2002 para 2005 (2002 n=7 e 2005 n=9), a extorsão (2002 n=9 e 2005 n=7), os crimes contra a vida (2002 n=5 e 2005 n=3), a associação de auxílio à imigração ilegal (2002 n=5 e 2005 n=2), o auxílio à imigração ilegal (2002 n=4 e 2005 n=3), todos com decréscimos.

GRÁFICO 3.47. **Reclusos russos por tipo de crime, em 2002 e 2005**

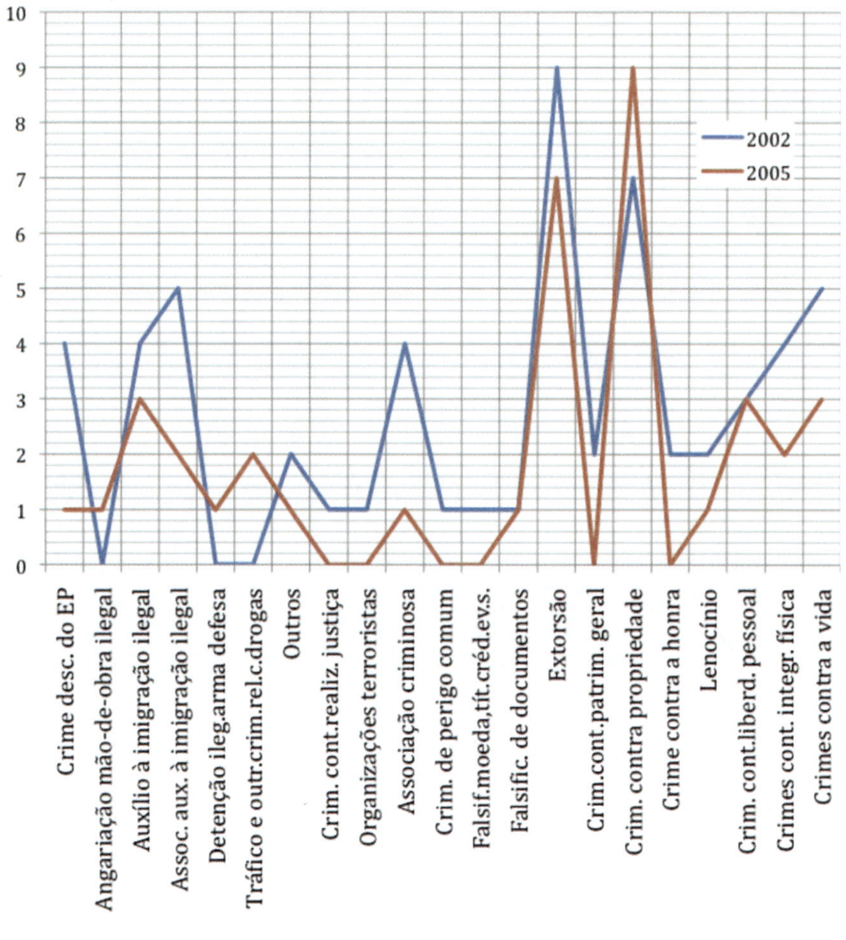

Fonte: DGSP

Dos reclusos residentes, o maior número é oriundo dos distritos de Faro e Lisboa, em ambos os anos, mas encontram-se relativamente dispersos pelos vários distritos do país.

Da análise dos tipos de crimes praticados pelos reclusos imigrantes russos, verifica-se que os mais condenados são os crimes contra a propriedade, com aumentos de 2002 (n=2) para 2005 (n=5). Constata-se ainda o aumento da média de idades dos reclusos residentes que praticaram este crime ($\overline{X}$=23 em 2002 e $\overline{X}$=29,8 em 2005) e a diminuição da média de anos de escolaridade (2002 $\overline{X}$ = 10 anos e 2005 $\overline{X}$=8,4).

GRÁFICO 3.48. **Reclusos russos residentes condenados por tipo de crime, em 2002 e 2005**

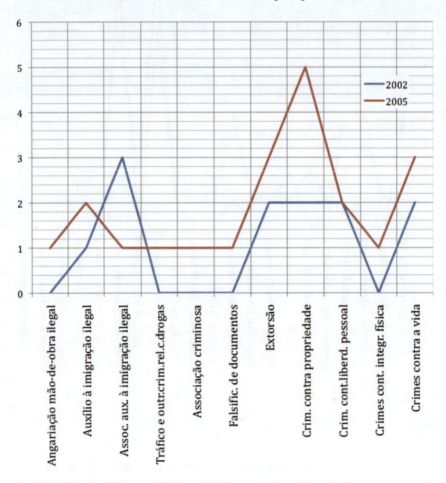

Fonte: DGSP

Seguidamente, surgem os crimes de extorsão, que aumentaram de um ano para o outro (2002 n=2 e 2005 n=3). As médias de idades dos reclusos condenados por este crime aumentaram significativamente de um ano para o outro, situando-se nos 22,5 anos em 2002 e nos 39,3 anos em 2005. Quanto aos anos de escolaridade dos reclusos condenados por este crime, verificou-se um movimento inverso (2002 $\overline{X}$=16 anos e 2005 $\overline{X}$=13,7 anos). Os crimes contra a vida tiveram condenações semelhantes às dos de extorsão, com tendência para aumentar (2002 n=2 e 2005 n=3), registando-se uma descida da idade média dos reclusos (2002 $\overline{X}$=34,3 e 2005 $\overline{X}$=31,5). Quanto à frequência de anos de escolaridade, apesar de um ligeiro aumento, eles situam-se a um nível muito baixo (2002 n=1 e 2005 n=3).

Quanto aos crimes directamente relacionados com a imigração, houve várias condenações por associação de auxílio à imigração ilegal, auxílio à imigração ilegal, angariação de mão-de-obra ilegal e por crimes de extorsão, como já foi referido.

3.4.5. Síntese

Após a análise de vários aspectos apresentados em detalhe, relacionados com as nacionalidades de reclusos mais numerosas em Portugal, poder-se-ão reter algumas imagens. Ao considerar o gráfico 3.49., e analisando atentamente as condenações dos imigrantes, por nacionalidade, em 2005, foram constituídos quatro grupos de nacionalidades, com grandes semelhanças no que respeita aos tipos de crime:

Grupo 1 – grupo de reclusos dos PALOP, que engloba os reclusos oriundos de Cabo Verde, Guiné-Bissau e S. Tomé e Príncipe, cujo principal crime é o de tráfico e outros relacionados com drogas, seguido dos crimes contra a propriedade e crimes contra a autodeterminação sexual. A detenção ilegal de arma de defesa e os crimes contra a vida, bem como os crimes contra a integridade física assumem um papel secundário, apesar de ainda terem algum peso. Quanto ao perfil dos reclusos, apresentam uma média de idades de 35,5 anos e o grau de escolaridade é baixo, com 5,8 anos de escolaridade.

Grupo 2 – grupo de reclusos do Leste Europeu, que engloba os reclusos oriundos da Ucrânia, Moldávia e Rússia e cujos crimes principais com condenação são relativos a crimes de extorsão, crimes contra a vida e crimes contra a propriedade. Os crimes de associação criminosa, contra a

GRÁFICO 3.49. **Reclusos residentes (imigrantes) condenados por tipos de crime e nacionalidades, em 2005**

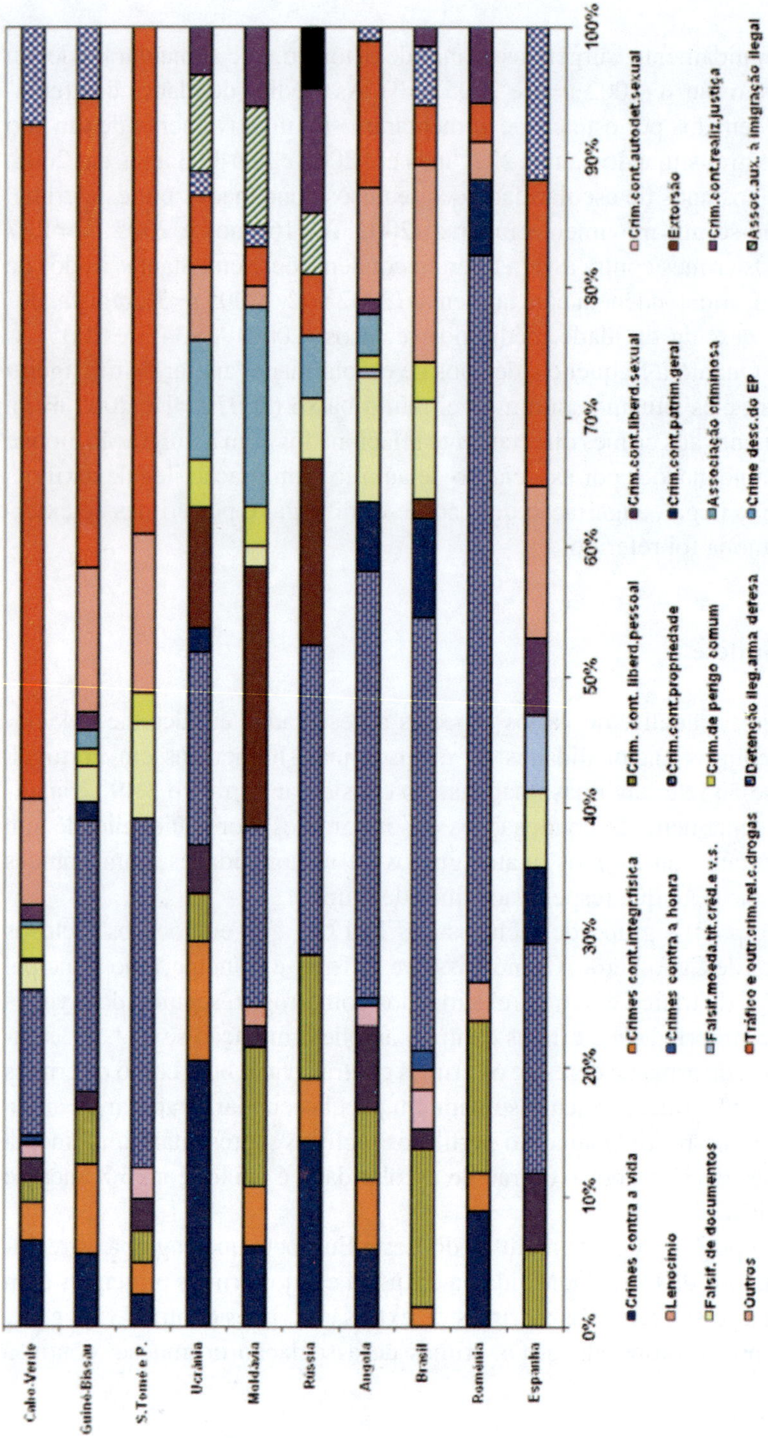

Fonte: DGSP e cálculos da autora

integridade física e contra a liberdade pessoal assumem um relevo secundário. São ainda de destacar os crimes de associação de auxílio à imigração ilegal e de auxílio à imigração ilegal, com alguma proeminência por parte dos reclusos destas nacionalidades. No que respeita às idades, estes reclusos têm uma média de 32,5 anos, e o nível de escolaridade mais alto, com 9,6 anos de frequência.

Grupo 3 – grupo de reclusos de Angola, Brasil e Roménia, com alguns pontos coincidentes, mas também com especificidades próprias de cada nacionalidade. Os reclusos destes países apresentam condenações que se aproximam relativamente, destacando-se os crimes contra a propriedade. Por outro lado, há um ponto não coincidente, que tem a ver com as condenações dos reclusos angolanos por crimes de tráfico e outros relacionados com drogas, o que não se passa com os reclusos brasileiros nem com os romenos. A segunda categoria de crimes com mais condenações nestas duas últimas nacionalidades engloba os crimes contra a liberdade pessoal. Verifica-se nova distinção, desta vez nos reclusos romenos, cujo terceiro crime com mais condenações é relativo a crimes contra a vida, ao passo que nas outras duas nacionalidades são coincidentes os crimes de falsificação de documentos. Em quarto lugar, os reclusos oriundos da Roménia e do Brasil voltam a ter resultados semelhantes nos crimes contra o património em geral, sendo os crimes contra a liberdade sexual, seguidos dos crimes contra a vida, mais vezes condenados nos reclusos angolanos. Os reclusos brasileiros apresentam condenações por tráfico e outros crimes relacionados com drogas e detenção ilegal de arma de defesa. Os reclusos romenos, por sua vez, apresentam condenações por auxílio à imigração ilegal.

Quanto às idades, este grupo destaca-se pela média mais baixa, com 31,5 anos, graças aos reclusos romenos, que apresentam uma média de idades bastante baixa (26,9 anos). Os níveis de escolaridade são intermédios, com uma média de 7,5 anos de frequência de ensino.

Grupo 4 – grupo de reclusos espanhóis, com um número de residentes muito pouco significativo e com condenações maioritariamente por crimes de tráfico e outros relacionados com drogas, seguidos de crimes contra a propriedade, detenção ilegal de arma de defesa e outros crimes relativamente distribuídos pelas diferentes categorias. A média de idades destes reclusos destaca-se das restantes, com 38,7 anos e uma média de anos de escolaridade de 2,4 anos. A Direcção Geral dos Serviços Prisionais informou-nos de que grande parte destes reclusos é de etnia cigana, o que explica, de certa forma, a baixa escolaridade deste grupo.

GRÁFICO 3.50. **Reclusos estrangeiros condenados em 2005, por tipos de crime**

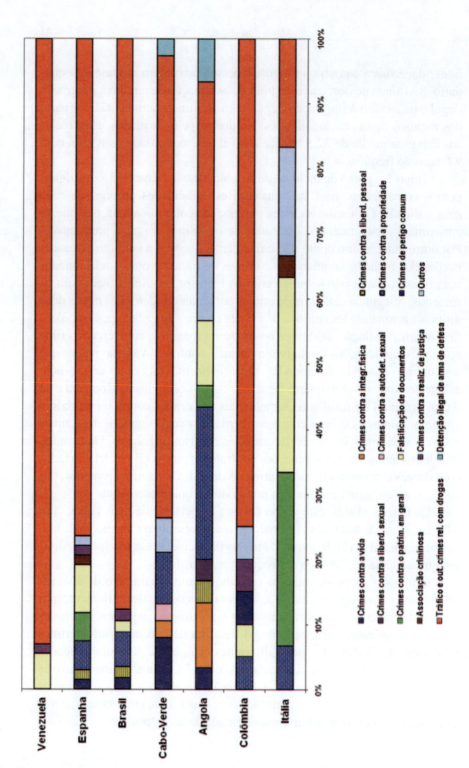

Fonte: *DGSP e cálculos da autora*

Para facilitar a distinção entre os reclusos imigrantes e os estrangeiros, foram compiladas, no gráfico 3.50. as nacionalidades de estrangeiros com maior número de reclusos e os respectivos tipos de crime. Verifica-se que as condenações mais numerosas de estrangeiros, maioritariamente por tráfico e outros crimes relacionados com drogas, coincidem com as dos imigrantes no caso dos reclusos oriundos de Cabo Verde, do Brasil, de Angola e de Espanha.

O principal tipo de crime dos restantes reclusos não residentes, oriundos da Venezuela, Colômbia e Itália foi, conforme se pode depreender da análise do gráfico 3.50. e sem margem para dúvidas, o de tráfico e outros crimes relacionados com drogas, apesar de haver reclusos de algumas nacionalidades condenados por crimes contra a propriedade, crimes contra o património em geral e crimes contra a vida.

3.4.6. Os crimes de auxílio à imigração ilegal e associação de auxílio à imigração ilegal – análise estatística

Da análise dos dados constantes da tabela 3.23., a seguir apresentada, verifica-se que os indivíduos que mais contribuem para o auxílio e a asso-

TABELA 3.23. **Número de reclusos nos EP indiciados por crime de auxílio à imigração ilegal, por países, em 2002 e 2005.**

Freq. 2002		Percentagem 2002	Freq. 2005	Percentagem 2005
Angola	<3	2,5	8	14,5
Argélia	<3	1,2	0	0
Brasil	5	6,2	9	16,4
Cuba	<3	2,5	0	0
El Salvador	<3	1,2	0	0
Geórgia	<3	1,2	0	0
Letónia	<3	1,2	0	0
Lituânia	<3	2,5	0	0
Moldávia	31	38,7	16	29,1
Roménia	4	5,0	5	9,1
Rússia	9	11,2	5	9,1
S. Tomé e Príncipe	0	0	<3	1,8

248 *Imigração e Criminalidade – Caleidoscópio de Imigrantes Reclusos*

Ucrânia	20	25,0	11	20,0
Índia	<3	1,2	0	0
Total	80	100,0%	55	100,0%

Fonte: DGSP

ciação ao auxílio à imigração ilegal, são nacionais de um dos 14 países listados, sendo que a Moldávia, a Ucrânia e a Rússia, todos fazendo parte do bloco de países do Leste Europeu, são os países cujos nacionais foram acusados em maior número por tais crimes, apesar da tendência para a diminuição de 2002 para 2005. O Brasil e Angola revelam, contrariamente, uma tendência para o aumento da frequência destes crimes.

Analisando agora, na tabela 3.24., os dados das condenações dos estrangeiros e imigrantes, por nacionalidades, verifica-se que os reclusos condenados são maioritariamente imigrantes oriundos de países do Leste Europeu, destacando-se novamente as nacionalidades moldava e ucraniana.

TABELA 3.24. **Reclusos estrangeiros e imigrantes condenados por crimes de auxílio e associação de auxílio à imigração ilegal, em 2002 e 2005**

País de origem	2002		2005	
dos reclusos	**Estrangeiros**	**Imigrantes**	**Estrangeiros**	**Imigrantes**
Brasil	1	2	-	1
Letónia	-	1	-	-
Lituânia	-	1	-	-
Moldávia	4	6	4	10
Roménia	-	-	-	2
Rússia	-	4	-	3
Ucrânia	-	2	1	6
TOTAL	5	16	5	22

Fonte: DGSP

A tabela seguinte apresenta os crimes conexos ao crime de auxílio à imigração ilegal.

Maria João Guia

TABELA 3.25. Número de crimes associados
ao crime de auxílio à imigração ilegal, em 2002 e 2005

Grupos de crimes associados	2002	2005
Tráfico e outros crimes relacionados com drogas	-	2
Crimes contra a propriedade	11	6
Crimes contra o património em geral	3	-
Crimes contra a liberdade pessoal	14	11
Crimes contra a vida	1	1
Crimes contra a integridade física	2	1
Extorsão	28	19
Outros	2	3
Crimes de perigo comum	5	5
Associação criminosa	29	22
Falsificação de documentos	-	14
Falsificação de moeda, título de crédito e valor selado	-	2
Detenção ilegal de arma de defesa	8	3
Organizações terroristas	1	-
Lenocínio	5	11
Angariação de mão-de-obra ilegal	-	3
TOTAL	**109**	**103**

Fonte: DGSP

Constata-se que os crimes de associação criminosa, extorsão e crimes contra a liberdade pessoal são aqueles que em maior número são conexos ao de auxílio à imigração ilegal. Este facto prende-se com a forma de actuação das redes, sobretudo das oriundas do Leste Europeu, cujos crimes de extorsão, sequestro e rapto se enquadram no esquema da actuação violenta conhecido das Polícias.

"– Mas quase todas se ligam ao [criminosos do] Leste, ou nem por isso?

– As [organizações criminosas] violentas, sim.

– Quase sempre se ligam ao Leste?

– Nos outros fluxos migratórios não existe nenhum exemplo de violência, praticamente. Por números, dentro daquilo com que nós nos confron-

250   *Imigração e Criminalidade – Caleidoscópio de Imigrantes Reclusos*

támos, foi só mesmo com as comunidades provenientes do Leste Europeu, aqueles grupos criminosos constituídos por indivíduos do Leste Europeu.

– Então e a actuação destas redes inclui violência para com os membros que fazem parte delas ou apenas para com as vítimas?

– Incluem violência também para com os membros que fazem parte da organização.

– De forma a que eles sigam à risca aquilo que foi delineado?

– Sim, e ainda há pouco apresentava o caso do Estoril. Foi assim: dentro daquele triângulo que se gerou, de um indivíduo que tinha sido extorquido por outro grupo que estava ligado ao primeiro. E a dívida dele era para com o primeiro, mas na prática, nós soubemos depois que ela já tinha intervindo em acções de extorsão a outros imigrantes. (...) Porque estes indivíduos de Leste que se dedicam à prática de crimes de alguma forma violentos, têm ramificações, para não dizer, têm orientações dos países de origem. Portanto, já existe um poder que de alguma forma influencia a estrutura, a organização que possa estar cá em Portugal, ou seja, eles vão saber que quem está a mandar é um ucraniano ou um moldavo ou um russo, independentemente do grupo poder ter indivíduos de outras nacionalidades."

(Entrevista 4)

Os crimes de falsificação de documentos e de lenocínio revelaram aumentos, de 2002 para 2005, o que vem reforçar a ideia de que este crime se encontra ligado a outras actividades ilícitas de altos lucros, nomeadamente a nível da exploração sexual.

Os gráficos 3.51. e 3.52. apresentam o número de crimes associados ao dc auxílio à imigração ilegal, em 2002 e 2005, respectivamente.

Quanto ao número de crimes associados ao de auxílio e associação de auxílio à imigração ilegal (incluindo a prática de um destes), verifica-se que no ano de 2002 houve um maior número de reclusos acusados da prática de apenas um crime e um número substancial acusado de 3 a 6 crimes associados. Apenas 4 reclusos foram acusados de oito crimes associados, naquele ano. Contrariamente, verifica-se que, em 2005, houve um maior número de reclusos acusados da prática de três crimes conexos, sendo que 6 reclusos praticaram 7 ou 8 crimes, o que se reflecte de alguma forma no aumento nos meses de pena de condenação apresentados na tabela 3.26.

GRÁFICO 3.51. **Número de crimes associados ao de auxílio à imigração ilegal, por estrangeiros e imigrantes, em 2002**

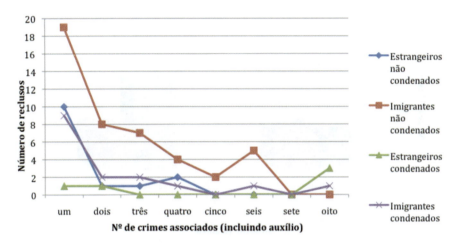

Fonte: DGSP

GRÁFICO 3.52. **Número de crimes associados ao de auxílio à imigração ilegal, por estrangeiros e imigrantes, em 2005**

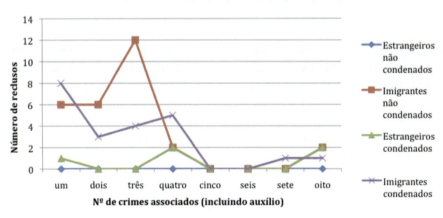

Fonte: DGSP

Dos reclusos acusados do crime de auxílio à imigração ilegal, em 2002, apenas 26,25% foram condenados, tendo este número aumentado em 2005 para 49,09%, apesar de a maior percentagem se manter sem condenação, conforme se pode verificar da análise do gráfico 3.53.

GRÁFICO 3.53. **Número de reclusos condenados e não condenados por crimes de auxílio à imigração ilegal, em 2002 e 2005**

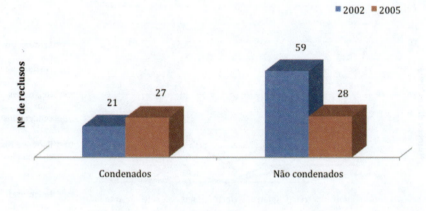

Fonte: DGSP

O gráfico que se segue apresenta o número de reclusos estrangeiros e imigrantes condenados e não condenados, em 2002 e 2005.

No que respeita ao estatuto destes reclusos, verifica-se que são maioritariamente imigrantes não condenados, constatando-se, no entanto, uma diminuição significativa no número dos imigrantes não condenados de 2002 para 2005.

Quanto aos distritos de residência dos reclusos imigrantes acusados destes tipos de crime, o gráfico 3.55. permite-nos tirar algumas conclusões.

Verifica-se que os reclusos imigrantes são oriundos sobretudo de Lisboa (36,1% em 2002 e 54,0% em 2005), Leiria (11,5% em 2002 e 12,0% em 2005) e, em 2002, em Aveiro (11,5%) que, para além de serem cidades em expansão, são sedes de grande parte das empresas de construção civil, as quais também estarão possivelmente envolvidas nestes crimes, por necessitarem da mão-de-obra barata e disponível que o mercado nacional já não oferece. Em 2005, destacam-se os residentes em Faro (8,0%), Setúbal (8,0%) e Madeira (8,0%)

GRÁFICO 3.54. **Reclusos estrangeiros e imigrantes, condenados e não condenados, em 2002 e 2005**

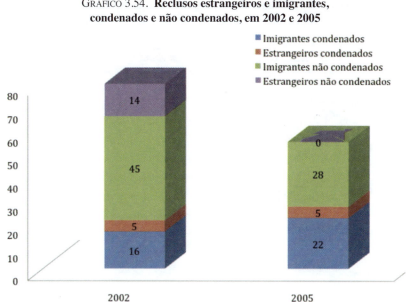

Fonte: DGSP

De assinalar que estes são crimes recentemente legislados e penalizados, quase sem expressão até se começar a fazer sentir a nova realidade da imigração em Portugal, em inícios do século XXI. Através da análise dos dados a que foi possível aceder, verifica-se que o número absoluto de reclusos estrangeiros indiciados pelos crimes de auxílio à imigração ilegal e associação de auxílio à imigração ilegal diminuiu 31,3% de 2002 para 2005 (de 80 para 55 reclusos). Quanto à percentagem de condenações, verificou-se um aumento acentuado de um ano para o outro: de 26,3% para 49,1%, apesar de o número de não condenados indiciados por este crime se manter superior aos dos condenados em ambos os anos. De notar que este é um crime de difícil investigação e apuramento de factualidade em sede de julgamento, pela mobilidade permanente, quer dos agressores, quer das vítimas, bem como pela descoordenação na vigilância e operacionalização das Polícias a nível internacional, devido a condicionantes burocráticas e legislativas. As condenações referidas centraram-se sobretudo nos reclusos imigrantes (76,19% em 2002 e 81,48% em 2005), sendo os condenados estrangeiros em número bastante inferior, conforme se pode constatar na tabela 3.26.

GRÁFICO 3.55. **Distritos de origem dos reclusos imigrantes acusados de crime de auxílio à imigração ilegal, em 2002 e 2005**

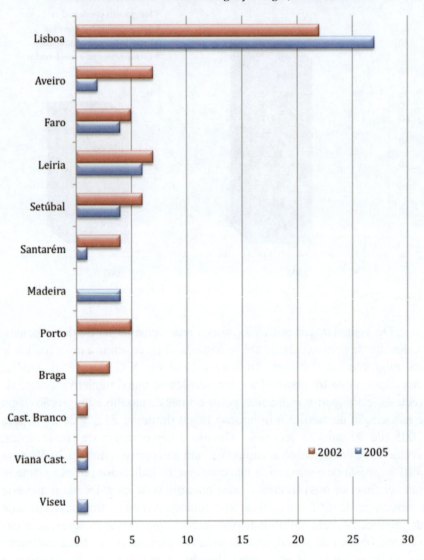

Fonte: DGSP

TABELA 3.26. **Reclusos estrangeiros e imigrantes condenados por crimes de auxílio e associação de auxílio à imigração ilegal, em 2002 e 2005**

	Número de reclusos		N.º de meses de pena a cumprir	
	2002	2005	2002	2005
Imigrantes	16	22	47 meses	84 meses
Estrangeiros	5	5	121 meses	144 meses

Fonte: DGSP

De assinalar o aumento da média do número de meses de pena a cumprir, de 2002 (65,3 meses) para 2005 (95,1 meses). Aprofundando esta questão, verifica-se que este aumento se deveu não só ao aumento do número de imigrantes condenados, mas também à quase duplicação do número de meses a cumprir, de um ano para o outro.

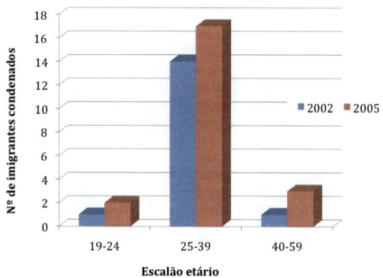

GRÁFICOS 3.56. **Idades dos reclusos nos EP por crime de auxílio à imigração ilegal, em 2002 e 2005**

Fonte: DGSP

Para além disso, constatou-se que, apesar de o número de reclusos estrangeiros condenados se manter de um ano para o outro, o número de meses de pena a cumprir é bastante superior ao dos imigrantes condenados por este crime, com um aumento de 2002 para 2005. Este facto deve-se ao número e ao tipo de crimes conexos que levaram à condenação destes reclusos, nomeadamente o cúmulo de sequestro, rapto, substâncias explosivas ou análogas e armas, associação criminosa, extorsão e detenção ilegal de arma de defesa, cujas penalizações são mais severas do que as atribuídas ao crime de auxílio à imigração ilegal. Quanto ao aumento do tempo das penas dos imigrantes, ele dever-se-á possivelmente ao facto de o número de crimes associados ter aumentado e de as actuações das redes criminosas serem cada vez mais organizadas.

O gráfico 3.56. refere-se às idades dos reclusos por crime de auxílio à imigração ilegal, em 2002 e 2005.

GRÁFICOS 3.57. **Anos de escolaridade dos imigrantes condenados por crime de auxílio à imigração ilegal, em 2002 e 2005, por escalões de ensino**

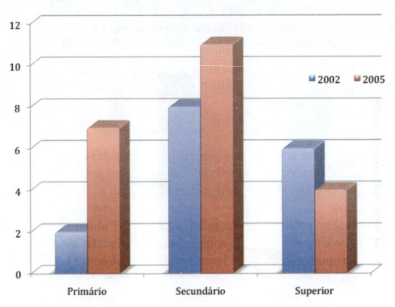

Fonte: DGSP

Em relação a estes imigrantes condenados, a média das idades é semelhante nos dois anos, apesar de se constatar um aumento na idade média, de 2002 para 2005 ($\overline{X}$=30,62 anos de idade em 2002 e $\overline{X}$=32,90 anos de idade 2005).

Quanto aos anos de escolaridade, o gráfico 3.57., a seguir apresentado, permite concluir que houve um aumento no número de imigrantes condenados que frequentaram os ensinos primário e secundário, bem como um decréscimo dos que possuíam frequência do ensino superior (com uma média de 11,25 anos de escolaridade em 2002 e 7,90 anos de escolaridade em 2005).

3.5. O papel das ONG's, Instituições Estatais e Associações de Imigrantes na defesa dos direitos dos reclusos estrangeiros em Portugal

As associações de imigrantes em Portugal têm desdobrado a sua atenção sobretudo em três vertentes:

* No domínio socioeconómico – centrado na formação profissional, nas acções de formação, prestação de cuidados de saúde e de habitabilidade e promoção de actividades desportivas e outras;
* No domínio cultural – centrado na transmissão da cultura de origem dos grupos de imigrantes e no ensino da língua materna aos descendentes;
* No domínio político-legal – centrado na divulgação de informação de direitos e deveres dos imigrantes no país de acolhimento, acções para a sociedade em geral sobre temas relacionados com a imigração e intervenção a nível estatal, de forma a defender os direitos dos imigrantes.

Quanto a iniciativas estatais, foi criada uma rede de informação na qual se integra a linha SOS Imigrante, a funcionar desde Março de 2003, a qual tem respondido fundamentalmente a dúvidas no que diz respeito à legalização de imigrantes e ao reagrupamento familiar (Correio da Manhã, 06/04/2004).

No entanto, há outros temas que preocupam a comunidade nacional e começam a preocupar a comunidade imigrante: as condições dos reclusos em Portugal. De destacar que Portugal é um dos países da Europa com mais reclusos por cem mil habitantes[36], apesar de as taxas de criminalidade serem das mais baixas[37], começando esta realidade a incluir os imigran-

---

[36] Vide "Relatório sobre as prisões" 17/02/2004 in www.pravda.ru

[37] Vide "Contribuição para um debate democrático sobre a reforma prisional", 02/03/2004 in www.pravda.ru

tes, como se pôde verificar nos capítulos anteriores. Sendo numerosos os problemas dos imigrantes e com grande necessidade de resposta, as suas associações poderão desempenhar um papel fundamental na defesa dos direitos dos reclusos estrangeiros em Portugal.

Sendo os imigrantes uma população com pouca representatividade em Portugal, constituindo cerca de 5% da população, os movimentos associativos de imigrantes que se começaram a formar por finais dos anos 90, vieram, de alguma forma, evidenciar os problemas mais graves por eles sentidos, ainda que nem todos fossem abordados. Quanto aos reclusos estrangeiros em Portugal, há ainda muito pouco trabalho desenvolvido em prol das suas dificuldades e direitos. Os movimentos associativos poderão, pelo seu papel reivindicativo e pelo acesso às instâncias estatais, levantar questões essenciais que envolvem as condições de vida dos reclusos estrangeiros em Portugal, bem como contribuir para a sua reinserção no mercado de trabalho, quando houver oportunidade para tal.

No que respeita aos estabelecimentos prisionais em Portugal, os estudos que precederam a sua construção são de inegável valor, uma vez que se debruçaram sobre os problemas dos reclusos, espelhando a filosofia própria da altura em que se inseriam, como a separação de sexos, idades e doenças psíquicas. Hoje em dia, estuda-se a resolução de outros problemas como a sobrelotação, a violência interna, a sexualidade, as doenças infecto-contagiosas e a utilização de drogas, entre outros. No entanto, não foi dada qualquer atenção relativamente à nacionalidade dos reclusos e aos problemas que tal facto poderá acarretar (diferenças e hábitos culturais em todos os âmbitos, dificuldade de comunicação pelo desconhecimento da língua, diferenças de relacionamento, rivalidades intrinsecamente ligadas à nacionalidade, etc.), não havendo locais específicos de instalação de reclusos estrangeiros ou os meios necessários para os inserir melhor na comunidade prisional, talvez pelo facto de esta ser uma realidade demasiado recente. Refira-se a existência de uma legislação específica que prevê a construção de Centros de Instalação Temporária (CIT) para estrangeiros privados de liberdade e a aguardar processos de expulsão, maioritariamente. No entanto, até à data, são poucas as instalações em funcionamento: no Aeroporto de Lisboa, no Porto e brevemente em Faro (inadmissíveis a aguardar o regresso ao país de origem, cidadãos indocumentados ou a aguardar decisões de processos de asilo detectados durante o controlo documental). Abriu, recentemente, a Unidade Habitacional de Santo António, na cidade do Porto (inaugurada em 13 de Fevereiro de 2006), que aloja cidadãos estrangeiros com ordem judicial de expulsão de Portugal. Prevê-se a construção de um CIT semelhante na cidade de Lisboa, em 2007, em parceria com o Serviço Jesuíta de Apoio aos Refugiados e a Organização Internacional para as Migrações, à semelhança do que se encontra em funcionamento no Porto, considerado modelar e único por representantes de dez países europeus (Jornal de Notícias, 16 de Outubro de 2006).

É, no entanto, ainda muito frequente serem conduzidos aos CIT dos aeroportos e aos estabelecimentos prisionais comuns cidadãos estrangeiros a aguardar decisões judiciais. Assim, não é tida em conta a especificidade da estadia daqueles, traduzida apenas no tempo de espera do decorrer de um processo de expulsão de Portugal, sendo assim obrigados os estrangeiros a conviver com criminosos comuns e a viver experiências perturbadoras dentro dos estabelecimentos prisionais.

O conhecimento da realidade prisional deve conter uma profundidade que não se baseie apenas na crueza das estatísticas. Existem já grupos que se dedicam a tentar estudar a realidade prisional em Portugal – a Associação Contra a Exclusão pelo Desenvolvimento (ACED) –, incentivando as denúncias de violação de direitos de reclusos[38].

"– Que tipos de pedidos são feitos pelos reclusos estrangeiros à ACED?

– Denúncia das discriminações de que são alvo enquanto estrangeiros, através de abaixo-assinados. Casos de perseguição, de necessidade de serviços de saúde, de maus tratos, pedidos de fim dos abusos censórios relativamente à circulação de cartas em língua estrangeira ou pedido de atenção à especificidade das comunicações telefónicas para o estrangeiro, tudo coisas que também acontecem a portugueses.

– Que respostas lhes são dadas pela ACED?

– Nós não damos respostas. Fazemos a denúncia da imoralidade e da ilegalidade em que se vive nas prisões portuguesas através de ofícios para as autoridades e para a comunicação social, que eventualmente, num caso ou noutro, decidem tratar com mais atenção."

(Entrevista 2)

---

[38] Vide "Estamos fartos de mortes nas prisões", 06/02/2004 in www.pravda.ru

260 *Imigração e Criminalidade – Caleidoscópio de Imigrantes Reclusos*

Esta associação tem publicado inúmeros artigos, chamando a atenção para os problemas sentidos pelos reclusos nacionais e estrangeiros. Exemplificativo é o caso das comunicações que os reclusos têm direito a fazer. Naturalmente, os reclusos estrangeiros que não têm família em Portugal não conseguem efectuar as chamadas telefónicas nos mesmos horários que os portugueses, devido à diferença horária, sendo os custos das suas chamadas bastante mais elevados do que as chamadas nacionais[39]. Por outro lado, muitos destes reclusos não recebem qualquer visita, visto que nem sempre as suas famílias se encontram em Portugal, para além de sofrerem ainda ameaças por parte de outros criminosos, que receiam ser denunciados.

Mais problemático ainda será o acesso à justiça: os imigrantes, pela sua situação normalmente precária, terão eventualmente menor acesso a advogados particulares, especializados em determinadas áreas, sendo, de alguma forma, obrigados a aceitar os serviços fornecidos pelo Estado. A língua torna-se numa grande dificuldade, quer quando não se podem expressar perante os órgãos de Justiça na sua própria língua (apesar de lhes ser sempre facultada a presença de um intérprete), quer quando não têm possibilidade de se reunir e/ou comunicar com o advogado oficioso antes das sessões que envolvem os processos. Por outro lado, a sua inserção na comunidade de reclusos dos estabelecimentos prisionais também é precária, uma vez que muitos não falam a língua portuguesa, o que dificulta a comunicação, quer com os outros reclusos, quer com os funcionários das penitenciárias.

As associações de imigrantes poderão, neste campo, investir grandes esforços, uma vez que poderão ter mais facilidades no acesso às instalações penitenciárias e aos próprios reclusos, fazendo de porta-vozes dos mesmos. Talvez este seja mais um capítulo esquecido que possa vir a ser discutido junto das instâncias governamentais, de forma a que os direitos dos imigrantes se igualem aos dos reclusos portugueses, melhorando assim as condições de vida nos estabelecimentos prisionais nacionais.

Sendo este um fenómeno mais recente do que a própria imigração, importa debruçarmo-nos sobre ele, tentando verificar as acções desenvolvidas pelas associações intervenientes, conhecer as dificuldades sentidas pelos reclusos, prevendo que actores poderão intervir na defesa dos direitos destas pessoas em Portugal.

---

[39] Vide "ACED: Prisões em Portugal", 12/04/2004 in www.pravda.ru

3.5.1. Contactos com ONG's, Instituições Estatais e Associações de Imigrantes. Resultados

Entre Setembro de 2005 e Março de 2006, foram contactadas as Instituições Estatais, ONG's e Associações de Imigrantes constantes na listagem que se segue pessoalmente, através de correio electrónico, correio postal e telefone.

TABELA 3.27. **Contactos efectuados com Instituições Estatais, Associações de Imigrantes e ONG's**

Datas do contacto	Instituição	Contacto	Resultado
19-09-2005 20-10-2005	ACIME – Alto Comissariado para a Imigração e Minorias Étnicas	acime@acime.gov.pt	Houve resposta
19-09-2005 14-10-2005 26-01-2006 27-01-2006	Morabeza – Associação para a Cooperação e Desenvolvimento	Apimentel@fun.fl.ul.pt, morabeza@mail.telepac.pt, apimentel@fl.ul.pt	Não houve resposta
16-09-2005 14-10-2005 26-01-2006	Serviço Jesuíta de Apoio aos Refugiados	Jrs-portugal@netcabo.pt	Não houve resposta
20-10-2005	ACED – Associação contra a Exclusão pelo Desenvolvimento	Antonio.dores@iscte.pt	Houve resposta
16-09-2005 14-10-2005 17-10-2005	OIM – Organização Internacional para as Migrações	iomlisbon@iom.int	Houve resposta
15-09-2005 14-10-2005	Olho Vivo	Olho-vivo@sapo.pt	Não houve resposta
16-09-2005 14-10-2005	Associação de Apoio ao Imigrante	Antoniomfbap_04@hotmail.com	Não houve resposta
16-09-2005 14-10-2005	OIT – Organização Internacional do Trabalho	santosa@ilo.org	Houve resposta
16-09-2005	Associação Cabo-verdiana	Secretaria-acv@mail.telepac.pt, direccao-acv@mail.telepac.pt, info-acv@mail.telepac.pt	Houve resposta

16-09-2005	Amnistia Internacional	cpedra@amnistia-internacional.pt	Houve resposta
16-09-2005	REAPN – Rede Europeia Anti-Pobreza	Sergio.aires@reapn.org, mj.vicente@reapn.og	Houve resposta
07-11-2005	FASCP – Fundo de Apoio Social de Cabo-verdianos em Portugal	R. Carlos Mardel, 107 – 1.ºB – Ap. 8359, 1800 Lisboa	Não houve resposta
07-11-2005	Casa da Guiné	R. Dr. Manuel de Arriaga, n.º 40 Lj 2745-158 Queluz (21-4351052)	Não houve resposta
07-11-2005	Associação de Apoio ao Imigrante Árabe – Maktoub	Rua da Guiné, n.º 15-C/V C/D, 1170-172 Lisboa	Não houve resposta
07-11-2005	ASSIA – Associação de Solidariedade Social de Imigrantes Adventistas	R. Santiago do Cacém, n.º 2, 1.º – Casal de Cambra – 2065 Sintra (21-3143366)	Não houve resposta

Fonte: Compilação da autora

Foram obtidas algumas respostas, entre as quais três entrevistas que constam nos anexos. De uma forma geral, é possível concluir que há pouco trabalho efectuado junto dos reclusos estrangeiros em Portugal e aquele que é feito não é muito divulgado. Salienta-se o papel activo da ACED que, como é possível constatar da leitura da entrevista realizada ao Professor Doutor António Dores, tem um papel bastante activo na área de chamada de atenção para as altas instância de casos particulares de discriminação e injustiça sentidos pelos reclusos.

Também a Amnistia Internacional tem operado no terreno. Segundo as palavras da Drª Cláudia Pedra, os pedidos dos reclusos estrangeiros dirigidos à Amnistia Internacional, prendem-se sobretudo com "casos ligados à extradição, desconhecimento do sistema judicial e prisional e [pedidos de] ajudas com o processo criminal. Algumas queixas de más condições prisionais". A Amnistia Internacional tem tido um papel interventivo neste campo nomeadamente em:

"assegurar que os direitos [dos reclusos estrangeiros] são respeitados. Que não há abusos de autoridade. Monitorizar a situação, melhorar as condições prisionais e investigar as queixas de abusos de qualquer tipo."

(Entrevista 1).

No geral, as maiores dificuldades apontadas por estas organizações no que respeita às dificuldades sentidas pelos reclusos estrangeiros em Portugal, foram o isolamento, o desconhecimento da língua, alguma discriminação institucionalizada, a não compreensão do sistema jurídico português, a propensão dos tribunais para a prisão preventiva, a dificuldade em obter documentos que os habilitem a permanecer em Portugal, a falta de flexibilização das penas, os problemas específicos no âmbito da administração da justiça e da relação da justiça entre os cidadãos estrangeiros e o sistema judicial, a pena acessória de expulsão.

"Esta é uma temática que merece toda a atenção, mas ainda não está coberta, ainda não chegámos lá. Neste sentido, indo do macro para o micro, a questão dos imigrantes e da justiça, de acesso à justiça, tem ocupado muito da nossa atenção, mas estamos ainda a um nível superior a este grau de minúcia no apoio aos reclusos estrangeiros e, em particular, àqueles que não têm nenhuma rede social de apoio em Portugal, incluindo situações muito difíceis, de total isolamento, ausência total de visitas, de apoio... de qualquer tipo de apoio e que são casos humanitários difíceis, mas nós temos estado ainda muito a um nível primário e isso passa-se porquê? Passa-se por três grandes eixos: o primeiro tem a ver com o acesso à justiça por parte dos cidadãos imigrantes. Há uma enorme dificuldade, muitíssimas limitações no acesso à justiça quer dos legais, quer dos irregulares. Começando por aqueles que estão legais porque muitas vezes não conhecem o sistema, não confiam nas instituições, não dominam suficientemente a língua, não têm meios financeiros para aceder à justiça em condições de igualdade com outros contextos... e acresce a tudo isto (...) que vivem, mesmo os que estão em condição legal, sempre toldados pelo medo, quer dizer, há um medo que paira sempre na relação com a justiça, na relação com as polícias, na relação com o Estado que os limita e, portanto, há um bloqueio a resolver que é absolutamente essencial atacar; da dificuldade de acesso dos à justiça, enquanto vítimas, enquanto defesa dos seus direitos essenciais (...) Isto é particularmente grave no caso dos imigrantes irregulares, porque estão muitíssimo vulneráveis... porque são sujeitos às mais variadas formas de exploração... porque vivem algumas situações muito dramáticas... no limite do tráfico de pessoas, no limite da violência física e que não podem recorrer ao sistema policial... e quando o fazem, e há casos relatados, documentados quanto a isso, muitas vezes a única resposta que o sistema tem é uma notificação para abandonarem o país".

(Entrevista 3)

264 *Imigração e Criminalidade – Caleidoscópio de Imigrantes Reclusos*

É importante verificar que quanto a esta última medida, a pena acessória de expulsão, as opiniões divergem, uma vez que esta pena se encontra juridicamente plasmada na legislação portuguesa e, como tal, aplicada nos casos previstos.

"Sei que na prática existem algumas dificuldades, quando acontece esse tipo de situação ou outra. Por exemplo, há indivíduos que estão em estabelecimento prisional, a cumprir pena quando aparecem os processos de legalização de estrangeiros. Na prática são indivíduos que já se encontravam cá, que não têm ou dificilmente terão acesso ao processo de legalização. (...) Um indivíduo envolveu-se na prática, comprovadamente, de um determinado crime, qualquer que ele seja... Aliás eu defendo que o sistema português, porventura, não será o mais correcto ao nível da aplicação da pena acessória de expulsão para estrangeiros que cometem crimes. (...) Eu acho que, a não ser por razões excepcionais, devia ser sistematicamente aplicada. E só por razões excepcionais é que não deveria ser aplicada, por exemplo ter filhos cá no país, ter a família perfeitamente estabilizada, tudo bem..."

(Entrevista 4)

Conclui-se ainda que os reclusos estrangeiros não têm conhecimento das instituições a quem recorrer aquando da necessidade de cuidados de saúde ou outros, ou da vontade de denúncia de injustiças sofridas, votando-se muitas vezes ao silêncio.

Ainda se pode verificar por estes contactos que, comparativamente com os restantes países europeus, se sente uma falta de intervenção no domínio da defesa dos direitos dos reclusos estrangeiros em Portugal, sendo o sistema das prisões, em si, acusado de ostracismo e de difícil acesso, impossibilitando assim a intervenção directa de alguns intervenientes cívicos.

"Em Portugal reina uma estranha lei do silêncio que abafa tudo o que se passa nas prisões, de que são cúmplices o Ministério Público, os magistrados judiciais, advogados, Instituto de Medicina Legal. Por isso é possível que dentro das prisões se cometam os crimes mais ignóbeis impunemente, a começar pelo fornecimento de drogas aos toxicodependentes, sem o que as prisões se tornariam ingeríveis, e passando por assassinatos, negligência médica, castigos com impedimento de cumprimento de programas terapêuticos de saúde, interrupção arbitrária de programas de educação e de formação, chantagem, violação de correspondência e por aí fora.

O que há é que acabar com esta gangrena social. E para isso há que informar e formar o povo português sobre o que possa ser entendido politicamente por uma justiça justa em Portugal, no quadro da ultrapassagem da crise do sistema judicial em que estamos banhados. Há que formar todos os juristas na doutrina do primado da constituição como lei fundamental, e orientadora das interpretações possíveis e adequadas de todas as outras leis. Há que responsabilizar uma única entidade pública pelo respeito da legalidade nas prisões, a quem possa afluir toda a informação e toda a responsabilidade política pelos crimes que se continuam a cometer. Há que definir politicamente os regimes abertos como regimes de referência de cumprimento de penas, significando isto que se deve admitir apenas um tipo de regime fechado – acabando com as celas disciplinares, as detenções por motivos de segurança ou de disciplina dentro dos estabelecimentos fechados – - e múltiplos regimes abertos, uns dentro do perímetro dos estabelecimentos, dedicados à reeducação e reintegração social, e outros fora do espaço prisional, dedicados à reabilitação social, para além de uma política de liberdade condicional eficaz na prevenção da reincidência, principalmente na perspectiva da defesa das potenciais vítimas."

(Entrevista 2)

Existe, assim, uma lacuna na sociedade, no que concerne a esta área. Recentemente, no entanto, e com o decorrer da presidência portuguesa da União Europeia, surgiram algumas iniciativas, entre as quais as medidas que figuram no Plano para a Integração dos Imigrantes, aberto à discussão pública até Janeiro de 2007 e aprovado pela Resolução do Conselho de Ministros n.º 63-A/2007, de 8 de Março. No capítulo da Justiça, há 10 itens específicos que visam colmatar estes problemas, em que estão previstas medidas que pressupõem a intervenção das entidades estatais responsáveis pela resolução da maior parte destes problemas (Plano para a Integração dos Imigrantes, pontos 60 a 70).

Refira-se ainda que, apesar de existirem acordos entre Portugal e alguns países relativos à troca de presos (o caso do Brasil), muitos dos reclusos não mostram desejo de participar nestes programas pela discrepância na aplicação das penas, apesar das condições das prisões serem bastante díspares.

266 *Imigração e Criminalidade – Caleidoscópio de Imigrantes Reclusos*

"Eu sei que existe um acordo entre o Brasil e Portugal em relação à troca de presos que já está assinado, mas não tenho a certeza se já está ratificado. Sei que os estabelecimentos prisionais aqui são cem vezes melhores do que lá, mas que muitas vezes os portugueses que estão presos no Brasil, apesar das condições péssimas das prisões, raros são os casos que querem vir para Portugal, mesmo tendo cá a família, porque a progressão para a liberdade, no Brasil, não tem nada a ver com a de Portugal. Ou seja, cumpre-se um sexto da pena, se for primário, vem para a rua. (...) só pode ser [por causa da lotação] porque há prisões onde eles fisicamente não conseguem nem deitar-se todos no chão para dormir ao mesmo tempo. Ficam em pé, assim ombro com ombro, chocante. Eu acho que está comercializado um vídeo que eu aconselho, que se chama "Justiça", que é produzido por uns brasileiros e até ganhou uns prémios no Brasil e que é sobre o sistema judiciário brasileiro, ou seja, não é só sobre o sistema prisional. São três histórias paralelas, (...) que de alguma forma demonstra a relativa injustiça que é o sistema em que os grandes são completamente ilibados e depois prendem-se pessoas por coisas menores, os juízes não prestam muita atenção aos criminosos de delito comum da classe social mais baixa. Vêem-se as declarações (...) alguns estabelecimentos prisionais que é chocante, principalmente os reclusos que estão a aguardar julgamento (em prisão preventiva) e por isso é que muitos deles já nem contestam nada porque querem ir para outra prisão melhor, com mais condições do que aquela onde se encontram até à condenação, e o que querem é ser julgados rapidamente, nem recorrem senão ficam em sítios que são umas autênticas jaulas, não há espaço fisicamente para as pessoas se sentarem, quanto mais deitarem para dormir. As prisões estão tão lotadas agora que há inclusive uns casos agora em que os reclusos são postos em carrinha celulares, mas não são como as nossas. São carrinhas todas fechadas com grades na parte de trás e os reclusos são postos lá dentro até caber e ficam todos ali fechados, estão todo o dia ali ao sol, metidos dentro da carrinha."

(Entrevista 7)

3.6. Síntese

A situação dos reclusos estrangeiros deve-se apenas a alguns tipos de crimes, conforme se pode verificar pela listagem apresentada na nota introdutória. Também se verificou que não existem infra-estruturas em número suficiente para instalar estrangeiros a aguardar decisões por processos não criminais, sendo aqueles obrigados a permanecer em estabelecimentos prisionais com outros reclusos condenados.

Quanto à criminalidade nacional, é difícil traçar um panorama: os dados da criminalidade registada e os dados dos reclusos apenas permitem uma percepção muito genérica deste fenómeno. Da criminalidade registada em Portugal em 2004, destacam-se os crimes contra o património e, dentro desta categoria, os crimes contra a propriedade. Os crimes contra as pessoas são os segundos mais numerosos, assumindo maior relevo os crimes contra a integridade física. Em terceiro lugar, surgem os crimes contra a vida em sociedade, em que os crimes contra a segurança das comunicações são em maior número. Os crimes previstos na legislação avulsa são, em maior número, relativos a tráfico e outros crimes relacionados com drogas. Os valores da criminalidade registada em Portugal são relativamente baixos quando inseridos no contexto europeu e ocidental, apresentando um ratio de 36,2 crimes/1000 habitantes em 2005. As imagens da criminalidade portuguesa obtidas através da criminalidade registada e das estatísticas dos reclusos contêm diferenças significativas. Estas diferenças acentuam-se quando se analisam os dados dos reclusos estrangeiros condenados. É, no entanto, indispensável ter presente a noção e diferenciação da designação estrangeiro e residente (imigrante), de forma a não enviesar o estudo e as conclusões obtidas.

Os inquéritos investigados pelo SEF por crime de auxílio à imigração ilegal têm vindo a aumentar (106 inquéritos em 2005, contra 83 em 2004), incluindo o crime de associação de auxílio à imigração ilegal (65 auxílio à imigração ilegal + 18 associação de auxilio à imigração ilegal), e os investigados pela PJ registaram, de 2004 para 2005, uma taxa de crescimento de 100% (60 inquéritos em 2005).

No que respeita à análise da comunidade reclusa, o número de reclusos presentes nos EP portugueses tem descido gradualmente desde 2002 até ao presente, ao passo que o número de reclusos estrangeiros tem aumentado desde 1998 até ao presente, apresentando em 2005 (18,5%) o dobro da percentagem de reclusos relativamente a 1994 (9,6%). Os reclusos oriundos dos países africanos, nomeadamente dos PALOP, são os mais numerosos nos EP portugueses em 2005 (54,6%), seguidos dos reclusos europeus (25,8%) e dos provenientes da América Latina (17,2%). Os reclusos caboverdianos (6,1% do total) e os angolanos (1,8% do total) são os mais numerosos desde 1994. De 2001 até ao presente, os reclusos brasileiros (1,6%), espanhóis (1%), ucranianos (0,7%) e guineenses (1%) ocupam lugares de destaque nos EP portugueses.

Nos dois anos em análise (2002 e 2005), os reclusos estrangeiros são maioritariamente residentes em Portugal (66% em 2005), do sexo masculino, têm uma média de 33,7 anos (2005) e níveis de escolaridade médios (frequência de ensino secundário). No entanto, quando os escalões de frequência de anos de escolaridade são analisados de forma independente, o mais frequente corresponde a 4 anos de escolaridade. Os distritos de residência são maioritariamente Lisboa, Setúbal e Faro, sendo também estes os distritos de origem do maior número de condenados (56% em 2005). Dos condenados, a média das penas é de 76 meses (6,3 anos) em 2005.

De 2002 para 2005, há aumentos estatisticamente significativos nas condenações por crimes de tráfico e outros relacionados com drogas, crimes contra a propriedade, crimes contra a integridade física e falsificação de documentos. Nos reclusos do sexo masculino, de 2002 para 2005, aumentou o número de condenações, havendo crimes exclusivamente praticados por este grupo, ao passo que o inverso não se constata. As idades dos reclusos portugueses são ligeiramente mais elevadas do que as dos reclusos estrangeiros e a maior parte dos reclusos encontra-se condenada apenas por um crime. As nacionalidades de reclusos em maior número presentes nos EP diferem quando se refere o total, os condenados, os não condenados e os residentes condenados.

Da análise das 10 nacionalidades de reclusos escolhidas, verificam-se pontos coincidentes entre algumas, possibilitando a criação de 4 grupos: grupo 1 – reclusos de Cabo Verde, Guiné-Bissau e S. Tomé e Príncipe; grupo 2 – reclusos da Ucrânia, Moldávia e Rússia; grupo 3 – reclusos de Angola, Brasil e Roménia; grupo 4 – reclusos de Espanha.

Os reclusos mais numerosos por crime de auxílio à imigração ilegal, analisado de forma independente, são oriundos da Moldávia, Ucrânia, Rússia, Brasil e Angola. Este crime está associado em maior número aos crimes de associação criminosa, extorsão, crimes contra a liberdade pessoal, falsificação de documentos, detenção ilegal de arma de defesa, lenocínio, tráfico e outros relacionados com drogas e crimes de perigo comum. Dos reclusos presentes nos EP por crimes de auxílio à imigração ilegal, apenas 35% foram condenados. 83,7% são residentes e são maioritariamente oriundos de Lisboa, Leiria e Aveiro. Estes reclusos apresentam uma média de idades mais baixa do que a média dos restantes reclusos estrangeiros (30,7 anos, em 2005) e médias de ensino mais altas (7,7 anos de escolaridade, em 2005). As médias das penas para este crime aumentaram de 2002 (24,6 meses) para 2005 (39,7 meses), apesar de serem mais baixas do que a média das restantes condenações de estrangeiros. As características dos reclusos de nacionalidades mais numerosas por este crime aproximam-se.

As Associações de Imigrantes em Portugal têm vindo a desenvolver acções em vários sectores da vida dos imigrantes, e, mais recentemente, no que respeita às dificuldades dos reclusos estrangeiros em Portugal. Contactadas diversas entidades, verifica-se que as condições de vida dos imigrantes reclusos são um problema identificado, apesar de as respostas serem ainda muito poucas, sobretudo se comparadas com as acções desenvolvidas em outros países europeus. Existem algumas instâncias civis e estatais intervenientes neste processo e foram já anunciadas diversas medidas, a desenvolver no futuro, para colmatar as falhas sentidas nesta área. No entanto, são ainda evidentes falhas nas medidas de acção e informação.

CONCLUSÕES

Apesar de se afirmarem como uma excepção à regra, as migrações têm vindo a aumentar nos últimos anos. Este é um fenómeno que tem vindo a desenvolver-se desde a constituição da figura dos Estados, fomentado sobretudo por acontecimentos políticos e sociais, por razões económicas e de segurança e é encarado sob várias perspectivas, consoante as necessidades dos países de destino. A imigração é normalmente necessária para o progresso económico e o preenchimento do mercado de trabalho de muitos países, mas é por vezes encarada como uma ameaça, já que implica problemas vários.

Os grandes movimentos populacionais de uns países para outros, implicaram alterações sociais que se repercutiram também no campo do crime. Conforme se pôde verificar pela leitura de alguns casos internacionais relacionados com esta matéria, a população migrante tem vindo a sofrer uma fragilização progressiva nos países de destino, resultante de vários factores que, de uma forma ou de outra, demonstram um aumento estatístico de determinados crimes praticados por algumas comunidades de migrantes.

Na Europa, a imigração tem vindo a revelar-se um fenómeno de crescimento contínuo, acompanhando os sucessivos acontecimentos históricos que permeabilizaram a entrada de fluxos migratórios, em grande escala, em diversos países. Com o surgimento da União Europeia e a entrada de Portugal como Estado Membro, a situação económica portuguesa melhorou, tornando-se também este país, inserido no contexto europeu, um pólo atractivo para os imigrantes. Os movimentos populacionais processam-se sobretudo a partir de países económica e socialmente mais desfavorecidos, sendo actualmente Portugal, inserido no conjunto dos países mediterrânicos, um destino de eleição de fluxos migratórios. Os sucessivos acontecimentos ocorridos no mundo e sentidos sobretudo em Portugal, vieram proporcionar uma melhoria das condições de vida e um espaço de abertura no mercado de trabalho que estimulou a entrada de imigrantes em Portugal. A influência da realidade económica do país, proporcionou, assim,

272 *Imigração e Criminalidade – Caleidoscópio de Imigrantes Reclusos*

uma alteração do panorama social em Portugal, bem como o incremento da entrada de imigrantes.

Também as sucessivas alterações da legislação, nomeadamente no que respeita às sucessivas regularizações de imigrantes ilegais em Portugal, vieram contribuir para que o número daqueles aumentasse e para que a diversidade de nacionalidades presentes no país se fosse alterando, fazendo conviver várias comunidades de imigrantes e minorias étnicas num mosaico multicultural. Estas alterações vieram, de alguma forma, causar um impacto económico no país, despoletado pela força laboral dos imigrantes.

Relativamente à comparação entre os estrangeiros a residir em Portugal e os portugueses (Seabra e Santos, 2005), é possível constatar que a população estrangeira é constituída por um maior número de homens, sobretudo jovens, solteiros, deslocados do núcleo familiar e com menor assiduidade religiosa do que os portugueses. Refira-se ainda que apresentam habilitações literárias superiores à média dos cidadãos nacionais, exercendo funções maioritariamente na construção civil e na restauração, ocupando postos de trabalho subalternos. No que concerne às horas de trabalho, despendem mais horas do que os portugueses, residindo em habitações maioritariamente pequenas e com poucas condições. Estas constatações levam alguns autores (Seabra e Santos, 2005:59) a concluir que existe uma *"clara desigualdade, entre portugueses e estrangeiros, nas condições de partida para os percursos de vida que poderão, ou não, vir a desembocar no crime"*.

O acesso às tecnologias da informação veio acentuar as desigualdades já existentes entre os países mais desfavorecidos e os mais ricos, permitindo que a utilização subversiva das mesmas fosse posta ao serviço do mundo do crime. Devido a todas estas alterações, surgiram novos tipos de crime associados aos movimentos migratórios, outros acentuaram-se, e o *modus operandi* das redes foi refinado de forma a rentabilizar os lucros. A imigração ilegal é um flagelo que atinge proporções preocupantes no mundo, uma vez que é um fenómeno dominado por redes criminosas que operam internacionalmente e que retiram altos dividendos de actividades ilícitas conexas, podendo ter graves repercussões a nível económico e social, quer nos países de origem, quer nos países de destino. A forma de actuação das redes de nacionalidades diferentes é díspar, consoante as actividades a que se dedicam, sendo possível, através da análise de processos, identificar linhas de intervenção e tipos de crime mais vezes praticados.

Em Portugal, já se procedeu ao desmantelamento de algumas redes criminosas organizadas de carácter transnacional, procurando-se, cada vez mais, encontrar uma uniformização europeia que combata com mais eficácia este tipo de crimes.

Durante o início do ano de 2002, a Comissão Europeia emitiu um comunicado do qual consta uma proposta cujo objectivo é a criação de uma Agência de Segurança[40] dos sistemas de informação e das redes informáticas que envolva os países europeus. Pretende-se um desenvolvimento maior, mais eficaz e seguro da sociedade de informação e o estabelecimento de um centro de aconselhamento dos Estados-membros no que respeita à segurança informática, concentrando-se na uniformização e implementação de políticas de segurança globais de combate à pirataria e ao *cibercrime*[41].

No que diz respeito à Segurança Interna de cada Estado, pensa-se na criação de bases de dados na Internet, de acesso restrito, onde se possa trocar informação entre os vários Serviços de Segurança relativamente ao *modus operandi* e características de grupos criminosos, nomeadamente de forma a incrementar o combate ao terrorismo, imigração ilegal, falsificação de documentos, lenocínio, tráfico de pessoas e outros crimes, estendendo-se essa consulta a outros países europeus. A troca de dados existente no Sistema de Informação Schengen, já existente, está a ser ampliada, facilitando a cooperação entre os vários Estados que o compõem, favorecendo, assim, a luta contra os crimes praticados internacionalmente.

Também se encontra já em fase de implementação uma série de programas de desenvolvimento e cooperação a nível político, de forma a combater as redes de imigração ilegal, que deixariam assim de ter tanta procura. Por outro lado, procura-se maximizar a utilização dos sistemas europeus de combate à imigração ilegal, como o Eurodac, os serviços da Europol ou implementar outros que permitam uma penalização mais eficaz das redes criminosas transeuropeias ou internacionais que se dedicam a explorar os imigrantes, minimizando alguns dos graves problemas económicos e sociais que os países envolvidos enfrentam.

---

[40] European Network and Information Security Agency
[41] "Apresentação de nova Agência de Segurança Informática", notícia de 18/02/2003, in http://www.elementodigital.pt/content/index.php?action=newsDetailFo&rec=110&tp

O desafio é grande e implica um envolvimento permanente e concertado das instâncias europeias, de forma a implementar políticas e medidas de aplicação prática, de forma a possibilitar às vítimas deste verdadeiro flagelo, os imigrantes, a inserção, de forma sã e livre, nos países que deles necessitam.

No plano internacional, segundo um estudo de Tonry (1997) que abordou a análise das "perspectivas internacionais comparadas sobre etnicidade, imigração e crime", concluiu-se que *"em todos os países, as taxas de criminalidade e reclusão registadas em indivíduos identificados com determinados grupos minoritários são significativamente mais elevadas que as registadas para a maioria da população"*. No que respeita às análises estatísticas apresentadas na presente investigação, é possível concluir que os valores da criminalidade em Portugal são baixos, quando comparados com os restantes países europeus, tendo havido um aumento dos crimes relacionados com a imigração, nos últimos anos. O número de reclusos portugueses tem diminuído, ao passo que o número de estrangeiros tem aumentado, verificando-se uma alteração no panorama das nacionalidades de reclusos nos últimos anos, que coincide também com a alteração da população imigrante em Portugal. Foi possível proceder ao agrupamento de várias nacionalidades, após a análise do número de condenações por tipo de crimes praticados por imigrantes e estabelecer um perfil dos reclusos consoante o grupo em que se inseriram.

Atente-se agora nas questões inicialmente levantadas nesta investigação:

- Estarão a aumentar os crimes praticados por imigrantes em Portugal?

- Se sim, será que este aumento se deve ao crescente número de imigrantes em Portugal?

- Qual a razão para o facto de determinadas nacionalidades de imigrantes serem mais vezes condenadas por crimes específicos?

- Existe alguma relação tipo de crime-nacionalidade?

Ao tentar avançar com algumas explicações para esta problemática, vislumbram-se razões de exclusão social que poderão estar na origem de parte do problema. Esta questão coloca-se sobretudo nos crimes de tráfico e outros relacionados com drogas, em que as actividades criminosas se desenrolam habitualmente em bairros pobres das periferias das grandes cidades, locais onde vivem maioritariamente os imigrantes oriundos dos PALOP's, em condições económico-sociais de relativa privação. Esta razão foi também apontada por Michael Tonry (1997) quando refere que *"os grupos minoritários caracterizados por elevadas taxas de criminalidade e reclusão são, simultaneamente, caracterizados por diversos indicadores de desvantagem social e económica"*.

Por outro lado, o passado histórico-cultural de alguns países de onde estes reclusos são oriundos, marcados por uma longa exposição a situações de guerra e violência, permite colocar a hipótese de haver como que uma transposição, para Portugal, do panorama criminal existente naqueles países. De resto, Tonry (1997) destacou o aspecto de que *"comportamentos inerentes a determinados grupos culturais (...) operam em sua desvantagem no contacto com o sistema judicial"*. Acrescenta, no entanto que *"a causa dominante das disparidades raciais e étnicas na taxa de reclusão parece ser diferentes padrões de criminalidade entre grupos e não o enviesamento institucional"*.

As novas vagas de imigrantes e a diversidade de nacionalidades dos que se estabeleceram em Portugal nos últimos anos, trouxeram novos tipos de crime para os quais o país não estava preparado, levando a que eles fossem legislados e penalizados, dado que até então praticamente não existiam.

O estatuto dos estrangeiros em Portugal, nomeadamente o facto de tantos se encontrarem em situação irregular, também contribui para que houvesse um aumento no número de prisões preventivas. Quando os estrangeiros não indicam uma residência fixa em Portugal, não se encontrando em situação legal, aumenta a probabilidade da aplicação do princípio do perigo de fuga, levando a que um número substancial de estrangeiros seja mantido em prisão preventiva. No entanto, seria necessário ter acesso aos processos dos reclusos para poder confirmar esta hipótese. No plano internacional, Tonry (1997) refere que *"práticas aparentemente neutrais, em especial determinação de prisão preventiva e sentenças com redução da pena por confissão dos factos, operam no sentido da desvantagem, sistemática e sistémica, dos membros dos grupos minoritários"*.

As redes de imigrantes de cada uma das nacionalidades já implementadas nos países de destino, têm também um papel essencial. Se é verdade que elas podem ter um desempenho fundamental na integração dos imigrantes recém-chegados, a todos os níveis, também é verdade que podem igualmente contribuir para os envolver nos esquemas criminais já criados no país de acolhimento, favorecendo inclusivamente a sua entrada no mundo do crime, quer directa, quer indirectamente. É que, nestes casos, os criminosos procuram vítimas estrangeiras, desconhecedoras de leis, de direitos e de apoios (estatais ou não). Da mesma forma, a falta de apoio estatal e não-governamental aos reclusos estrangeiros que já se encontram em estabelecimentos prisionais, bem como aos que já cumpriram as penas que lhes foram imputadas, poderá ser um factor negativo para a sociedade, uma vez que não se favorece a sua reintegração social, mantendo-se a marginalização. Encontram-se, assim, alguns reclusos imigrantes num estado de carência maior do que os nacionais, pois frequentemente não têm laços de parentesco ou de amizade em Portugal, ficando votados a um total isolamento, sem possibilidade, muitas vezes, de frequentar as actividades em curso nos estabelecimentos prisionais, por falta de documentação ou desconhecimento da língua.

A natureza de alguns crimes também é um factor de envolvimento por parte de estrangeiros. Por exemplo, se um crime é transnacional, terá que ter necessariamente "cérebros" colocados em locais estrategicamente escolhidos, espalhados a nível internacional, para manter as "actividades" bem coordenadas. A probabilidade de estes serem estrangeiros é obviamente grande.

Por outro lado, assistimos com frequência a um movimento de bipolarização de muitos imigrantes, como agressores e como vítimas. Ou seja, é sabido que, quando um membro de uma rede criminosa quer abandonar o mundo do crime, sofre uma metamorfização de agressor para vítima, sendo frequentes as ameaças feitas ao próprio e à família. O caso oposto passou-se diversas vezes, quando imigrantes recém-chegados, sobretudo oriundos do Leste europeu, eram vítimas de extorsão à chegada a Portugal, violentamente espancados nos lavabos das estações de comboios e de camionetas. Tempos depois, eram eles próprios que agrediam os compatriotas que chegavam a Portugal, agindo quer em células isoladas, quer em redes hierarquicamente organizadas (processos-crime, SEF 2000-2002).

Não é linear, pois, responder às questões levantadas. Se se verificou a entrada de um grande número de estrangeiros em Portugal nos últimos anos, naturalmente houve um aumento no número de reclusos estrangeiros no país. Isto não quer dizer necessariamente que os estrangeiros são "mais criminosos" do que os portugueses, apesar de haver diferença nas proporções dos grupos – número de reclusos condenados portugueses por

1000 habitantes: 1,19[42]; número de reclusos imigrantes por 1000 residentes: 2,64[43] (INE, 2005, SEF, 2006 e DGSP, 2006).

Se se analisarem os dados, verifica-se que efectivamente houve uma alteração no panorama criminal em Portugal, uma vez que o número de reclusos estrangeiros aumentou, tendo também aumentado a prática de crimes pouco comuns no país e associados ao fenómeno da imigração, como por exemplo, a extorsão e o auxílio à imigração ilegal. Acresce que alguns tipos de crime são mais frequentemente praticados por cidadãos de determinadas nacionalidades, facto que, pensamos, está associado às experiências vividas nos países de origem ou às práticas sociais do grupo em que se inseriram no país de acolhimento. Parece poder inferir-se da existência de alguma associação entre tipo de crime-nacionalidade, constatando-se um maior número de condenações de algumas nacionalidades por crimes específicos, como por exemplo a extorsão e os crimes contra a vida.

Assim sendo, nada há que permita concluir que os estrangeiros, e no caso mais concreto, os imigrantes, pratiquem mais crimes agora do que antes, mas tão só que o aumento do número de determinados crimes se deve a um maior aumento da procura do país por parte dos imigrantes, o que facilitou a implementação ou o reforço de redes ilegais controladas por grupos criminosos que até então não operavam em Portugal com tanta visibilidade.

Uma palavra ainda para o papel das instâncias governamentais, ONG's e Associações de Imigrantes que se revela essencial na divulgação, estudo e prevenção de alguns problemas relacionados com os reclusos estrangeiros e imigrantes em Portugal, de forma a possibilitar a sua reinserção na sociedade e a colmatar falhas do processo da sua integração no país.

---

[42] Para uma contabilização mais fidedigna, foram excluídos os nacionais menores de 15 anos e maiores de 65, obtendo um total de estimativa de população para 2005 de 7115261.

[43] À semelhança do grupo anterior, foram excluídos os residentes estrangeiros menores de 15 anos e maiores de 65, totalizando 345519 de residentes estrangeiros. Para esta categoria foram contabilizados os titulares de Autorizações de Residência, de Autorizações de Permanência e de Vistos de Longa Duração.

BIBLIOGRAFIA

Aebi, M.F (2005). SPACE I (Council of Europe Annual Penal Statistics). Strasbourg: University of Lausanne and Autonomous University of Barcelona (Switzerland/Spain), Survey 2004.

Albrecth, H.-J. (1995). Ethnic minority, crime and criminal justice in Germany. in Michael Tonry (ed.) (1997) *Ethnicity, crime and immigration*. New York: Oxford University Press.

Albrecht, H.-J. (2002). Immigration, crime and unsafety. in A. Crawford (ed), *Crime and Insecurity. The Governance of Safety in Europe*, 159-185. Cullompton: Willan.

Albuquerque, R. (2001). O associativismo dos imigrantes em Portugal. *Janus 2001*. Edições Público e Universidade Autónoma de Lisboa.

Albuquerque, R. et al. (2000). O fenómeno associativo em contexto migratório. Duas décadas de associativismo de imigrantes em Portugal. Oeiras: Celta.

Alegria, T. (2003, Setembro 2). Fraude às claras. *Portugal Diário* Recuperado em 2005, Janeiro 2, de www.portugaldiario.iol.pt

Almeida, A. C. (2003). *Impacto da Imigração em Portugal nas Contas do Estado*. Observatório da Imigração. Lisboa: ACIME.

Amaro, J.B. (2003, Julho 19). Mais de 7000 passaportes portugueses desaparecidos. *Público*.

Azevedo, J. (2000). Inteligência política, estratégia, mobilização social e realização de compromissos sociais. In Roberto Carneiro (Dir.), *O futuro da educação em Portugal Tendências e oportunidades, Um estudo de reflexão prospectiva* (Vol. Tomo III – As Dinâmicas Institucionais). Lisboa: Departamento de Avaliação Prospectiva e Planeamento, Ministério da Educação. (14-37). Recuperado em 2005, Abril 5, de http://www.dapp.min-edu.pt/aval_pro/tendencia.html.

Baganha, M.I. (1996). *Immigrants Insertion in the Informal Market, Deviant Behaviour and the Insertion in the Receiving Country*. 1.º Relatório (mimeo). Coimbra: Centro de Estudos Sociais.

Baganha, M.I. (1998). *Immigration in Southern Europe*. Ed. Celta.

280   *Imigração e Criminalidade – Caleidoscópio de Imigrantes Reclusos*

Baganha, M.I.e Góis, P. (1999). Migrações internacionais de e para Portugal: O que sabemos e para onde vamos? *Revista Crítica de Ciências Sociais* (52-53), 229-280.

Baganha, M.I., Marques, J.C. e Fonseca, G.(2000). *Is a Ethclass Emerging in Europe? The Portuguese Case*. Lisboa: Luso American Development Foundation.

Baganha, M.I. (2001). A cada Sul o seu Norte: Dinâmicas migratórias em Portugal. In Santos, B.S. [ed.] *Globalização, Fatalidade ou Utopia?* Porto: Edições Afrontamento, 135-159.

Baganha, M.I. e Marques, J.C. (2001). *Imigração e política: O caso Português*. Lisboa: FLAD.

Baganha, M.I., Marques, J.C. & Góis, P. (2004). The unforeseen wave: migration from eastern Europe to Portugal. In Fonseca, M.L. [coord.]. *New ages: migration from Eastern to Southern Europe*. Lisbon, Luso American Foundation 2004: 23-39.

Barreto, A. (2000). *A Situação Social em Portugal 1960-1999: Indicadores Sociais em Portugal e na União Europeia*. Lisboa: Imprensa de Ciências Sociais.

Bonelli, L. (2005). As razões da cólera. *Le Monde Diplomatique*. Edição Portuguesa. Dezembro 2005.

Bonger, W.ª (1969). Race and Crime. In Montclair, N.J., Patterson Smith in Mukherjee, S. (1999) *Ethnicity and Crime: An Australian Research Study*. A report prepared for the Department of Immigration and Multicultural Affairs, Australian Institute of Criminology. Recuperado em 2005, Novembro 14 e 2006, Janeiro 23 http://www.aic.gov.au/publications/ethnicity-crime/

Bourdieu, P. (1995). Le parti de la paix civile. *Alternatives Algériennes*,2 22 Nov.-7 Dez: 4.

Cádima, F. (coord.) (2003). *Representações (imagens) dos imigrantes e das minorias étnicas na imprensa*. Estudo realizado pelo OBERCOM para o ACIME com o apoio da FCT – Fundação para a Ciência e Tecnologia. Lisboa: ACIME.

Carli, E. F. (2006, Outubro). *Trans-national marriages perceived as a problem: Legislative measures in Norway* . Comunicação apresentada no workshop «Trans-national Marriages in the Global Village», 11th International Metropolis Conference, Lisboa.

Carneiro,R.(coord.)(2004).*Media,Imigração e Minorias Étnicas*.Lisboa:ACIME.

Carvalho, L.X. (2004). *Impacto e Reflexos do Trabalho Imigrante nas Empresas Portuguesas – uma Visão Qualitativa*. Observatório da Imigração. Lisboa: Acime.

CEPAC (1995). *Imigração e associação*. (Cadernos CEPAC 1) Lisboa: Centro Padre Alves Correia/CEPAC.

Choussodvsky, M. (2003). *A Globalização da Pobreza e a Nova Ordem Mundial*. Lisboa: Editorial Caminho.

Cornelius, W.P.M. & J.H. eds (1994). *Controlling immigration: A global perspective*. Stanford: Stanford University Press.

Correio da Manhã (2003, Outubro 22). *Reforço no controlo à imigração*.

Correio da Manhã (2004, Abril 06). *Mais 20 novos centros de apoio ao imigrante*.

Correio da Manhã (2006, Janeiro 3). *PJ prende gang romeno*.

Costa, J.B. (1999). *Práticas Delinquentes (De uma criminologia do anormal a uma antropologia da marginalidade)*.Lisboa: Edições Colibri.

Costa, J.B. (s.d.) *Estatísticas não mostram a verdadeira criminalidade*. in Fórum da PSP – online http://www.forumpsp.net/dossier.

Crutchfield, R.D., Weis, J.G., Engen R.L. (1995). *Gainey and Ethnic Disparities in the Prosecution of Criminal Cases in King County Washignton: Final Report*. Washignton State Minority and Justice Commission.

Cunha, I. e Santos, C. (2006). *Media, Imigração e Minorias Étnicas II*. Observatório da Imigração. ACIME.

Diário de Notícias (2003, Janeiro 31). *Rede ilegal de imigrantes condenada*.

Diário de Notícias (2004, Junho 9). *Casamentos "ilegais" dispararam em 2003*.

Dias, C.S.C. (coord.) (2005). *Tráfico de pessoas para fins de exploração sexual*. Brasília:OIT.

Engbersen, G. e Leun, J.v.der (2001, Novembro). *Panopticum Europe and the case of Undocumented Immigrants*. Sixth International Metropolis Conference. Rotterdam, The Netherlands.

Enriquez, E. (1998). O judeu como figura paradigmática do estrangeiro. In: *O Estrangeiro* S.I./Escuta.

Esteves, A. & Malheiros, J. (2001). Os cidadãos estrangeiros nas prisões portuguesas. In Pinheiro, M., Baptista, L. e Vaz, M.J. (Orgs.) *Cidade e Métrople. Centralidades e Marginalidades*, Oeiras, Celta Ed.

Expresso (2003, Abril 01). *Relatório Anual de Segurança Interna de 2002. Criminalidade aumentou 5%*. Recuperado em 2003, Abril 1 de http://online. expresso.pt/

Ferreira, E., Rato, H. e Mortágua, M.J. (2004). *Viagens de Ulisses – Efeitos da Imigração na Economia Portuguesa*. Lisboa: Centro de Estudos de Economia Internacional, Universidade Autónoma de Lisboa, ACIME.

282 Imigração e Criminalidade – Caleidoscópio de Imigrantes Reclusos

Ferreira, E.V. (1998). *Crime e Insegurança em Portugal. Padrões e Tendências, 1985-1996*. Oeiras: Celta Editora.

Ferro, C. (s.d.). *Cartão à prova de falsificação para imigrantes*. in Diário de Notícias online (www.dn.sapo.pt/notícia).

Ferro, C. e Savini, M. (2003, Maio 25). Tráfico em Portugal. *Diário de Notícias*.

Fijnaut, C. and Paoli, L. (eds.) (2004). Organised Crime in Europe. Concepts, patterns and control policies in the European Union and beyond. Amsterdam: Kluwer in Oberwittler, D. e Hofer, S. Crime and Justice in Germany. An analysis of recent trends and research. Paper accepted for publication in *European Journal of Criminology*, 2/4, December 2005, SAGE Publications Ltd. Recuperado em 2005, Novembro 11 em ww.iuscrim.mpg.de/forsch/onlinepub/obi_hoefer.pdf.

Fonseca, M.L. (2005). *Migrações e Território*. Lisboa: Centro de Estudos Geográficos, Universidade de Lisboa.

Fonseca, C. (2006). La delincuencia que viene de fuera. *Tiempo*. 5-6-2006.

Fundação Calouste Gulbenkian (2005). *As migrações num mundo interligado*. Relatório da Comissão Mundial sobre as Migrações Internacionais, Outubro 2005.

Gago, M. (2002). Sessão de Encerramento. Comunicação apresentada em *Redes de aprendizagem, redes de conhecimento*, Lisboa. 195-202.

Gil-Robles, A. (2003). *Report by Mr Alvaro Gil-Robles, Comissioner for Human Rights on his visit to Portugal, 27-30 Maio 2003* (for the attention of the Committee of Ministers and the Parliament Assembly), Office of the Commissioner for Human Rights, Strasbourg 19 Dez 2003: CommDH (2003)14 Original version.

Grande Enciclopédia Universal (2004). Durclubo, AS.

Grassi, M. (2005). *Casar com o passaporte no espaço Schengen: uma introdução ao caso de Portugal*. Working paper, Instituto de Ciências Sociais, Universidade de Lisboa.

Grundies, V. (2000). *Kriminalitätsbelastung junger Aussiedler*. Ein Längsschnittvergleich mit in Deutschland geboren jungen Menschen anhand polizeilicher Registrierungen. Monatsschrif für Kriminologie, 83 (5), 290-305 in Oberwittler, D. e Hofer, S.(2005). Crime and Justice in Germany, An analysis of recent trends and research. Paper accepted for publication in *European Journal of Criminology*, 2/4, December 2005, SAGE Publications Ltd. Recuperado em 2005, Novembro 11, de ww.iuscrim.mpg.de/forsch/onlinepub/obi_hoefer.pdf.

Haan, W. de. (1993). *Beroving van voorbijgangers: Rapport van een onderzoek naar straatroof in 1991 in Amsterdam en Utrecht*. The Hague: Ministry of International Affairs, in Junger-Tas, J. (2004). Youth Justice in the Netherlands, University of Chicago. Recuperado em 2005, Novembro 14 de http://www.jornals.uchicago.edu/CJ/190105.pdf.

Holloway, R. (2002, Dezembro 3). *EUA-ONU-população: ONU pede controle da natalidade nos países em desenvolvimento*. Agence France-Presse.

Huntington, S. P. (2001). *O Choque das Civilizações e a Mudança na Ordem Mundial*, Lisboa: Gradiva.

INE (2006). *População estrangeira em Portugal*. Recuperado em 2006, Dezembro, 15 de www.ine.pt.

Jahn, A. & Straubhaar (1999). A Survey of the Economics of Illegal Migration. in Martin Baldwin-Edwards and Joaquin Arango (eds), *Immigrant and the Informal Economy in Southern Europe*, London: Frank Cass Publishers: 16-42.

Jones, E.L. (2002). *O Milagre Europeu*. Trajectos, Gradiva.

Junger-Tas, J. (1995). Ethnic minorities and criminal justice in The Netherlands. in Tonry, M. (ed.) (!997). *Ethnicity, crime and immigration*. New York: Oxford University Press.

Junger-Tas, J. (2004). *Youth Justice in the Netherlands*. University of Chicago. Recuperado em 2005, Novembro 14 de   http://www.jornals.uchicago.edu/CJ/190105.pdf.

Kensey, A. (1999). Détenus étrangers. *Cahiers de démographie pénitenciaire*. Publication du ministère de la Justice, n.º 6.

Kinzing, J. (2004). Die rechtliche Bewältingung von Erscheinungsformen organisiertr Kriminalität. Berlin: Dunker & Humblot in Oberwittler, D. e Hofer, S. (2005). Crime and Justice in Germany. An analysis of recent trends and research. Paper accepted for publication in *European Journal of Criminology*, 2/4, December 2005, SAGE Publications Ltd. Recuperado em 2005, Novembro 11 de www.iuscrim.mpg.de/forsch/onlinepub/obi_hoefer.pdf.

Lévy, R. (1987). *Du suspect au coupable, le travail de police judiciaire*. Genève, Médecine et Hygiène.

Ludwig-Mayerhofer, W. And Niemann, H. (1997). Gleishes (straf-)Recht für alle? Neue Ergebnisse zur Ungleichheitsbehandlug ausländischer Jugendlicher im Strafrecht der Budesrepublik. *Zeitschrift für Soziologie*. 26 (1), 35-52 in Oberwittler, D. e Hofer, S. (2005). Crime and Justice in Germany. An analysis of recent trends and research. paper accepted for publication in *European Journal of Criminology*, 2/4, December 2005, SAGE Publications

284 *Imigração e Criminalidade – Caleidoscópio de Imigrantes Reclusos*

Ltd. Recuperado em 2005, Novembro 11 de ww.iuscrim.mpg.de/forsch/onli-nepub/obi_hoefer.pdf.

Machado, C. (2004). *Crime e Insegurança, discursos do medo, imagens do outro*. Lisboa: Editorial Notícias.

Martin, P. e Widgren, J. (2002). International Migration: Facing the Challenge. in *Population Bulletin*, vol. 57, n.º 1.

Maxman (2003, Abril). Mafias Russas.

Migration News (2003), volume 10, n.º 3, Julho de 2003.

Moreira, S. (2005). *Estatísticas Prisionais – 2005. Apresentação e Análise*. Direcção Geral dos Serviços Prisionais.

Mukherjee, S. (1999). *Ethnicity and Crime: An Australian Research Study.* A report prepared for the Department of Immigration and Multicultural Affairs, Australian Institute of Criminology, November 1999. Recuperado em 2005, Novembro 14 e 2006, Janeiro 23 de http://www.aic.gov.au/publications/ethnicity-crime/.

Naplava, T. (2003). Selbst berichtete Delinquenz einheimischer und immigriertr Jungendlicher im Vergleich Eine Sekundäranalyse von Schulbefragungen der Jahre 1995-2000. Soziale Probleme, 14 (1), 67-96, in Oberwittler, Dietrich e Hofer, S.(2005). Crime and Justice in Germany. An analysis of recent trends and research. Paper accepted for publication in *European Journal of Criminology*, 2/4, December 2005, SAGE Publications Ltd. Recuperado em 2005, Novembro 11 de ww.iuscrim.mpg.de/forsch/onlinepub/obi_hoefer.pdf.

Neves, C. (2006, Maio 31). *Casamento por conveniência passa a ser crime na nova lei de imigração*. in Diário de Notícias.

Nunes, J.A. (nov.1998 / fev.1999). Para além das "duas culturas": tecnociências, tecnoculturas e teoria crítica. *Revista Crítica das Ciências Sociais* 52/53. Faculdade de Economia da Universidade de Coimbra e Centro de Estudos Sociais.

Nunes, J.A. (2001). Teoria Crítica, Cultura e Ciência: O(s) espaço(s) e o(s) conhecimento(s) da globalização (págs. 297-338). In Santos, B.S. [org.] (2001). *Globalização: Fatalidade ou Utopia?* Porto: Edições Afrontamento.

Oberwittler, D. e Hofer, S. (2005). Crime and Justice in Germany, An analysis of recent trends and research. Paper accepted for publication in *European Journal of Criminology*, 2/4, SAGE Publications Ltd. Recuperado em 2005, Novembro 11 de www.iuscrim.mpg.de/forsch/onlinepub/obi_hoefer.pdf.

OIT (2005). Uma Aliança Global Contra o Trabalho Forçado. OIT.

Oliveira, J.P. (1999). *O controlo de fronteiras e o combate à imigração ilegal e ao tráfico de pessoas*. in A Prevenção, o Controlo e as Políticas de Imigração. Comunicação apresentada no Seminário Luso-Italiano, Roma 27/29SET99.

Paoli, L. (2002). The Development of an Illegal Market: Drug Consumption and Trade in Post-Soviet Russia. *British Journal of Criminology*, 42 (1), 21-39 in Oberwittler, D. e Hofer, S. (2005). Crime and Justice in Germany. An analysis of recent trends and research. Paper accepted for publication in *European Journal of Criminology*, 2/4, December 2005, SAGE Publications Ltd. Recuperado em 2005, Novembro 11 de ww.iuscrim.mpg.de/forsch/onlinepub/obi_hoefer.pdf.

Paoli, L. (2004). Die Unsichtbare Hand des Marktes. Illegaler Drogenhandel in Deutschland, Italien und Russland. In D. Oberwittlwer and S. Kartstedt (eds), Soziologie der Kriminalität (Kölner Zeitschrift für Soziologie und Sozialpsychologie, Sonderheft 43), 356-383. Wiesbaden: VS Verlag für Sozialwissenschaften in Oberwitler, D. e Hofer, S. (2005). Crime and Justice in Germany. An analysis of recent trends and research. Paper accepted for publication in *European Journal of Criminology*, 2/4, December 2005, SAGE Publications Ltd. Recuperado em 2005, Novembro 11 de ww.iuscrim. mpg.de/forsch/onlinepub/obi_hoefer.pdf.

Peixoto, J. (2002). A imigração em Portugal. in *Boletim da Associação Portuguesa de Demografia*, n.º 3 – Nov. 2002.

Peixoto, J. coord. (2005). *O Tráfico de Migrantes em Portugal – Perspectivas Sociológicas, Jurídicas e Políticas*. Observatório da Imigração, ACIME.

Pereira, A.C. (2003, Outubro 26) Casamentos entre portugueses e estrangeiros duplicaram em cinco anos. *Público*.

Pereira, R. (2006, Janeiro 3) *Os estrangeiros e o crime*, in Correio da Manhã.

Pfeiffer, C., Kleimann, M., Schott, T. and Petersen, S. (2005). Migration und Kriminalität. Ein Gutachten für den Zuwanderungsrat der Bundesregierung. Baden-Baden: Nomos in Oberwitler, D. e Hofer, S. (2005). Crime and Justice in Germany. An analysis of recent trends and research. Paper accepted for publication in *European Journal of Criminology*, 2/4, December 2005, SAGE Publications Ltd. Recuperado em 2005, Novembro 11 de ww.iuscrim. mpg.de/forsch/onlinepub/obi_hoefer.pdf.

Pires, R.P. (2002, Novembro 4) Há sempre o pavor da criminalidade. Entrevista ao *Expresso*.

Portes, A. e Rumbaut, R.G. (1990). *Immigrant America*. A Portrait. Berkeley: University of California Press.

286 *Imigração e Criminalidade – Caleidoscópio de Imigrantes Reclusos*

Portugal Diário (2006, Junho 4). *Leilões de prostitutas no Reino Unido*. Recuperado em 2007, Fevereiro 19, de www.portugaldiario.iol.pt.

Portugal Diário (2006, Junho 20). *Polícias caçam prostitutas na net*. Recuperado em 2007, Fevereiro 19, de www.portugaldiario.iol.pt.

Portugal Diário (2006, Agosto 8). *Casamento por conveniência vai ser crime*. Recuperado em 2007, Fevereiro 19, de www.portugaldiario.iol.pt.

Portugal Diário (2006, Novembro 16). *Mega rede de prostituição desmantelada*. Recuperado em 2007, Fevereiro 19, de www.portugaldiario.iol.pt.

Portugal Dário (2006, Novembro 20). *Um plano para combater o tráfico humano*. Recuperado em 2007, Fevereiro 19, de www.portugaldiario.iol.pt.

Portugal Diário (2006, Novembro 20). *Voos baratos facilitam escravatura*. Recuperado em 2007, Fevereiro 19, de www.portugaldiario.iol.pt.

Portugal Diário (2006, Novembro 21). *Angariar mão-de-obra ilegal vai dar prisão*. Recuperado em 2007, Fevereiro 19, de www.portugaldiario.iol.pt.

Portugal Diário (2006, Novembro 21). *Mulheres exploradas em Portugal*. Recuperado em 2007, Fevereiro 19, de www.portugaldiario.iol.pt.

Portugal Diário (2006, Novembro 21). *UE pede empenho contra tráfico de pessoas*. Recuperado em 2007, Fevereiro 19, de www.portugaldiario.iol.pt.

Portugal Diário (2007, Janeiro 22). *Detidos por tráfico de pessoas e lenocínio*. Recuperado em 2007, Fevereiro 19, de www.portugaldiario.iol.pt.

Pravda (2004, Abril 12). *ACED: Prisões em Portugal*. in www.pravda.ru.

Pravda (2004, Fevereiro 06). *Estamos fartos de mortes nas prisões*. in www.pravda.ru.

Pravda (2004, Fevereiro 17). *Relatório sobre as prisões*. in www.pravda.ru.

Pravda (2004, Março 02). *Contribuição para um debate democrático sobre a reforma prisional*. in www.pravda.ru.

Presidência do Conselho de Ministros (2006). *Anteprojecto – Plano para a Integração dos Imigrantes, discussão pública, 2006*. ACIME. Recuperado de www.acime.gov.pt.

Público (2003, Janeiro 31). *Caso Borman assustou autoridades*. e *Autoridades preocupadas com máfias de Leste*.

Público (2003, Outubro 26). *SEF no encalço de matrimónios fictícios*.

Público (2003, Outubro, 26). *Quem quer casar com uma ucraniana?*

Público (2004, Fevereiro 25). *Parlamento Europeu aprova relatório de Luís Marinho sobre Política de Asilo*.

Público (2004, Abril 4). *Um Terço dos Imigrantes de Leste a Residir no Grande Porto Veio para Ficar*.

Público (2004, Abril 30). *UE: Alargamento não deverá provocar vaga de emigração para os Quinze*.

Público (2004, Julho 16). *Portugal desce três posições no "ranking"*. e *Os ricos e os pobres do costume*.

Pureza, J.M. (2000). Quem salvou Timor Leste? Novas referências para o internacionalismo solidário. *Revista Crítica de Ciências Sociais* n.º 64.

Pureza, J.M. (2001ª). Para um Internacionalismo pós-vestefaliano, in Santos, B.S. (org.). *Globalização, fatalidade ou utopia?* Porto: Edições Afrontamento.

Pureza, J.M. (2001b). Da cultura da impunidade à judicialização global: o Tribunal Penal Internacional. *Revista Crítica de Ciências Sociais*, n.º 60.

Pütter, N. (1998). Der OK-Komplex. Organisierte Kriminalität und ihre Folgen für die Polizei in Deutschland. Münster: Westfälisches Dampfboot in Oberwittler, D. e Hofer, S. (2005) Crime and Justice in Germany. An analysis of recent trends and research. Paper accepted for publication in *European Journal of Criminology*, 2/4, December 2005, SAGE Publications Ltd. Recuperado em em 2005, Novembro 11 de ww.iuscrim.mpg.de/forsch/onlinepub/ obi_hoefer.pdf.

Rita, J.P. (2003, Fevereiro 17). *Desemprego e Imigração*. in Expresso.

Robert, P. (1999). *O cidadão, o crime e o estado*. Notícias editorial.

Rocha, J.L.M. (2001). *Reclusos Estrangeiros: Um estudo exploratório*. Coimbra: Almedina.

Santos, A. (2000). *Ensino à distância & tecnologias de informação e-learning*. Lisboa: FCA – Editora de Informática.

Santos, B.S. (org.) (2001). *Globalização: Fatalidade ou Utopia?* Porto: Edições Afrontamento.

Seabra, H. (1999). *Desviantes ou desviados? Abordagem exploratória da participação dos imigrantes e práticas criminais*. Faculdade de Ciências Sociais e Humanas da Universidade Nova de Lisboa, ACIME.

Seabra, H. e Santos, T. (2005). *A Criminalidade de Estrangeiros em Portugal – Um Inquérito Científico*. Lisboa: Acime.

Seabra, H. e Santos, T. (2006). *Reclusos estrangeiros em Portugal – Esteios de uma problematização*. Lisboa: Acime.

Sellin, T. (1938). Culture Conflict and Crime. New York: Social Sciences Research Council in Mukherjee, S. (1999). *Ethnicity and Crime: An Australian Research Study*. A report prepared for the Department of Immigration and Multicultural Affairs. Australian Institute of Criminology. Recuperado em 2005, Novembro 14 e 2006, Janeiro 23 de http://www.aic.gov. au/publications/ethnicity-crime/.

288 *Imigração e Criminalidade – Caleidoscópio de Imigrantes Reclusos*

Serra, P. (2001, Novembro 22 a 28). *A pista portuguesa da Al Qaeda*. in Visão, n.º 455.

Shaw C.R. and McKay, H.D., (1942). Juvenile Delinquency and Urban Areas: A study of rates of delinquency in relation to differential characteristics of local communities in American cities. Chicago: The University of Chicago Press in Mukherjee, S. (1999). *Ethnicity and Crime: An Australian Research Study*. A report prepared for the Department of Immigration and Multicultural Affairs. Australian Institute of Criminology. Recuperado em 2005, Novembro 14 e 2006 Janeiro 23 de http://www.aic.gov.au/publications/ethnicity-crime/

Shaw, C.R., (1929). Delinquency Areas. Chicago: University of Chicago Press in Mukherjee, S. (1999). *Ethnicity and Crime: An Australian Research Study*. A report prepared for the Department of Immigration and Multicultural Affairs. Australian Institute of Criminology. Recuperado em 2005, Novembro 14 e 2006 Janeiro 23 de http://www.aic.gov.au/publications/ethnicity-crime/

Silva, D. e Rodrigues, E. (1997). *História 9*. Lisboa: Texto Editora.

Sutehrland, E.H., (1947). Principles of Criminology. 4th ed. Chicago: J.B. Lippincott Co., in Mukherjee, S. (1999). *Ethnicity and Crime: An Australian Research Study*. A report prepared for the Department of Immigration and Multicultural Affairs. Australian Institute of Criminology. Recuperado em 2005, Novembro 14 e 2006 Janeiro 23 de http://www.aic.gov. au/publications/ethnicity-crime/

Tonry, M. ed., (1997). Ethnicity, Crime and Immigration in Immigration-Comparative and Cross-National Perspectives, vol.21 *Crime and Justice*. The University of Chicago Press, Chicago and London.

Tournier, P. (1996). La délinquance des étrangers en France: analyse des statistiques pénales. In Palidda, S. [ed.] *Délit d'immigration / immigrant delinquency*. Brussels: European Commission.

Troncho, M. (2006). perita associada da OIT, em Lisboa. *O Fenómeno do Tráfico Laboral de Pessoas à Escala Europeia e Portuguesa*. Projecto da Acção Sobre Tráfico de Pessoas para Fins Laborais. Intervenção na Conferência organizada pelo Centro de Estudos Judiciários em Lisboa, nos dias 12 e 13 de Janeiro de 2006.

United Nations Population Division Briefing Packet (1998). *Revision of the World Population Prospects*. New York: United Nations, October 1998.

Van der Kellen, J. (2005). *A Investigação do auxílio à imigração ilegal e criminalidade conexa – a experiência do Serviço de Estrangeiros e Fronteiras*. SOCIUS Working Paper, n.º 5/2005, Centro de Investigação em Sociologia

Económica e das Organizações – Instituto Superior de Economia e Gestão, Universidade Técnica de Lisboa, Lisboa.

Vaughan, T. (1994 [1993]). *Multimídia na prática* (Trad. E. A. Pezzoli). São Paulo: Makron Books do Brasil Editora Ltda.

Visão (2003, Fevereiro 13) *Máfias de Leste no banco dos réus*.

Vitorino, A. (2006). *Contemporary Migration Management: the return to temporary programmes*. Comunicação oral na 11th International Metropolis Conference, Lisboa, 4 de Outubro de 2006.

Von Lampe, K: (2003). Organising the nicotine racket: Patterns of criminal cooperation in the cigarette black market in Germany. In P. C. van Duyne, K. von Lampe and J.L. Newell (eds), Criminal Finances and Organising Crime in Europe, 41-65 – Nijmegen: Wolf Legal Publishers in Oberwittler, D. e Hofer, S. (2005). Crime and Justice in Germany. An analysis of recent trends and research. Paper accepted for publication in *European Journal of Criminology*, 2/4, December 2005, SAGE Publications Ltd. Recuperado em 2005, Novembro 11 de ww.iuscrim.mpg.de/forsch/onlinepub/obi_hoefer.pdf.

Wacquant, L. (1998a). L'ascencion de l'Etat pénale en Amérique. Actes de la recherché en sciences socials 124 (Septembre): 7-26; in Suitable enemie" – Foreigners and immigrantes in the prisons of Europe, in *Punishment & Society*. Sage Publications, London Vol 1 – 1999-10 (2): 215-222, Recuperado em 2005, Novembro 14 de http://sociology.berkeley.edu/faculty/wacquant/wacquant_pdf/SUITABLENEMIES.pdf.

Wacquant, L. (1998b). Crime et châtiment en Amérique de Nixon à Clinton. Archives de police criminelle 20 (Spring): 123-38. in Suitable enemie" – Foreigners and immigrantes in the prisons of Europe, in *Punishment & Society*. Sage Publications, London Vol 1 – 1999-10 (2): 215-222, Recuperado em 2005, Novembro 14 de http://sociology.berkeley.edu/faculty/wacquant/wacquant_pdf/SUITABLENEMIES.pdf.

Wacquant, L. (1999). Suitable enemie" – Foreigners and immigrantes in the prisons of Europe. in *Punishment & Society*, Sage Publications, London Vol 1999-10 (2): 215-222. Recuperado em 2005, Novembro 14 de http://sociology.berkeley.edu/faculty/wacquant/wacquant_pdf/SUITABLENEMIES.pdf.

Wolfgang, M.E. and Cohen, B., (1970). Crime and race: Conceptions and Misconceptions. New York: Institute of Human Relations Press in Mukherjee, S. (1999). *Ethnicity and Crime: An Australian Research Study*. A report prepared for the Department of Immigration and Multicultural Affairs. Australian

290 *Imigração e Criminalidade – Caleidoscópio de Imigrantes Reclusos*

Institute of Criminology. Recuperado em 2005, Novembro 14 e 2006 Janeiro 23 de http://www.aic.gov.au/publications/ethnicity-crime/

Wolton, D. (2004). *A Outra Globalização*. Viseu: Difel.

Yinger,J.M. (1994). *Ethnicity: Source of Strengh? Source of Conflict*. Albany State University of New York Press.

Ziegler, J. (1999). *Os Senhores do Crime – As novas máfias contra a democracia*. Lisboa: Terramar.

Outra bibliografia

"População mundial com acesso à Internet quase nos 10%", notícia de 15/08/2002 in   http:www.elementodigital.pt/content/index.php?action=newsDetailFo& rec=139&tp

"Portugal: 4,4, milhões ligados à Internet", notícia de 13/09/2002, in http://www. elementodigital.pt/content/index.php?action=newsDetailFO&rec=134tp

"ApresentaçãodenovaAgênciadeSegurançaInformática",notíciade18/02/2003,in http://www.elementodigital.pt/content/index.php?action=newsDetailFo &rec=110&tp

Enquête 2001, Conseil de l'Europe, SPACE 2001.12, http://prison.eu.org/article. php3?id_article=471

Estatísticas do Núcleo de Planeamento e Formação do SEF (www.sef.pt)

Estatísticas do Instituto Nacional de Estatística (www.ine.pt)

Estatísticas da Direcção Geral dos Serviços Prisionais. (www.dgsp.pt)

Decreto-Lei n.º 244/98, de 8 de Agosto

Lei n.º 97/99, de 26 de Julho

Decreto-Lei N.º 34/2003 de 25 de Fevereiro

Lei 23/07, de 04 de Julho

CÓDIGO PENAL ACTUALIZADO de acordo com L 65/98 de 2/9; L 7/2000 de 27/05; 77/2001 de 13/07; L 97/2001 de 25/08; L 98/2001 de 25/08; L 99/2001 de 25/08; L 100/2001 de 25/08; L 108/2001 de 28/11 e DL 323/2001 de 17/12

Código Penal aprovado pelo Decreto-Lei n.º 400/82, de 23 de Setembro, republicado pela Lei 59/2007, de 4 de Setembro (DR n.º 170, Série I, Págs 6181 a 6258)

ANEXO

Lista das entidades entrevistadas

- Entrevista à Drª Cláudia Pedra, Directora da Amnistia Internacional, em Outubro de 2005;

- Entrevista ao Professor Doutor António Dores, membro da ACED (Associação contra a Exclusão pelo Desenvolvimento), em 20 de Outubro de 2005;

- Entrevista ao Dr. Rui Marques, Alto-Comissário para a Imigração e Minorias Étnicas, em 2 de Novembro de 2005;

- Entrevista ao Inspector Joaquim Pedro Oliveira, Director da Direcção Central de Investigação, Pesquisa e Análise da Informação do SEF, em 13 de Janeiro de 2006;

- Entrevista ao Inspector José van der Kellen, actual Director Regional do Algarve, do SEF (anterior Chefe de Departamento de Pesquisa e Análise da Informação da Direcção Central de Investigação, Pesquisa e Análise da Informação do SEF), em 15 de Fevereiro de 2006;

- Entrevista ao Inspector Manuel Jarmela Palos, Director-Nacional do SEF, em 5 de Maio de 2006;

- Entrevista à Inspectora Isabel Burke, actual Oficial de Ligação do SEF, no Brasil (anterior Directora Central de Investigação, Pesquisa e Análise da Informação do SEF), em Maio de 2006;

- Entrevista ao Tenente-Coronel do Exército Rui Baleizão, a exercer funções na Escola Superior e Politécnica do Exército, estabelecimento onde lecciona as disciplinas de Comando e Chefia e de Legislação Militar (anterior responsável pelo Departamento de Análise da Direcção Central de Investigação, Pesquisa e Análise da Informação do SEF), em Maio de 2006